曹子瑛 著

A STUDY ON
TRADE FACILITATION REFORM
OF THE UNITED STATES (2008-2016)

# 美国贸易便利化改革研究

## （2008~2016）

社会科学文献出版社
SOCIAL SCIENCES ACADEMIC PRESS (CHINA)

# 摘　要

　　第二次世界大战之后，全球关税壁垒在关税及贸易总协定（GATT）及世界贸易组织（WTO）的推动下大幅降低，贸易非效率性及与之相关的贸易成本对贸易增长的负面影响日益凸显。旨在消除跨境贸易中机制性障碍的贸易便利化问题逐渐进入学者的研究范围。金融危机爆发后，全球货物贸易规模大幅缩减，贸易保护主义抬头。在此背景下，发展中国家也纷纷加入贸易便利化改革的行列中。可以说，对贸易便利化问题的探索和实践已经成为当前学术界研究的热点问题之一。面临金融危机的重创和振兴经济的紧迫需求，奥巴马政府在以往政府贸易便利化改革基础上实施了新一轮贸易便利化改革并取得较好成效。中国作为全球货物贸易大国同样经受着国内外经济发展形势的严峻考验，贸易便利化也已经成为未来贸易发展战略的重要内容。站在"十三五"战略时期的新起点，系统研究美国贸易便利化改革不仅是对相关研究成果的补充，而且对于尚处贸易便利化进程起步阶段的中国而言具有重要现实意义。

　　本书由七章构成。第一章为绪论，阐明了本书的选题背景及意义、文献综述、研究内容、研究方法、创新与不足。第二章为理论基础，从自由贸易理论、贸易成本理论以及制度变迁理论三方面梳理了贸易便利化问题的相关理论，为后文分析提供了理论基础。第三章为奥巴马政府贸易便利化改革背景及现实依据，深入分析了新一轮改革的国际背景和国内动因，并归纳了美国政府制定改革方案的现实依据。第四章为奥巴马政府贸易便利化改革基本框架、内容与特点，在前章分析的现实依据基础上阐述了此轮改革的基本框架，梳理了出口促进、贸易融资、出口通关、货运基础设施、信息基础设施、制度环境六个方面的代表性改革措施，并从改革目标、范围、方向、内容以及举措方面总结了此次改革的主要特点。第五章为奥巴马政府贸易便利化改革成效与制约因素，依据改革内容构建了包含出口促进、贸易融资、出口通关等在内的便利化综合指标体系，评估了改革在提升美国贸易便利化水平方面的成效，利用贸易成本模型测算了改革在降低货物出口贸易成本方面的效果，定性分析了改革在促进金融危机后美国货物出口贸易增长方面的成效，并阐述了改革过程中所暴露的制约因素。第六章为奥巴马政府贸易便利化改革出口增长效应实证分析，利用前文构建的综合贸易便利化指标以及六个单项便利化指标，构建了出口引力模型，检验了改革措施在总体货物出口规模、主要产品出口流量、不同规模企业的出口绩效三方面的出口增长效应，并在测算美国货物出口潜力实现程度基础上分析了下一阶段美国货物出口贸易走势。第七章为研究结论及启示，基于前文研究归纳出本书主要研究结论，并阐明对中国对外贸易发展的若干启示。

本书得出以下主要结论。其一，奥巴马政府贸易便利化改革的过程和结果对贸易便利化相关理论进行了现实验证：奥巴马政府通过贸易制度与政策的优化和创新确实有效降低了美国货物出口贸易成本、扩大了出口规模、挖掘了出口潜力；同时，在非关税壁垒林立的影响下，推行贸易自由化仍是实现贸易利益的明智选择；但在改革过程中，理解、尊重和包容历史因素的作用是重要的。其二，当今世界"你中有我，我中有你"，美国唯有承担起大国责任，与世界各国携手共进，共同推进稳定、均衡、可持续的经济增长才能够最终有利于其货物贸易稳定发展。其三，在此轮改革中，奥巴马政府把握时代和科技发展潮流，"以共享经济为理念的出口促进便利化改革"以及"以增强全球互联互通为目标的贸易基础设施便利化改革"对拉动货物出口增长的影响较显著。这一结果也表明,打破束缚、不畏成败、积极开展新制度的探索与实践是实现便利化改革红利的关键。其四,此轮改革执行结果与目标尚存一定差距,美国三权分立的政治体制、两党分裂的政治现实、中央与地方分权治理的管理体制、赤字财政的长期压力等国内体制因素制约了本轮改革的政策空间,而"逆全球化"风潮的再次兴起以及国际经济政策协调难度的不断加大也对改革提出了新的严峻考验。新一届美国政府唯有继续深化改革,积极消除改革制约因素,才有可能最大限度地获得改革红利。

本书从上述研究结论中获得对未来中国发展对外贸易以及推进贸易便利化进程的若干启示。首先,中国应担起大任,努力推动开放、均衡、包容与普惠的"新经济全球化",实现世界各国共同繁荣;其次,中国政府应尽快完成贸易便利化改革的顶层设计,在改革实践中以创新驱动便利化进程;再次,加速贸易促进体系现代化,建立以公众为中心的服务型、共享型政府;最后,改善基础设施,从国际和国内两个层面以及地理联通、网络联通、人文联通和制度联通四个方面增进中国与世界互联互通。

在"特朗普时代",美国货物出口贸易增长前景充满不确定性,中美经贸关系也存在着挑战与机遇。特朗普总统对"贸易公平与均衡"的强调、美国政治体制赋予总统的贸易政策灵活性、贸易部门核心内阁成员"反华"政策倾向均预示着中美贸易摩擦将有所升级。但美国基建投资政策为中美经贸合作提供了无限商机,2017年4月初习近平主席与特朗普总统海湖庄园会晤取得积极成果,为未来中美关系稳定前行定下良好基调。中国政府应该把握机遇,迎接挑战,努力构建中美新型大国经贸关系。

# Abstract

Since the end of World War II, global tariff barriers have been substantially reduced under the promotion of GATT and the WTO. However, trade inefficiency and its related costs have increasingly stifle international trade growth. The issue of trade facilitation, which aims at eliminating the institutional obstacles and costs in cross-border trade, has gradually come into focus as a growing concern of the governments of developed economies. Subsequent to the disastrous financial crisis in 2008, the world's economy suffered severe downturns, global trade in goods reduced substantially, and trade protectionism resurfaced. Against this background, not only developed countries, more and more developing countries have begun the process of trade facilitation reform. Since then, trade facilitation has become a foundational trend of the global economy and trade development. This issue has also become the focus worldwide academic research.

As a result of the urgent need for economic revitalization the financial crisis faced by the Obama administration, the US opened up a new round of trade facilitation reform to assist its economy to recover from the recession. Similarly, as the largest trading country in the world, China has also suffered from the impact of financial crisis, and it continues to face the challenges of recovery both at home and abroad. Standing at a new historical starting point of the "13th Five-year Strategy Plan", trade facilitation has been placed at the pinnacle of China's trade strategy over the next five years. Thus, systematic study of U. S. trade facilitation reform is not only a useful complement to the current research, but also significant to China's trade facilitation policy which is still in its infancy.

This dissertation consists of seven chapters. Based upon the literature review, this dissertation provides the theoretical basis upon which the analysis for trade facilitation shall rest. The second chapter provides an in-depth examination of the international background and domestic factors faced by the Obama administration in formulating its new round of trade facilitation reform. The following chapter summarizes the strategic framework, primary policies and measures that Obama administration has implemented, and compares the provisions to reforms implemented in the past. Chapter five conducts a quantitative evaluation the reform policies effects on both of promoting the trade facilitation level and reducing trade cost of American exports in goods, as well as the factors which restricted the policy implementation. Chapter six qualitatively analyzes the growth in U. S. exports and then quantitatively assesses using the gravity model, the export-promotion's effect on the main strategic policies and measures since these trade facilitation policies were initiated in 2009. The last chapter concludes with a few enlightenments for China's trade facilitation in the future.

Synthesizing all analysis, this dissertation draws to several conclusions: ①The Obama administration's trade facilitation reform has set a good example for trade facilitation theories: through optimizing and innovating the institution, the Obama administration's trade facilitation reform has indeed effectively reduced trade cost of American exports in goods, enlarged the exports scale and helped tap into its trade potential. Obama administration's trade facilitation reform also shows that the trade liberalization is still the best option for realizing positive trade growth in a world bristling with non-tariff barriers. Moreover, understanding and respecting the influence of historical factors is crucial to achieve effective institutional change. ②To promote the trade development in the Global Village where the interests of countries are interconnected, the United States should undertake the responsibility as an economic super power and cooperate with trading partners sincerely and advancing stable, balanced and sustainable growth of the world economy. ③The export promoting facilitation reform with the principle of sharing economy and Export infrastructure facilitation reform with the purpose of enhancing global connectivity have the most significant effects on U. S. exports growth. This result evidences the necessity to break the stranglehold and innovate the existing institution to maximize the reform benefit. ④The Obama administration's trade facilitation reform has not fully achieved its target. Many hindering factors have limited the full impact of the Obama trade facilitation reforms. Not only the domestic factors such as the U. S. political system of separation of powers, the deep seeded political polarization between the Democrats and Republicans Parties, the management decentralization of Federal and local governments, the long-term pressure of deficit spending, but also the populist uprising of anti-globalization, and the difficulty in implementing coordination of international rules have impaired the full effects of the Obama trade facilitation reform policies. As for the Trump administration, continuing to remove additional restrictive obstacles will reinforce the full benefit of the reforms.

Based on the above conclusions, this paper provides a road map for the development of China's future trade and facilitation policies. First, as the world's second largest economy (next to the U. S. ), undertake the responsibility to promote new-globalization policies which are characterized by open, balanced, inclusive and benefit-sharing economic growth; second-ly, complete the top design of trade facilitation reform in the near future and encourage innovation as the core principle in its facilitation reform; thirdly, accelerate the modernization of export-promotion system and build a citizen-oriented, service-oriented and sharing-oriented government; final-ly, undertake further infrastructure development and improvements to strengthen global geographic, technological, cultural and institutional connectivity with the rest of the world.

There will be much uncertainty of the economic growth outlook in the Trump Era. The the development of China-U. S. economic and trade relations also faces both opportunities and challenges. Trump's emphasis on fairness and balance of trade, the flexibility of president's right of implementing trade policies, the anti-China preference of main cabinet members in trade department portend the upgrading of trade frictions between China and the United States. However, the infrastructure policy of Trump Administration will provide tremendous opportunity for Chinese companies. The meeting between the president Trump and the Chinese president Xi Jinping has a-chieved positive results which sets the tone for the development of China-U. S. economic and trade relations in the future. Thus, strengthening the communication and putting efforts to establish new pattern of relationship between China and US will be the win-win solution.

# 目　录

# 第一章　绪论

## 第一节　研究背景与研究意义

### 一　研究背景

经济全球化让我们生活在一个日益密不可分的世界。尽管货物与服务的跨境流动已经越来越自由，但许多阻碍因素仍然存在，与之相关的贸易成本不断产生。

贸易成本几乎被传统国际贸易理论排除在外（许统生、陈文婷，2013），其作为"打开其他所有开放宏观经济学之谜的钥匙"（Obstfeld & Rogoff，2000）却是经济活动中无法回避的现实存在。20世纪60年代以来，在国际贸易理论研究中，贸易成本被"新贸易理论"和"新新贸易理论"纳入模型分析框架，随后也成为"新制度经济学"和"新经济地理学"的核心研究对象。上述理论均从不同角度论证了贸易成本在专业化生产、企业生产效率异质性、企业区位选择和经济活动空间集聚与扩散等方面的关键作用（张蕙等，2013）。在此基础上，大量经验研究不仅证实了贸易成本对一国出口产品市场价格及竞争力的影响，对贸易流量增长的制约，对参与全球生产体系可能性及地位的决定性作用，而且说明了贸易成本并非一成不变，一国政府实施关税政策（如减让关税、自由贸易安排等）与非关税政策（如精简通关程序、投资基础设施、加大中小出口企业贸易协助与融资、完善市场环境、协调国内外规则制度等）是改变一国贸易成本现状、提升贸易竞争力的关键。

在第二次世界大战之后再次兴起的贸易自由化浪潮中，各国政府在世界贸易组织（WTO）与其前身关税及贸易总协定（GATT）所推行的多边贸易体制框架下，纷纷制定和实施贸易促进战略及政策措施削减关税及非关税壁垒，降低贸易成本。经过半个多世纪的努力，各国削减关税壁垒的成绩是显著的。1987 年世界整体非加权年平均关税率为 26%，2007 年仅为 9%，而经济合作与发展组织（OECD）成员的平均关税已低于 3%[①]。近 20 年来发达国家和发展中国家的贸易成本普遍下降主要源于此（ESCAP，2012；Arvis 等，2013）。因此，继续通过降低关税成本促进贸易增长的政策空间比较有限。

相比之下，贸易的非效率性及与之相关的贸易成本的负面影响日益凸显。联合国贸易和发展会议（UNCTAD）1994 年进行的全球贸易成本评估表明，贸易商品价值中的 7%～10% 来自海关程序、交通运输、信息通信等环节产生的综合成本。联合国经济与社会委员会（ESCAP）2010 年的调查结果显示，很多中小企业不参与国际贸易的主要原因并非关税壁垒，而在于无法面对进口国烦琐复杂的通关程序和难以理解的法律法规[②]。同时，21 世纪以来全球价值链的发展对国际分工模式与贸易模式产生了深刻影响。当代国际分工已由产业间分工、产业内分工转向了产品内分工，贸易模式也由产业间贸易、产业内贸易转变为了产品内贸易。跨国公司在全世界范围内配置资源则促使"国际贸易网络"逐渐转变为"国际生产网络"。2010 年 57% 的国家加入了全球价值链的国际生产[③]，最终产品凝结了发达经济体和发展中经济体的生产和服务。在这一分工模式下，中间产品的多次存

---

① WTO Statistic Database.
② ESCAP. "Making the WTO Trade Facing Work for SMEs".
③ 赵瑾：《全面认识全球价值链的十大特点及其政策含义》，《中国经贸》2014 年第 12 期，第 20～27 页。

储、加工与出入境对货物运输和通关效率提出了更高的要求。研究表明，正是落后的基础设施所导致的货物运输延迟以及高昂运费、信息不畅所造成的贸易机会丧失、政府机构腐败所产生的隐性的贸易支出成倍增加等，成了阻碍拉美、中亚、非洲等发展中国家及落后地区融入全球价值链并分享贸易自由化利益的重要原因（Hummels，2007；Estache & Fay，2009）。因此，旨在减少跨境贸易过程中的行政和程序步骤，提升贸易效率的"贸易便利化"问题逐渐受到国际社会关注。

事实上，WTO、世界海关组织（WCO）、世界银行（WB）、联合国贸易便利化和商务中心（UN/CEFACT）、亚太经济合作组织（APEC）、世界经济论坛（WEF）等重要国际组织与区域组织自20世纪90年代起就致力于推动世界以及区域贸易便利化进程。WTO最早于2001年将贸易便利化议题引入多边谈判日程，并努力协调发达成员与发展中成员在贸易便利化改革中的分歧，促使贸易便利化多边谈判于2004年8月1日正式开启。在通关制度方面，为了满足世界货物贸易增长对货物通关效率提出的新要求，WCO致力于在货物贸易通关标准、海关廉政建设以及安全标准三个方面推进贸易便利化，尤其是其于2006年修订和发布的《关于简化和协调海关业务制度的国际公约》（简称《京都公约》）以及《协调编码制度（HS）》已经成为国际贸易商品分类的"标准语言"之一。WB、WEF、OECD等组织则在贸易便利化水平的量化及评估方面做出了积极贡献。此外，在区域组织中，"贸易便利化"自1995年大阪会议起就成为APEC推进亚太贸易与投资自由化进程的重要内容，其在《贸易便利化行动计划Ⅰ》和《贸易便利化行动计划Ⅱ》中均明确制定了亚太地区成员两阶段总体贸易成本的削减目标。

然而，欧美国家、新加坡等发达成员经济发展水平高，国内贸易便利化改革起步早、经验丰富，且综合水平已居世界前列，其在国际贸易规则制定中处于主导地位。相反，发展中成员经济发展水平相对落后，贸易便利化水平普遍比较低下，改革执行成本和收益不平衡，在国际贸易协定的谈判中往往处于弱势地位，致使其实施改革的意愿和能力都明显不足。由于发达经济体与发展中国家及落后地区利益难以协调，有关贸易便利化的多边谈判也曾多次陷入僵局。

金融危机爆发后，全球货物贸易总额及增长速度大幅下跌，2009年贸易总额较2008年减少了22.3%，2012年以来增长速度连续4年低于3%，2015年增速仅为2.7%，WTO预计2016年增幅将下降为1.7%[1]。世界货物贸易发展增势缓慢主要源于以下几方面的原因。其一，全球经济增长低迷。2016年世界经济增长率降至3.1%，为2009年以来的最低增速[2]。其二，关税壁垒降低幅度较小。根据IMF的测算，1995～2008年所有经济体关税降幅年均约为0.5%，而2008～2015年新兴市场和发展中经济体平均关税降幅仅为1%，发达经济体平均关税不降反升0.2%，全球加权平均关税仍然停留在8%的水平上[3]。其三，贸易保护主义抬头，IMF和WTO的调查均发现危机之后全球暂时性非关税壁垒缓慢增加，WEF则发现贸易开放度普遍恶化[4]。

在此背景下，以降低贸易成本、提高贸易效率为目的的新一轮贸易便利化改革和探索在全球范围内迅速展开。在新一轮改革浪潮中，包括发展中经济体在内的世界各国均表现出较强烈的改革意愿，积极探索和实施适合本国便利化改革的政策措施，改革内容也从精简通关程序、建设单一窗口等边境问题拓展到改善国内环境、协调法律法规、完善基础设施、加速数据信息传输等边境后问题，几乎涵盖了跨境交易过程的所有环节。更重要的是，各国在国内单方面推行贸易便

---

① WTO. "Trade in 2016 to Grow at Slowest Pace since the Financial Crisis." Available at https://www. wto. org/english/news_e/pres16_e/pr779_e. htm.

② World Economic Outlook Database.

③ IMF (International Monetary Fund). "Global Trade: What's behind the Slowdown?"

④ WEF. "The Global Competitiveness Report 2016 – 2017".

利化改革的同时，趋向区域及国际合作。

在区域层面，APEC 政策支持小组于 2012 年 1 月完成的第二阶段评估报告显示，APEC 成员实现了 2007～2010 年总交易成本削减 5% 的预期目标。2014 年 APEC 领导人在北京发表了《亚太经合组织互联互通蓝图（2015～2025）》，对未来贸易便利化合作做出了新的规划，明确设定了"至 2025 年亚太地区成员供应链货物和服务在流通时间、成本和不确定性方面总体绩效提升 10%"的目标。在全球层面，WTO 成立之后的首个货物贸易多边协定《贸易便利化协定》（TFA）于 2015 年 1 月被正式纳入《世界贸易组织协定》的附件中，其作为一项多边贸易协定的法律地位得以确认。同年 12 月世界经济论坛、国际贸易商会、国际私营企业中心以及澳大利亚、加拿大、德国、英国和美国政府共同成立了贸易便利化联盟，致力于提高全球对于贸易便利化的认识、协助发展中国家及落后地区开展相关改革。在各成员积极推动下，TFA 最终于 2017 年 2 月 22 日正式生效，它不仅是对当下贸易保护主义的有力回击，而且将推动全球贸易便利化进程向前迈进一大步。可以认为，贸易便利化改革的宏伟画卷已在全球全面铺开，且已经成为国际组织、发达经济体以及发展中经济体共同寻求贸易持续平稳增长的重要途径。

中国自加入 WTO 以来以其巨大市场需求及高速经济发展在世界经济增长中扮演着重要角色，自 2013 年起连续 3 年稳居第一货物出口大国的地位，但增长态势不容乐观。根据中国海关总署数据计算，中国货物出口额自 2014 年以来持续下降，2015 年减少 1.8%，达 14.12 万亿元。同期，中国对欧盟、日本、中国香港等传统出口市场出口额分别下降 4%、9.2%、8.7%，对俄罗斯、巴西等新兴市场出口额分别下降 35.2% 和 21.4%[1]。因面临严峻的外贸发展形势，中国

---

[1] 中国海关总署，http://www.customs.gov.cn/publish/portal0/tab68101/。

政府从战略高度肯定了贸易便利化在经济发展中的重要地位。2012年11月，中国共产党第十八次全国代表大会报告提出要全面提高开放型经济水平，实行更加积极主动的开放战略，同时今后相当长一段时期将在区域和全球积极推进贸易和投资便利化。同时，中央政府陆续推行了一系列贸易便利化水平政策措施，例如要求海关对企业分类化管理、无纸化报关、取消出口核销单、尝试建立"单一窗口"等，得到了各地方海关、检验检疫机构、外汇管理局等监管机构的积极响应与落实。2013年9月29日，上海自由贸易试验区正式成立，成为中国促进贸易与投资便利化的最大试验田。2015年7月，国务院办公厅印发《关于促进进出口稳定增长的若干意见》，进一步从改善外贸环境、强化金融政策保障、推进信贷及税费改革、促进电子商务建设四个方面部署战略措施为外贸企业降低贸易成本。同年9月4日，中国成为第16个接受《贸易便利化协定》议定书的WTO成员，对协定的尽早实施起到了重要示范作用。12月25日，亚洲基础设施投资银行在中国倡导下正式成立，重点投资能源、交通、农村发展、城市发展和物流基础设施，促进亚洲经济体共同提升区域贸易便利化水平。2016年12月，对外经济贸易大学公共管理学院和北京睿库贸易安全及便利化研究中心合作发布首份《中国贸易便利化年度报告》（2016），高度肯定了入世15年间贸易管理部门在通关制度、边境机构合作等方面取得的巨大进步，但也指出了在预裁定、抵达前业务、单一窗口建设等方面和TFA要求以及发达国家"最佳实践"之间所存在的差距；境内货物流通水平缺乏国际竞争力、贸易融资困难、行政审批程序繁杂等问题依然是外贸企业成本高居不下的瓶颈。世界银行《全球营商环境报告》也显示，2015年中国整体贸易便利化水平仅为世界第84位。因此，继续推进中国贸易便利化进程任重而道远。

"十三五"时期，中国货物出口贸易将面临更加复杂的外部环境和内部压力。首先，IMF预计2017年世界经济增长率将从2010年的

6.61%下降为3.4%，发达经济体和新兴经济体经济增长率将分别从4.3%和10.96%降至1.9%和4.5%。2017年，美国、日本、欧元区（德国、法国、意大利和西班牙）经济增长率预计分别为2.3%、0.8%和1.6%，而新兴市场俄罗斯和巴西经济增长率则将分别回落至1.1%及0.2%[①]。2017~2018年，发达经济体将保持温和复苏，而新兴经济体和发展中国家仍面临下行风险，预计全球经济年均增速为3.5%，由此导致的外部需求疲软态势在短期内难以改观。其次，金融危机后，美国试图通过跨太平洋伙伴关系协议（TPP）在WTO多边贸易体制之外建立"涵盖范围更广、开放程度更深、协定标准更高"的"下一代"国际贸易与投资新规则，并将中国排除在新规则之外。尽管新任美国总统特朗普已于2017年1月23日签署行政命令宣布美国永久性退出TPP谈判，但现有协议框架由奥巴马政府主导制定，推翻已达成的谈判成果也并非易事，因此其仍将对中国未来参与制定国际贸易规则以及与协定成员国进行贸易与投资合作产生不利影响。再次，中国与发达经济体及部分新兴市场之间的贸易摩擦加剧，出口企业面临的贸易环境持续恶化。2013年19个国家和地区对中国发起92项贸易救济调查，较2012年增长17.9%。最后，2013年，中国已经进入劳动力供给下降的拐点，要素成本上涨现象突出。2014年和2015年中国大陆分别有19个和24个省份提高了最低工资标准。2016年底，北京、上海、山东等9个省份再次提高最低工资标准[②]。目前，中国劳动力成本为缅甸、越南等东南亚国家的5~7倍，"高劳动力成本时代"（魏浩、李翀，2014）已经到来。然而，在"低劳动力成本"传统外贸竞争优势逐渐减弱时，新的竞争优势尚未形成。

---

① IMF. World Economy Outlook Database，经济增长率是以购买力平价（PPP）为基础国际元计算结果。

② 《9省份提高最低工资标准 居民收入仍在"上行"通道》，《新京报》2016年12月5日，http://www.chinanews.com/cj/2016/12-05/8083367.shtml。

在贸易便利化改革浪潮全球兴起的大背景下，面临国内外经济发展的严峻形势，习近平主席在2016年9月3日G20工商峰会上再次表示："十三五"期间，中国将继续致力于提高贸易便利化程度，促进公平开放的市场竞争，全力营造优良的营商环境。因此，在这一新的历史起点上，系统研究发达国家贸易便利化改革并从中获得启示与借鉴对尚处于贸易便利化进程探索与起步阶段的中国而言非常必要。

雄踞世界经济霸主地位的美国一直以"自由竞争"为经济发展的重要基石，其推动贸易便利化的历史渊源甚至可以追溯到联邦制国家创立的时期。当时，消除州际商业障碍便是创立联邦的重要原因之一。20世纪90年代，克林顿总统在"美国国家出口战略"（NES）下正式开启了美国贸易便利化进程，至小布什政府时期美国始终保持较高的综合贸易便利化水平。

受金融危机的重创，2009年美国国内生产总值较2008年降低2.4%①，同期货物出口总额减少18.7%②。为了以出口增长拉动经济复苏，奥巴马政府于2010年初提出"出口倍增计划"（NEI）以及"在2014年末实现出口总额增长1倍达到3.14万亿美元，创造200万个就业机会"的目标。在NEI战略框架下，新一轮贸易便利化改革启动。本次改革广度与深度空前，改革范围广泛涉及本国及贸易伙伴边境和边境后贸易便利化问题，改革内容涵盖出口促进、贸易融资、基础设施、规制协调等方面。在改革措施实施的8年间，随着出口便利水平的普遍提升以及出口成本的下降，美国货物出口额止跌回升后稳步增长，高端制造业及能源产品出口竞争力增强，货物出口贸易所

---

① IMF. World Economy Outlook Database，经济增长率是以购买力平价（PPP）为基础国际元计算结果。
② 根据WTO Statistic Database Time Series统计数据计算。

支持的就业岗位增加，中小贸易企业数量和绩效也同步提升。总体而言，此轮便利化改革成效比较积极。因此，本书对"美国贸易便利化改革"进行系统研究，以期获得对未来中国发展对外贸易以及推进贸易便利化进程的启示与借鉴。

## 二 研究意义

系统研究奥巴马政府贸易便利化改革对于站在新的历史起点上的中国的对外贸易发展而言具有重要意义。

首先，美国始终走在世界贸易便利化进程的前列，总体贸易便利化水平自 20 世纪 90 年代起一直保持领先水平，为奥巴马政府贸易便利化改革奠定了坚实而良好的基础。而新一轮改革既继承与发扬了旧有便利化制度与政策中的积极因素，又结合新的国际国内形势进行了突破与创新。无论是其保留的历经贸易实践检验的优良制度，还是基于其对世界经济与贸易发展形势理解和判断做出的创新，这对于"摸着石头过河"的中国而言都具有重要的借鉴价值。

其次，贸易成本是影响企业及一国贸易竞争优势不可忽视的因素，且受到本国及贸易伙伴贸易便利化水平的直接影响。科学评估贸易便利化水平以及改革措施对贸易增长的作用是保证改革方向与成效的关键步骤，中国学界对其研究尚处于探索阶段。本书依据奥巴马政府改革内容构建了贸易便利化水平综合评估体系，并通过计量模型分析了主要改革措施对货物出口增长的实际影响。本书的研究方法可以为中国贸易便利化改革的系统研究提供一定参考。

最后，中国由贸易大国向贸易强国转变，中美两国在越来越多的产品领域竞争性加强，尤其在美国"重返亚太"战略下，中美在亚太地区的出口市场竞争加剧。本书的研究有助于判断总统特朗普上任后新的贸易战略政策下美国出口贸易的走势以及影响，对下一阶段中国政府制定应对策略具有现实指导意义。

## 第二节 "贸易便利化" 的内涵与外延

据知，"贸易便利化" 中的 "便利化"（Facilitation）源于拉丁文 "Facililis"，意为 "简易、方便和便利"（程中海、罗超，2015）。 "贸易便利化" 一词于 1923 年国际联盟会议中被首次提及。第二次世界大战之后，贸易自由化浪潮再次兴起，但复杂的贸易规则和管理规定增加了贸易成本，引起欧洲主要国家的强烈不满，它们提出简化国际贸易程序的要求。直至 1996 年 WTO 新加坡部长级会议，"贸易便利化""政府采购透明度""贸易与投资""贸易与竞争"议题被一并列入 "新加坡议题" 后，贸易便利化改革才逐渐演变成了一项全球关注和参与的国际行动。

迄今为止，不同国际组织与区域组织对 "贸易便利化" 有不同定义，并未统一。WTO（1998）将其定义为 "国际贸易程序的简化和协调，包括展示、交换和处理数据及其他信息活动的手续和形式"； WCO（2005）的定义为 "利用现代科技手段，通过国际协调的方式改善通关质量，避免不必要的贸易限制"；OECD（2003）指出其是 "利用新技术和其他措施，简化与货物流动以及支付程序相关的程序和信息"；UN/CEFACT（2012）认为贸易便利化是 "将与货物流动相关的支付程序及信息的简化、标准化和协调化"；APEC（2002）的定义为 "延迟或者增加货物跨境流动成本的通关及行政程序的简化和合理化"。

多种定义体现了各国际组织与区域组织推行贸易便利化的重点领域有所差异：WTO 注重边境程序、过境自由、技术援助与能力建设； WCO 关注通关有效性和效率；UN/CEFACT 重视国际贸易单证的简化和标准化；APEC 重视亚太经济体的边境手续、通关简化以及能力建设；而 OECD 则关注更加广泛的便利化，包括国际贸易程序、连接信息流动、付款以及整个供应链。从上述定义中可归纳出"贸易便利化"的核心内涵，即实现边境程序的精简化、标准化与协调化，通过减少通关环节中的机制性和技术性障碍降低贸易成本，加速货物流通。

近年来，随着贸易自由化程度不断加深，"贸易便利化"的外延也日益广化。各国对推行贸易便利化的利益诉求从海关程序、检验检疫等边境问题延伸到边境后问题，如基础设施水平、透明度、国内规制等。一些区域组织与国家还出现了将其范围继续扩大到商务便利化的新趋势，包括单一窗口的建立、电子商务便利化、商务人员流动便利化、服务贸易便利化、投资便利化、公共管理环境便利化、外汇制度便利化、出入境整体规则流程化等（王中美，2014）。当前，"贸易便利化"的外延已经延伸到几乎所有的货物贸易环节。

美国贸易便利化进程自20世纪90年代初起历经克林顿政府与小布什政府时期的发展早已超越了边境议题。因此，本书将在广义范围内对奥巴马政府贸易便利化改革展开研究。

## 第三节 文献综述

现有文献围绕"贸易便利化"问题主要从以下五个方面展开研究：①进展分析：介绍各组织推进"贸易便利化"的工作进展和面临的困难；②理论研究：探究"贸易便利化"产生与现状的理论解释；③成本与收益：论证贸易便利化改革的必要性，并对改革成本和收益进行量化分析；④水平评估：通过指标体系对一国（地区）贸易便利化水平进行横向与纵向比较，找出不足及应该优先改革的领域；⑤改革影响：通过计量模型对便利化改革措施对出口流量或者贸易成本的影响进行事后分析，用以调整未来经济政策。

## 一 "贸易便利化"进展分析

目前，全世界从事贸易便利化活动的国际组织主要有 13 家[①]，其中 WTO、WCO 和 UN/CEFACT 为全球性组织，主要负责全球贸易便利化谈判、贸易便利化标准及通关程序等设计；OECD 和 APEC 为区域性组织，主要负责推进地区贸易便利化；其他组织开展辅助工作（胡涵景，2013）。国内少数学者对 WTO、WCO 及 APEC 推动贸易便利化进程给予了一定关注并进行了专门介绍。

"贸易便利化"自引入 WTO 多哈回合谈判历经 12 年之久后，最终在 2013 年 12 月的巴厘岛会议上取得突破性成果——《贸易便利化协定》，其作为 WTO 成立以来首个多边贸易协定具有深远的历史意义。黄昕（2014）评述了多哈回合中贸易便利化议题，分析了 TFA 的法律地位，并探讨了贸易便利化措施及发展中与最不发达成员的特殊差别待遇两大部分内容。但其也认为，谈判的艰难一方面显示出成员方立场与利益的冲突，另一方面也显示出 WTO 在调整国际经贸关系中的不足。王徽（2015）认为《巴厘岛一揽子协议》中很多条款设计颇为模糊，容易引起争议，而 WTO 机构治理与决策机制僵硬，在引领国际经贸新规则方面较被动，中国既要维护 WTO 多边贸易体制，也应充分把握"从区域到全球"的趋势和契机，做好全方位的准备。

世界货物贸易快速增长对各国海关管理提出了越来越高的要求。WCO 的许多重要规则制度也面临调整。例如，作为海关手续大全的《关于简化和协调海关业务制度的国际公约》（简称《京都公约》），

---

[①] 13 家机构：世界贸易组织（WTO）、联合国贸易便利化和商务中心（UN/CEFACT）、世界海关组织（WCO）、联合国国际贸易法委员会（UNCITRAL）、联合国贸易和发展会议（UNCTAD）、国际海事组织（IMO）、国际商会（ICC）、世界银行（WB）、经济合作与发展组织（OECD）、国际贸易中心（ITC）、全球贸易和运输便利化伙伴（GFPTT）、联合国亚太经济与社会理事会（ESCAP）、联合国亚太无纸贸易专家网络（UNNEXT）。

康强（1996）介绍了其修订的背景和进展情况，并站在中国海关的角度提出了调整建议。又如，王希春等（1996）的系列论文对 WCO 另一项重要通关制度——《协调编码制度（HS）》的修订程序、结构、税目和商品范围变化等进行了详细介绍。2003 年 WCO 廉政分委会设立后，廉政议题展现出更为机制化的特征和对能力建设的重视，并受到公众关注。张书杰等（2013）对廉政议题的演进进行了回顾，并介绍了 WCO 海关廉政计划的标准、工具与活动，为中国提供借鉴。WTO《贸易便利化协定》达成后，何力（2014）认为从国际组织法方面看，该协定的实施将延续 WTO 和 WCO 的合作模式，有助于中国现代化海关制度的建成。

APEC 贸易便利化进程由于中国所发挥的日益重要的作用而备受学者关注。APEC 自 2001 年制定了贸易便利化具体原则后，先后于 2002～2005 年和 2007～2010 年实施了两阶段行动计划。刘重力、杨宏（2014）介绍了 APEC 政策支持小组于 2012 年 1 月完成的第二阶段评估报告主要结论，即 APEC 成员总交易成本削减实现了 5% 的预期目标，海关程序、标准化和一致化、商务人员移动、电子商务推广等主要领域都取得了重要进展，同时供应链连接性行动计划的实施效果显著。2014 年，《亚太经合组织互联互通蓝图（2015～2025）》发布了对未来亚太地区贸易便利化合作的新规划。于晓燕（2015）梳理和评价了亚太互联互通的合作成果，指出基础设施建设仍然存在不足。桑百川（2015）从物理联通、机制联通、人文联通三个层次分析认为当前亚太经济体实现互联互通还存在巨大资金缺口、政治互信欠缺、经济发展利益冲突以及争端协调机制缺乏等主要障碍。

## 二 "贸易便利化"理论研究

虽然贸易便利化概念经常被提及，但并没有得到系统的理论归纳。学者们在国际贸易理论、新经济地理学、制度经济学、博弈理论甚至国际政治学中找寻理论解释。

无论是传统国际贸易理论还是新古典经济学理论都构造了一个没有"摩擦"的世界：商品自由流动，买卖双方具有完全信息，当两国开展自由贸易后均可以实现贸易利益。然而，国际贸易学中的企业异质性理论、制度经济学中的交易成本理论、新经济地理学中的贸易成本理论都证明了交易成本是无法忽视的现实存在（赵伟、郑雯雯，2010；张蕙等，2013）。当计入交易成本后，双方比较优势地位可能发生逆转，国际分工也许不再发生，从而贸易利益的获得也具有了不确定性。贸易便利化的本质特征和核心内容是实现贸易流程的简化和标准化，目的是减少贸易"摩擦"，最终回归到自由贸易的状态。可以说，作为一项贸易政策，贸易便利化本质上与自由贸易一脉相承（娄万锁，2010）。

当今世界，"自由贸易"已经如同"民主""和平"等价值一样成了各国政治家们在公开场合高举的一面旗帜，那么为何 WTO《贸易便利化协定》的达成却历尽艰难？程中海等（2015）从博弈论角度分析：经济发展阶段、资源禀赋、科技创新能力、产业竞争力等方面的巨大差异使得各国在开展贸易便利化谈判中都会通过"非合作博弈"选择能够实现本国利益最大化的"最优策略"。而从政治学角度来讲，贸易便利化谈判是否能够达成一致不仅取决于全球政治市场中不同国家利益的冲突，而且需面对国内政治市场中进口竞争集团与出口促进集团对贸易政策的影响力（娄万锁，2010）。因此，多边贸易体制下国际经济政策协调并非易事。

即便一国政府积极支持和参与全球贸易便利化进程，其国内改革政策的实施效果也不能尽如人意。娄万锁（2010）指出，制度经济学中的"路径依赖"理论可以予以解释。该理论认为"历史是重要的，不去追溯制度的渐进性演化过程，就无法理解今日的选择"（诺斯，2008）。而制度变迁中存在着自我强化的机制，一旦进入某种路径就会在往后的发展中被"锁定"。因此，WTO 和 WCO 试图在全球范围内推行标准化的贸易便利化制度，难免会受到各国历史文化传统的制约，因而有些制度注定是不会马上"便利"的（娄万锁，2010）。王徽（2015）提出了一个由国家、区域贸易组织与多边贸易组织三个不同层面共同推进，国内链措施、区域链措施和全球链措施相互作用的三螺旋理论模型。他认为贸易便利化的实质是国家、区域组织及多边组织共同博弈的结果，每个国家可以在三个不同层面获得推进贸易便利化的利益，但是在诸多制约因素影响下任重而道远。

### 三　"贸易便利化"改革成本与收益

尽管贸易便利化可以在理论上寻得支持，但在实践中一国是否推行贸易便利化改革则取决于改革的收益是否能够弥补巨额的财政支出。贸易便利化改革成本与收益的评估对于财政资金有限的发展中国家而言尤为重要。

ADB 和 ESCAP（2013）指出，当一国实施贸易便利化措施时会产生四种基本成本：①制度成本，包括政府引入新制度或者重新改造现有制度、与其他部门交换信息和合作、调动部门职员参与新的活动等成本；②规则和法律成本，包括对现行法律制度修正、与贸易伙伴协调规制等成本；③设备和培训成本，包括安装实现和简化贸易程序的电子系统、更新和维护软件和硬件等成本；④其他成本，例如精简通关程序后导致海关税收的减少等。估算改革成本最理想的方法当属从已进行的改革行动中提取成本资料进行核算。但在大多数情况下各国所进行的便利化改革只是广泛经济改革的一部分，通常并不列明用于贸易便利化改革的专项资金，更缺乏专项评估（杨莉，2011）。因此，准确估算改革成本极为困难。

相比之下，贸易便利化改革的收益不仅是多方面的，而且可以基于经济模型予以测算。其一，增加海关关税收入。例如，2000 年玻利维亚海关使用 EDI 技术和电脑自动化系统后税收增加了 11%，而菲律宾和斯里兰卡等分别增加了 2150 万美元和 1000 万美元（OECD，2003）。其二，降低贸易成本。OECD（2003）基于可计算一般均衡模型（CGE）估计贸易便利化改革将使交易成本减少 1%，并带来400 亿美元货物贸易的增长。WTO 秘书处测算，TFA 的实施将使全球贸易成本平均降低 14.3%。其三，增加政府行政效率，实现有效资源配置，纠正财政投资收益，改进贸易商的遵守率，吸引外商直接投资，鼓励更多中小企业参与国际贸易（Yue & Wilson，2009）。周岩、陈淑梅（2016）研究发现贸易便利化有利于海上丝绸之路沿线国家形成比较优势互补、产业结构优化的贸易格局。其四，加速经济与贸易增长。Duval 和 Utoktham（2010）估计亚太经济体贸易便利化可能带来人均生产总值增长 2.5%。WEF 和 WB 利用 CGE 模型进行的分析表明，仅使样本国家的贸易便利化水平提升到地区水平的一半，就能够使得全球贸易额和生产总值分别增加 9.4% 和 2.6%。这与 Decreux 和 Fontagne（2011）的结论相吻合。WTO《2015 年世界贸易报告》认为：TFA 的实施对全球 GDP 增长的影响是取消所有关税影响的10 倍。

迄今为止，有关贸易便利化收益的评估值的研究存在较大差异，但"收益超过成本"的认识得到一致认同（ADB & ESCAP，2013）。因而推行贸易便利化已经成为包括发展中国家在内的大多数国家的共识（刘军梅等，2014）。

## 四 "贸易便利化"水平评估

了解一国贸易便利化的水平、考察一国政府便利化改革措施的成效、总结不足和提出改进方案都必须以贸易便利化水平评估为基础。目前，直接计数法、水平评分法和综合指标分析法是三种评估贸易便利化水平的方法。

采用直接计数法对"贸易便利化行动计划"开展的项目进行计数，适合描述贸易便利化直接成果。但由于数据可获得性差，此方法极少被学者采用。

对一国某些方面的贸易便利化水平进行指标评分、展现改革的成绩及与他国的差距是国际组织采用的主要评估方法。目前，关注领域和职能侧重不同，主要国际组织在评估指标的设计上存在较大差异。例如：WTO 贸易便利化委员会制定了由 43 项指标构成的《贸易便利化自评指南》，首份《中国贸易便利化年度报告》（2016）参照该指南逐条逐项对中国便利化水平进行了测评；OECD 于 2010 年发布了"贸易便利化指标"（TFI），对应 WTO 谈判文本的 21 类便利化措施内容并以此为基础生成了包括 89 个变量的 12 大项指标，包括信息可获得性、贸易社区参与、推进规则、程序、费用、单证格式、自动化、程序规范化、国际合作、国内合作、咨询、治理公正性等；APEC《贸易便利化行动计划第二阶段最终评估报告》（2007～2010年）中选用了海关程序、标准与一致性、商务流动性和电子商务四类关键绩效指标（KPI）；WB 以贸易企业和跨国货运公司为调查对象测算营商指数（DoB）和物流绩效指数（LPI）；WCO 为考察货物放行所需平均时间和每一环节时长而开发了"放行时间研究"（TRS）软件（王中美，2014）。

学者通常根据研究内容和目的将权威机构发布的数据综合成一系列新的指标后重新构建一套综合指标体系。Wilson 等（2003）使用港口效率、海关环境、监管环境、电子商务基础四项指标构建的评估体系最具有代表性，为其后众多文献直接采用（Abe & Wilson，2008；沈铭辉，2008；李斌等，2014；姚学颖，2015；张晓静、李梁，2015；张晓倩、龚新蜀，2015）。也有一些学者在该体系基础上增加或替换某些指标变量进行评估，例如孔庆峰、董虹蔚（2015）在 Wilson 等（2003）评估体系的基础上增加了物流竞争力、装运负担能力和金融服务便利性三项新的指标，评估后认为中国对拉美主要国家的出口增长较大程度上受制于其贸易的"不便利"；郭俊芳、武拉平（2015）则设计了市场准入、边境管理、交通通信设施和商业环境四项指标，定量分析了东北亚地区贸易便利化对中国农产品出口的影响。

## 五 "贸易便利化"改革影响

一国贸易便利化改革措施究竟会对国家福利、经济发展及贸易增长产生怎样的影响？文献研究大多关注海关程序、物流基础设施、电子信息通信水平、制度环境四个方面改革措施的影响。

海关作为监管国际货物流动的政府部门，在贸易安全与便利方面发挥核心作用。Engman（2005）的研究表明，低效的通关程序对国家和企业都无益处。许多国家面临腐败、估价偏差、收税低效等问题，而企业则为之付出高昂的时间成本和支付成本，外资企业在该国的经营风险和成本也随之增加。2012 年 WEF 的调查结果与 1999～2000 年 WB 的调查结果基本一致，即尽管边境壁垒一直是各国贸易便利化改革的核心，但复杂通关程序、法规及行政准则依然是非常严重的贸易障碍。

货物运输基础设施质量是衡量一国与贸易有关的基础设施质量的重要指标，主要包括道路、桥梁、港口、机场等硬件设施。落后的货物运输体系将直接导致运费的增加、进出口时间的延迟以及随之产生的机会成本（Hausman，2005；Hummels，2007）。Korinek 等将 LPI 作为解释变量证实了物流绩效对贸易增长的显著影响。Pagés（2010）发现拉丁美洲国家与美国贸易的运费成本甚至比地理距离更遥远的国家（如中国）还高。在一些非洲内陆国家，运输延迟的影响更甚于关税（Hummels，2007；Freund & Rocha，2011）。Djankov 等（2006）将一个标准 20 英尺（约 6 米）集装箱从最大城市的工厂运到码头的时间作为关键变量的实证分析表明产品出口时间每延长 1 天将会降低至少 1% 的贸易额，相当于将贸易伙伴的距离平均延长 70 公里。Abe & Wilson（2011）发现港口拥堵显著增加了东亚国家出口到美国的运输成本，港口容量增加 10% 能够减少 3% 的运输成本，相当于减少 0.3% ~ 0.5% 的进口关税。Panennungi（2013）、Duval 和 Utoktham（2010）、Bayley（2014）、Kotschwar（2012）、Rahman 等（2014）对亚洲、拉美等地区经济体互联互通性的研究也发现了港口效率的改进与贸易增长的正向关系。不仅如此，货运体系发展滞后对于时间敏感性强的商品及加工程序复杂的产品影响更大，许多发展中国家因此被排除在全球生产链和价值体系之外（Nordas，2011；Kotschwar，2012）。

信息基础设施水平的影响日益受到重视。其一，互联网的普及使出口企业更容易也更便宜地获得国外市场、产品、消费者偏好、产品技术标准的信息，进而能够降低进入国外市场的固定成本。Freund 和 Weinhold（2004）在互联网方面进行的研究支持了这一观点。他们发现一国互联网终端普及率上升 10% 就能增加 0.2% 的出口额。其二，电子商务设施也是提升出口贸易流量的重要途径。Wilson 等（2005）的研究表明电子商务基础设施对于贸易增量的贡献度高达 40.8%。茹玉骢、李燕（2014）在异质性企业垄断竞争模型中引入电子商务相关指标发现电子商务的使用显著提高了中国企业参与出口的可能性以及出口密集度。其三，信息通信技术（ICT）在边境通关以及政府机构的广泛应用能够取代纸质单证、原始签名、现金支付以及面对面洽谈，从而能大幅精简通关程序、加速通关时间、提高海关管理能力和效率。

当然，货运及信息基础设施硬件的改善并不一定能够带来贸易成本的降低，作为软件基础设施的制度环境也发挥着重要作用。制度的不完善会导致跨国交易的内在风险，例如某国企业普遍不能正常执行交易合同或者存在有组织的犯罪（Clark 等，2004）。当前，透明度是制度建设中最受关注的问题。20世纪60年代有些专家还以积极的眼光看待腐败，然而其负面影响自90年代以来已深入人心。Sequeira 和 Simeon（2008）发现南非德班港所装运的集装箱中超过30%需要支付贿赂，这使得20英尺（约6米）集装箱的平均贸易成本提高了12%，而这一成本增加值在莫桑比克马普托港更高达32%。腐败源于不同物流环节中竞争的缺乏（Alberto & Wilson，2012），同时监管制度的不完善会使得腐败进一步在供应链上传播，甚至出现逃税、漏税。Fisman 和 Wei 研究中国大陆与香港之间已经办理清关的货物进出口值时发现应征关税与实际征税之间存在巨大差异，表明逃税漏税现象确实存在。相反，好的制度（如恰当的政府规模、严格的知识产权保护、科学合理的商业规则、高度的市场竞争、透明的政府行政管理等）能够同时增加贸易的扩展边际和集约边际（Lee 等，2012）。佟家栋、李连庆（2014）采用 CGE 模型研究发现如果将 APEC 成员政府的透明度提高到平均水平，全球各经济体都会获得超过2000亿美元的贸易和福利收益。因此，制度环境与基础设施便利化改革同步进行至关重要。

除了上述四个方面以外，近年来研究者还将目光投向了其他领域的改革措施。其一，贸易融资约束。由于国际市场进入成本的存在，出口成本融资约束成了决定很多国际贸易特征的重要因素（Manova，2008），并影响着企业出口行为（于红霞等，2011）。2008年金融危机时期世界贸易的增长就受到了融资短缺的影响（Chor & Manova，2012；Bems 等，2010；Bricongne 等，2012；Auboin & Engemann，2013），而且其对中小企业的影响远远高于大型企业（ESCAP，2012）。ADB（2014）对亚太地区的融资现状调查研究发现亚太金融一体化非常滞后，新兴的金融方式发展很慢，ESCAP（2012）提出应该建立新的贸易融资机制为进出口提供便利，例如实现支付便利化、多方融资、风险担保等。其二，贸易中介机构的作用。Ahn 等

（2010）基于异质性企业理论利用中国出口数据的系统研究论证了贸易中介机构在推行贸易便利化进程中的重要作用。其三，促贸援助。世界银行等国际组织对发展中国家的促贸援助是否对提高其出口绩效具有积极作用？Ahn 等（2010）和 Busse 等（2010）的研究都得出了肯定的结论，但同时也都指出若要改变发展中国家的现状，必须分配更多资金。其四，区域一体化的影响。Maur（2008）的研究显示，区域一体化能够促进贸易便利化改革，进而加速经济和贸易增长。

## 六 文献述评

贸易成本与贸易便利化问题是各国政府和经济学界共同关注的热点问题，现有研究成果仍然存在以下不足。

### 1. 贸易便利化理论研究有待突破

尽管在国际贸易理论、新经济地理学、制度经济学、博弈理论甚至国际政治学中能够找到贸易便利化的理论解释，但其作为一项重要的贸易政策或经济政策尚未被纳入统一的理论模型框架中予以论证。当前，这方面理论研究文献数量少，相对于实证研究而言是滞后的，有待突破。

### 2. 研究的广度和深度有待拓展

从研究广度上看，贸易便利化经验研究主要集中在货物贸易领域，很少有学者尝试研究其对服务贸易的出口促进作用[①]；同时，尽管异质性企业理论已经表明贸易成本对企业出口的重要影响，但实证研究极少将企业异质性引入模型[②]。从研究深度上看，当前研究以一国整体贸易规模为研究对象，尚未对产业进行分解以研究贸易便利化

---

① 据文献搜索发现，李斌等（2014）评估了贸易便利化对服务贸易的影响，认为便利化水平低的国家，便利化对服务贸易出口促进作用更大。

② 据文献搜索发现，茹玉骢、李燕（2014）尝试研究电子商务发展与中国企业的出口行为，研究发现发展电子商务对大规模企业的促进作用大于小规模企业，外资企业大于内资企业，民营企业大于国有企业。

措施的不同作用[1]；同时，对贸易便利化的贸易促进机制的研究比较缺乏[2]。因此，贸易便利化实证研究范围、层次、对象等都有较大拓展空间。

### 3. 贸易便利化水平的评估有待完善

贸易便利化综合评估体系设计的科学性以及评估结果的准确性不仅取决于其所涵盖的指标内容，而且有赖于用于量化数据的选择和可获性。现有研究主要在以下方面有待完善：其一，随着贸易便利化内涵与外延的扩展，评估内容也有扩大趋势，相应指标选用也应该越来越细化，但一些重要指标尚未被纳入评估中，例如带宽、企业技术可获得性等有关信息通信基础设施指标，对于中小企业出口以及无纸化贸易非常重要的电子政务指标等；其二，数据可得性依然是个问题（王中美，2014），尤其是许多落后国家的国内指标数据不仅并未上报于联合国等国际组织，也无法在其国家统计网站上获取；其三，国际组织公布的"物流绩效指数"（LPI）、"贸易促进指标"（ETI）、"营商指数"（DoB）、"企业调查数据"（ES）等被广泛采用，但很少有学者在使用数据时仔细参考脚注或者了解指标是如何构造的以及是否具有跨国可比性。例如"DoB指数"并不是真实企业数据，而是每个国家和地区专家估计的结果，同时还存在"光环效应"[3]。世界银行甚至曾告诫不要在跨国回归中使用企业调查数据，因为不同国家的调查特性可能也有差异。上述三点不足将导致评估结果的偏差。

### 4. 计量模型及研究方法有待改进

在贸易便利化的经验研究中，CGE模型和静态贸易引力模型为主

---

[1] 据文献搜索发现，郭俊芳、武拉平（2015）评估了东北亚地区贸易便利化对中国农产品出口的影响。

[2] 据文献搜索发现，汪戎、李波（2015）分析了贸易便利化微观机理，指出其能够有效提升出口多样性。

[3] 调查数据的"光环效应"是指某一国专家对某国的一项指标给予高评分的同时，容易认为其他相关方面也表现良好，从而提高了整体评分水平。参见 Behar, Alberto, "Doing Managers and Experts Agree? A Comparison of Alternative Sources of Trade Facilitation Fata", 2010。

要的计量模型。其中，大多数 CGE 模型涉及比较静态研究，通过外部冲击发生前后两种均衡状态的比较，分析其对经济的影响，适用于研究贸易便利化改革前后的福利变化。但是该方法建立在微观经济学理论基础上，包含许多微观经济学理论和推理，使用者必须具备深厚的经济学基础，否则很难对结论进行恰当分析（杨莉，2011）。同时，能够应用这一方法的数据库的数据较为陈旧，数据时效和模拟结果并不十分理想。另外，贸易引力模型主要用于改革措施效果的事后评估，静态模型及最小二乘法是当前经验研究的主流模型和方法。这一方法中贸易便利化问题的内生性以及大样本的异方差性却很少被学者关注和处理。Wilson 等（2003）使用替代指标进行回归从而保证估计结果的稳定性和有效性，也有人提出采用动态引力模型 GMM（差分广义矩估计）方法解决内生性问题。而对于异方差，Silva 和 Tenreyro 发现泊松最大似然估计能够修正引力模型中异方差带来的偏差。但是这些更为科学的计量处理方法并没有在近年来的大量文献中得到广泛应用。因此，计量分析方法的应用还有待改进。

**5. 针对美国贸易便利化系统研究缺乏**

美国贸易便利化进程始于 20 世纪 90 年代，美国政府在便利化政策方案设计、具体措施的制定和实施方面已经具有相当丰富的经验。然而，长期以来针对美国贸易便利化改革进行系统研究的国内外文献数量非常有限。国际组织以及学者的文献偏重于实证研究，大多数将美国作为 APEC 或者 OECD 成员国之一进行贸易便利化水平的评估，或者对某些改革政策及措施的影响进行定量分析。而国内文献则主要使用定性分析方法，主要介绍美国在特定时期（如某届政府时期）某些贸易便利化的制度和做法（上海海关学院课题组，2010），研究内容既不系统全面，也极少被引入实证领域。因此，采用定量与定性方法相结合对美国贸易便利化改革进行系统性研究的文献比较缺失。

因此，本书试图通过对美国贸易便利化改革的研究，从研究对象、研究内容、研究方法和研究层次四个方面进行拓展和深入，一定程度上弥补现有成果的不足。

## 第四节　研究思路、研究内容与研究方法

### 一　研究思路

根据文献述评可知，有关"贸易便利化"的研究涉及范围非常广泛。篇幅有限，本书将研究对象限于2009～2016年奥巴马政府推行的货物出口贸易便利化改革。基于现有文献研究不足以及本书研究目的，本书沿着下列问题逐步展开。

（1）美国政府为什么开启了新一轮贸易便利化改革？

（2）此轮贸易便利化改革依据是什么？改革方案如何设计？

（3）新一轮贸易便利化改革的主要内容是什么？与以往政府推行的贸易便利化改革相比具有哪些鲜明特点？

（4）美国政府改革成效如何？是否存在制约改革成效的因素？

（5）本次改革是否具有出口增长效应？这一效应能否通过实证检验？改革措施对美国出口增长的具体作用如何？美国货物贸易是否尚存出口潜力？特朗普时代出口走势将会如何？

（6）对美国政府贸易便利化改革系统研究能得出怎样的结论？这些结论又将给予中国哪些启示？

依据上述思路，研究技术路线见图1-1。

### 二　研究内容

本书基于以上研究思路将内容分为七章，具体如下。

第一章为绪论。本章阐明了本书的选题背景和研究意义，在综述国内外有关"贸易便利化"文献成果的基础上简要评述了现有研究的

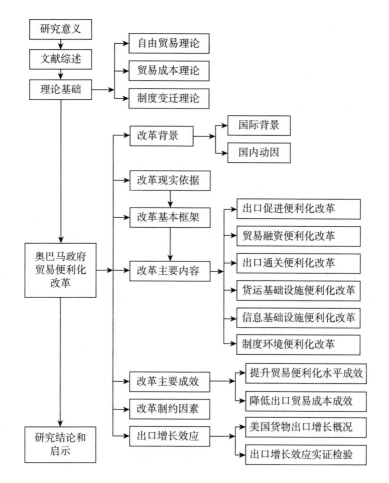

**图 1 - 1　研究技术路线**

资料来源：笔者自制。

不足，并勾勒出本书研究思路和技术路线，阐述了研究内容、研究方法、主要创新与不足。

第二章为贸易便利化理论基础。当前贸易便利化问题的研究主要集中在实证研究领域，专门理论体系尚未形成。本章分别对自由贸易理论、贸易成本理论以及制度变迁理论中的有关观点进行归纳与总结，为后文分析提供理论依据。

第三章为奥巴马政府贸易便利化改革背景及现实依据。新一轮贸易便利化改革的开启既是顺应世界经济与贸易发展潮流的必然选择，也是后危机时期美国实现经济复苏以及长期稳定增长的迫切需求。而改革方案的设计必须以贸易便利化进程中存在的问题为现实依据。因此，本章从国际和国内两个方面，深入分析了奥巴马政府推行贸易便利化改革的国际背景和国内动因，并系统归纳了改革前美国贸易便利化进程中存在的主要问题。

第四章为奥巴马政府贸易便利化改革框架、内容与特点。改革框架是实现改革总体目标的具体部署，是制定有效政策与措施的前提条件。在前文归纳美国贸易便利化进程中的主要问题基础上，本章阐述了奥巴马政府贸易便利化改革的基本框架，并在此框架下梳理了 2009～2016 年政府在"出口促进便利化""贸易融资便利化""出口通关便利化""货运基础设施便利化""信息基础设施便利化""制度环境便利化"六个方面所推行的代表性改革措施，总结了此轮改革的主要特点。

第五章为奥巴马政府贸易便利化改革成效及制约因素。作为一项复杂而系统的经济工程，科学评价贸易便利化改革的成效与制约因素是对其全面深刻认识的必然要求。本章依据改革内容构建了包含出口促进、贸易融资、出口通关等六个方面便利化指标的综合指标体系，评估了改革在提升美国贸易便利化水平方面的成效，利用贸易成本模型测算了改革在降低货物出口贸易成本方面的成效，定性分析了改革在促进金融危机后美国货物出口贸易增长方面的成效，并阐述了改革过程中所暴露的制约因素。

第六章为奥巴马政府贸易便利化改革出口增长效应分析。本章利用前文构建的贸易便利化综合指标体系中的综合贸易便利化指标以及六个单项便利化指标，构建了出口引力模型以检验改革措施在总体货物出口规模、主要产品出口流量、不同规模企业的出口绩效三方面的出口增长效应，并在测算美国货物出口潜力实现程度基础上分析了下一阶段美国货物出口贸易走势。

第七章为研究结论及启示。基于第三章至第六章对此轮改革的背景、现实依据、基本框架、改革内容、主要成效、制约因素及其出口增长效应的系统研究，本章得出了主要研究结论，并阐明了其对中国未来对外贸易发展及贸易便利化改革的若干启示。

### 三 研究方法

本书以自由贸易理论、贸易成本理论、制度变迁理论等为指导，在充分借鉴国内外研究成果基础上，采用了系统分析、归纳分析、综合指标分析、定性与定量结合分析等研究方法，具体如下。

#### 1. 系统分析法

尽管贸易便利化改革是对外贸易领域中的国际贸易制度与政策的变革，但其改革参与主体、改革范围、改革内容早已不止于此，因此对贸易便利化改革的研究必然要求我们从系统的角度着眼，对改革系统中的要素进行综合分析。系统分析法是贯穿本书研究的基本方法。本书将奥巴马政府贸易便利化改革视为一项系统的经济工程，从纵向分析来看，本书沿着改革背景、依据、框架、内容、成效以及制约因素的分析主线逐步推进；从横向分析来看，本书以改革基本框架为总领，系统梳理了美国政府在出口促进便利化、出口通关便利化、信息基础设施便利化等六个方面的改革内容与措施，力图展现此轮改革的全貌。

#### 2. 归纳分析法

奥巴马政府贸易便利化改革范围非常广泛，部分改革方案、内容与具体措施在联邦政府出口战略相关文件中有所论述，但大量信息分散于其庞大经济振兴计划与政策的各个部分。因此，本书采用归纳分析法不仅将分散的贸易便利化改革提炼为"出口促进便利化""贸易融资便利化""出口通关便利化""货运基础设施便利化""信息基础设施便利化""制度环境便利化"六个主要方面，而且以此为基础总结改革的主要特点，以加深认识。

### 3. 综合指标分析法

如何评估贸易便利化改革在提升贸易便利化水平方面的成效既是重大的理论问题，也是重要的现实问题。基于改革主要内容和代表性措施，本书采用综合指标分析法，通过构建综合指标体系，对改革前后美国在出口促进、贸易融资、基础设施、出口通关制度环境等方面便利化水平以及总体贸易便利化水平进行测算和对比，客观反映此轮改革在提升贸易便利化水平方面的成效。

### 4. 定性与定量结合分析法

贸易理论认为，有效的贸易便利化改革能够促进一国出口贸易增长。本书采用定性分析方法分析了奥巴马政府推行贸易便利化改革期间美国货物出口贸易的发展态势，同时利用贸易引力模型定量分析了主要改革措施与其货物出口总额、不同规模企业出口额、主要产品出口贸易额以及出口潜力之间的相互关系。定性与定量相结合的分析方法能够对此轮改革的出口增长效应进行更科学全面的论证。

## 第五节　研究创新与不足

### 一　创新

本书在以下几方面做出创新。

第一，本书沿着奥巴马政府贸易便利化改革背景、动因、框架、内容、成效以及制约因素的分析主线推进，在改革基本框架下系统梳理了出口促进、贸易融资、出口通关、货运设施、信息设施以及制度环境六个方面的改革措施。已有文献主要仅着眼于其中某一个方面的改革，数据资料也较为陈旧。本书通过归纳整理2009～2016年美国官方资料，从研究内容上为借鉴美国贸易便利化改革经验提供更加丰富和翔实的依据。

第二，本书依据改革主要内容构建了综合指标评估体系，由出口促进、贸易融资、通关便利、货运效率、信息设施、制度环境六项二级便利化指标和多项三级指标共同构成。现有文献所构建的指标体系评估通常仅包含其中四个方面评估内容，且在评估指标选取方面极少采用电子政务发展指数、电子政务参与度指数、企业技术可获性、贷款难易度等指标。本书以美国及其贸易伙伴为样本在构建贸易便利化水平综合指标体系方面的新尝试，在研究方法上为中国贸易便利化水平评估体系的探索提供了借鉴。

第三，本书基于引力模型实证检验了六个方面便利化改革措施对总体货物出口规模、主要出口产品出口流量、不同规模企业出口绩效的出口增长效应，并在模型变量中引入了美国与贸易伙伴贸易便利化指标的交叉项修正估计结果。现有经验研究主要分析总体贸易便利化水平对总体出口贸易流量的影响，极少考虑不同措施影响的差异或者改革措施对不同产品、不同规模企业的差异，且将交叉项引入模型的做法也不多见。相比以往文献，本书通过实证研究层次的深入和分析方法的改进，更加清晰地展现美国便利化改革措施的影响，从而为中国对外贸易发展及便利化进程提供了更加客观和丰富的政策启示。

## 二 不足

本书研究主要存在以下不足。

第一，受到美国政府网站浏览权限以及可供下载资料的限制，本书未能囊括美国贸易便利化改革的全部政策措施，因而其改革内容还有待丰富。

第二，受数据可获得性的限制，部分便利化指标无法被纳入本书所构建的综合指标体系中，使得该指标体系对贸易便利化指数的测算在精确度方面有待改进。同时，本书采用传统引力模型进行定量分析，尚未考察贸易便利化与贸易增长之间可能存在的内生性关系，在未来的研究中有待完善。

# 第二章　贸易便利化相关理论基础

作为国际贸易政策领域的一个新议题，尽管世界各国已普遍认同贸易便利化制度和政策对于消除国际贸易壁垒、推动自由贸易、促进经济繁荣的重要意义，但专门针对贸易便利化的系统理论尚未形成。本书认为，自由贸易理论、贸易成本理论以及制度变迁理论可以从不同角度解释贸易便利化产生的动因、作用机制以及全球贸易便利化进程的现状，将其作为其理论基础。

## 第一节　自由贸易理论
### ——贸易便利化的本质

针对"一国是否应该开放市场，是否应该积极参与国际分工和贸易，是否可以从贸易中实现贸易利益和福利增长"等问题，西方经济史上一直存在两种对立观点：自由贸易论与保护贸易论。自由贸易论者主张消除贸易壁垒，加速商品的跨国流动，其与贸易便利化本质上一致。

### 一　自由贸易理论

英国古典经济学家亚当·斯密在其国际分工学说基础上提出了"绝对成本理论"。他认为社会分工能够有效地提高生产效率。如果每个人都用自己擅长生产的东西换取不擅长生产的东西，那么这种生产和交换对双方都有好处。1776 年，亚当·斯密发表了《国民财富的性质和原因研究》（简称《国富论》），并在该书中写道："如果一件东西在购买时所花费的代价比在家里生产时的花费少，那么就永远不会想要在家生产，这是每一个精明的家长都应该知道的格言。"[①] 此处"花费"的评判标准即是一种产品的生产成本。国家内部的分工原则也同样适用于国家之间，即一国应该把本国生产某种商品的成本与外国生产同种商品的成本进行比较，以决定是自己生产还是从外国进口。如果一国生产某种商品的成本绝对低于另一个国家，则生产这种商品的产业就具有"绝对成本优势"，相反则具有"绝对成本劣势"。他通过 $2 \times 2 \times 1$ 模型（2 个国家、2 种产品、1 种生产要素）论证了两国基于"绝对成本优势"参与国际分工和国际贸易，能够发挥绝对成本优势并且获得贸易利益。

绝对成本理论能够解释在不同产品的生产成本上具有绝对优势的国家之间的贸易，但并不能解释在所有产品上都不具有优势的国家是否应该开展国际贸易的问题。因此，大卫·李嘉图提出了"比较成本理论"。"比较成本"是指两个国家生产两种产品所耗费劳动量的比率，比率较低的国家具有比较成本优势。他通过 $2 \times 2 \times 1$ 模型论证了在所有产品都具有绝对成本劣势的国家，如果根据"两优取其重，两劣取其轻"的原则参与国际分工，同样可以提高资源配置效率、增加产量、提高各自国内的消费水平，实现贸易利益。在该理论的影响下，19 世纪英国废除了《谷物法》并开始推行自由贸易政策，推动了资本积累和生产力的发展。

比较成本理论以单一生产要素的生产率差异作为国际贸易的基础。但当两国同一生产要素生产率相同时，李嘉图模型便无法进行生

---

① 〔英〕亚当·斯密：《国民财富的性质和原因研究》，商务印书馆，1979，第 424 页。

产成本的比较。20世纪30年代，瑞典经济学家伯尔蒂尔·俄林在其出版的《地区间贸易和国际贸易》一书中提出了"生产要素禀赋理论"（H-O原理①），从另一角度找寻国际贸易的动因。"生产要素禀赋"是指各国拥有生产要素（即经济资源）的状况，如劳动力、资本、技术等。他以2×2×2模型（2个国家、2种产品、2种生产要素）模型进行论证，指出当要素效率相同时，生产要素禀赋比率不同以及生产各种商品所使用的各种生产要素的组合不同会导致商品的生产成本比率不同，进而导致两国商品价格不同，由此形成了国际贸易的基础。因此，各国生产要素的相对充裕程度决定其比较利益的地位。一国应该出口的是它在生产上大量使用的比较充裕的生产要素的商品，进口在生产上大量使用的比较稀缺的生产要素的商品。比较成本理论表明，经济发展水平不同的国家之间也可以从参与国际贸易和国际分工中获益。

当H-O模型建立并逐渐被普遍接受时，美国经济学家里昂惕夫应用投入-产出分析法对美国进出口贸易的实证研究结论与H-O原理的推论相矛盾：资本充裕的美国出口劳动密集型产品，而进口资本密集型产品。这一结论被称为"里昂惕夫之谜"。西方经济学界从不同角度给出了解释，如生产要素密集度转换论、要素非同质说、需求偏向论等，能够部分解开这一谜题，但都无法解开H-O原理对资源禀赋的一般疑问。因此，一些经济学家从修正"要素禀赋"这一前提条件出发，提出了技术要素学说、人力资本说、研发说、信息要素说等理论，共同构成了国际贸易新要素理论。

国际贸易新要素理论认为，H-O模型关注劳动力、资本、土地等有形生产要素，而技术、人力资本、研究与开发、信息等无形生产要素在国际贸易中发挥着越来越重要的作用，与有形生产要素共同决

---

① 因俄林在著作中采用了他的老师赫可歇尔的主要观点，因此生产要素禀赋理论又被称为赫可歇尔-俄林模型或H-O原理。

定着一国比较优势。

## 二　自由贸易理论与贸易便利化

绝对成本理论在人类认识史上第一次论证了自由贸易的互利性，克服了重商主义者认为国际贸易只是单方面有利的看法，奠定了自由贸易理论的基础。比较成本理论和 H－O 原理则论证了生产效率和资源禀赋都是一国比较优势的来源，是自由贸易理论的重要支柱。

对于不同国家参与国际贸易的方式以及贸易利益的获得，自由贸易理论认为在自由贸易条件下，各国只要根据比较优势参与国际分工和贸易就有利可得。通过自由贸易，各国可以提高专业生产技能，优化生产要素配置、社会劳动时间，促进资本积累；通过强调完全竞争，可以加强不完全竞争产业的竞争，减少垄断利润，缓解价格扭曲，提高经济效益；通过拓展世界市场，增加产品多样性，进口廉价商品，减少国民开支，增进国民福利；同时有利于国家之间相互了解，促进世界和平。因此，在政策主张方面，自由贸易论者反对各种形式的贸易壁垒，主张消除贸易障碍，推行贸易便利，实行自由贸易政策，这显然与贸易便利化的本质是一致的。

## 第二节　贸易成本理论
### ——贸易便利化的机制

贸易成本在传统经济学模型中几乎被忽略。但现实世界并非处于完全竞争、完全信息的无摩擦状态。Anderson 和 Van Wincoop（2004）指出，贸易成本是除生产成本外，外国消费者购买该产品需要支付的全部费用，包含运输、保险、信息、边境措施（如关税、通关程序等）以及边境后措施（如进口国国内知识产权保护、劳工标准等）

产生的成本，以等价关税形式表现于商品价格中①，直接影响企业竞争力和一国贸易增长。

至今，专门的贸易成本理论尚未形成，但马克思主义经济学的流通理论、新制度经济学的交易成本理论、新经济地理学的冰山运输成本理论中都有相关论述。

## 一 马克思主义经济学的流通理论

在马克思主义经济学的流通理论中，"商品流通"和"资本流通"是两个关键概念。"商品流通"源于社会分工。在自然经济条件下，产品生产与消费主体相同，没有交换活动产生。然而，随着社会分工的出现和扩大，产品的生产与交换逐渐成为有规律的经济活动。货币出现以后，以货币为媒介进行的商品交换构成了社会经济活动的重要内容。而"每个商品形态变化的系列所形成的循环，同其他商品的循环不可分割地交错在一起。这全部过程就表现为商品流通"②。同时，"资本流通"是在商品流通的起点将货币转化为商品，然后在其终点将商品再次转化为货币的全过程。尽管资本流通伴随着商品流通的产生和停止，但是发达商品经济的流通形式，目的是通过商品流通与再生产实现价值增值。

马克思在流通理论中谈及"流通费用"与"流通时间"两个方面的问题。

### 1. 流通费用

马克思将"资本在流通领域中所消耗的费用"称为"流通费用"，包括纯粹流通费用、保管费用和运输费用。

"纯粹流通费用"可分为三个部分：买卖费用、簿记费用和货币费用。买卖费用是达成买卖交易所需要的费用，例如交易双方为寻找

---

① Anderson J. E. , Van Wincoop E. , "Trade Costs". *Journal of Economic Literature*，（9）2004.

② 马克思：《资本论》第一卷，人民出版社，1975，第131页。

交易对象而进行搜索信息、为了达成交易而开展商务谈判和签约等活动所花费的时间和成本。劳动时间除了耗费在实际买卖上以外，劳动还会"耗费在簿记上"①，不仅包括簿记时间，还包括物化劳动，如笔墨、纸张等。另外，在商品流通中充当支付手段和流通手段的货币会因为了商品流通而专门留在流通过程中从而产生货币费用。马克思认为这种费用包括束缚于这种非生产形式上的社会财富和货币磨损而浪费的金银。

"保管费用"是当产品从生产过程到消费过程以商品储备形式存在时产生的费用。马克思将储备进一步划分为"正常储备"和"非正常储备"。前者是指生产者有意保存的储备，以保证商品与货币的转化过程能够连续进行，是商品销售的必要条件；后者则是因为流通过程的停滞而形成的储备。上述两种储备形式都需要费用支出。只有"正常储备"的保管费用才能够在商品销售价格中得到补偿，而"非正常储备"的保管费用只能从产品的价值中扣除。因此，解决商品流通过程中的阻滞因素是必要的。

"运输费用"则是一类比较特殊的流通费用。根据马克思的观点，运输是一种生产性活动，因此运输费用也属于生产型流通费用，可以追加到产品价格中，并在销售价格中得到补偿。但在其他条件不变的情况下，距离越远，追加到商品中的运输费用就会越高；运输业的生产力越高，运输费用则越低；在一定商品价格下，追加其中的运输费用越高，产品价值量越低。也正是由于运输费用与产品价格紧密相连，对于企业来说，降低运输费用对提升产品价格优势非常重要。

### 2. 流通时间

流通理论中的"流通时间"意指"资本在流通领域停留的时

---

① 马克思：《资本论》第二卷，人民出版社，1975，第150页。

间"①，包括将货币转化为商品和将商品转化为货币的时间，即采购和销售商品的时间。马克思认为，由于资本在流通时间中并不为企业带来生产性价值，一定量的资本流通时间越短，则资本增值的速度就会越快，增值率就会越高。因此，从企业角度来看，流通时间实际上也是一种成本。

## 二 新制度经济学的交易成本理论

交易成本理论是新制度经济学的核心。新制度经济学创始人罗纳德·科斯于1937年在《企业的性质》中首次提出"交易成本"的思想，奥利弗·威廉姆森在《市场与科层》和《资本主义经济制度》两本著作中重新界定了交易成本的分析方法，并通过一系列论述使得交易成本理论成了一个完整的理论体系。其后，张五常及道格拉斯·诺斯等经济学家又从不同角度对该理论进行了丰富。交易成本理论表述了三个重要问题：如何界定交易成本？交易成本缘何产生？交易成本存在的结果如何？

### 1. 交易成本的界定

交易活动指购买生产投入品、协调生产、搜集信息、产品营销及产权保护等活动，而交易成本（Transaction Cost）是与交易活动相关的一切费用②，包括搜寻成本（即搜集市场信息、找寻贸易对象信息的成本）、信息成本（即与交易对象交换信息花费的成本）、谈判成本（即针对合同、价格、各类条款讨价还价的花费）、决策成本（即进行决策与签订合同需要的内部成本）、履行成本（即监督贸易对象是否执行合约内容的成本，如验货、追踪产品等）以及违约成本（即违约发生后造成的损失）。

---

① 马克思：《资本论》第二卷，人民出版社，1975，第131页。
② 〔美〕道格拉斯·C. 诺斯：《交易成本、制度和经济史》，《经济译文》1994年第2期，第23～28页。

交易成本还可以进一步划分为事前交易成本和事后交易成本两大类别。前者包括合同起草、签订合同、规定交易双方权益等所花费的费用，后者包括在签订合同之后，为了解决合同本身的问题而花费的费用，例如当事人想中止契约所付出的费用、交易者发现事先确定的价格错误而尝试修订契约的费用、为了解决分歧诉讼至法院的费用、为了使承诺兑现而额外付出的费用等。

### 2. 产生交易成本的原因

交易成本是由人性因素与交易环境因素相互作用所产生的市场失灵以及交易困难导致的，具体包括"有限理性""机会主义""不确定性与复杂性""资产的专用性""信息不对称""合作气氛"六种原因。

"有限理性"与古典经济学中"完全理性"相对立，其认为人的知识和经验、环境的不确定性都会导致人们并不具备获得完全信息的能力，因此人吸纳和评价信息的能力是有限的。

"机会主义"是指交易各方为了自我利益最大化而采取欺诈手段，因被故意歪曲的信息增加了各方不信任和怀疑，导致交易过程执行成本增加、经济效率降低。

"不确定性与复杂性"是指由于环境因素中充满不可预计的变化，交易各方必须将不确定性纳入合约中，从而使得交易过程增加了谈判成本以及达成交易的难度。

"资产的专用性"是指资产不能够用于其他用途时的属性，包括场所专用性、物质资产专用性、人力资产专用性、信息资产专用性、专用资产专用性五种。专用性程度的高低直接决定了这种资产重置后价值损失的大小，其实质就是一种沉淀成本。

"信息不对称"是指由于交易各方掌握信息程度的不同，市场的先进入者拥有较多的信息而获得更多收益，从而形成少数交易。

"合作气氛"是指双方相互猜忌的环境或者无法调和对立的立场不利于建立一种令人满意的合作关系，从而使得交易徒增不必要的困难和成本。

上述六种原因中，"有限理性""机会主义""资产的专用性"是三个决定因素。如果上述三个因素不同时出现的话，交易成本不会存在。例如，如果交易一方能够完全理性思考，即使存在机会主义和资产的专用性，他也能避免一切"风险和意外成本"。

### 3. 交易成本的结果

交易成本理论认为，从微观层面来看，不仅市场活动有交易费用，企业运营本身所产生的管理费用、组织费用、行政费用等都可以看作企业内部的交易费用。因此，企业的形成是市场交易费用内部化的结果，当企业内部交易成本与市场交易成本相等时就达到了企业规模临界点。

从宏观层面来看，其一，交易成本与市场交易规模密切相关。新古典经济理论中的有效市场结果只有当交易成本为零的时候才能够实现。谈判者也只有在谈判没有任何成本的条件下无视制度的安排而实现收入的最大化。而在现实社会中，当交易成本很高的时候，人们会不愿意开展交易，从而市场规模不会扩大。当交易费用下降时，人们就会倾向于通过交易获得产品而替代自己生产，于是市场规模就会扩张。其二，制度的确立和选择十分重要。如果交易成本为零，并且初始产权的界定是明确的，那么各方之间的谈判将达成一个有效率的结果，无论初始权利如何界定；如果交易成本为正，那么法律制度的初始安排对于最终结果就是非常重要的。因此，在新古典经济学无交易成本的框架下，制度安排对于资源分配效率没有影响，但是在交易成本大于零的条件下（经济现实），不同的制度会产生不同的交易成本。制度是使交易成本减少的产物，制度安排的变化也有可能减少交易费用。

### 三　新经济地理学的冰山运输成本理论

萨缪尔森在贸易模型框架下分析了运输成本对企业国际转移活动

的影响。他们将运输成本命名为"冰山成本"（Iceberg Cost），表明其是一种搬运过程中商品的自然损耗，即运送 1 单位的商品，只有 $t(t<1)$ 部分能够到达目的地，$(1-t)$ 部分在运输途中损失了。Krugman（1991）在此基础上创立了新经济地理学，并将"运输成本"定义为一个涵盖所有影响产品空间转移因素的广义概念，既包括实际运输货物的成本，也包括区域间贸易壁垒。克鲁格曼在萨缪尔森模型基础上引进地理距离因素对"冰山成本"进行了技术修正，其主要理论模型如下。

以 $V_d$ 表示运送 1 单位商品最终能够到达目的地的数量，$D$ 表示出口地与目的地间的地理距离，$t$ 是"冰山融化"系数，冰山运输成本函数表达式为：

$$V_d = e^{-tD} \qquad (2-1)$$

$V_d$ 对距离 $D$ 求偏导数则得：

$$\frac{\partial V_d / \partial D}{V_d} = -t \qquad (2-2)$$

此公式可以得出以实物衡量的"冰山运输成本"与地理距离的关系，见图 2-1。

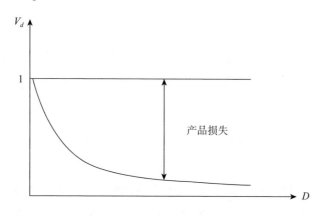

**图 2-1　冰山运输成本**

资料来源：笔者自制。

由图 2 - 1 可知，$V_d = 1$ 的水平线与曲线之间的垂直距离表示在运输距离 $D$ 条件下损失的商品数量。曲线的凸性表明随着运输距离的增加，产品的边际运输成本将减少。若将产品价格引入模型则得：

$$P_d = P_0 \big/ V_d = P_0 e^{-tD} \qquad (2-3)$$

$P_d$ 表示产品目的地市场的价格，$D$ 表示两个市场之间的距离，$P_0$ 表示出口国市场价格，$P_d$ 对 $D$ 的一阶偏导数和二阶偏导数为：

$$\frac{\partial P_d}{\partial D} = tP_0 e^{tD} \qquad (2-4)$$

$$\frac{\partial^2 P_d}{\partial D^2} = t^2 P_0 e^{tD} \qquad (2-5)$$

（2-5）式表示，出口国在目的国市场的价格随着距离的增加以递增的比例增加；在 $t$ 相同的条件下，如果出口国价格越高，则相同距离的目的地产品的价格也会越高。

"冰山运输成本理论"表明运输成本与产品价格之间的反向关系，它如同关税一般，会使货物的国内价格和国外价格产生差异，天然地保护本国进口竞争产业。运输成本过高的时候，跨国交易不会产生。

## 四　贸易成本与贸易便利化

Trefler（1995）的实证研究表明，新古典贸易理论所预测的贸易量与国际贸易中实际的贸易量存在着巨大差距，其被形象地称为"丢失的贸易量之谜"（Missing Trade Mystery）。之所以如此，一个重要的原因就是传统贸易理论未能考虑国际贸易中的交易成本。

有关贸易成本的理论表明，无论是由于空间距离造成的运输费用，还是由于信息不对称、不完全竞争等造成的信息搜寻、谈判签约、履行合同等交易费用，或者是流通环节不畅通导致的时间成本，都会在没有增加商品价值的条件下抬高商品价格或者挤占企业利润空间。贸易成本越大，贸易增长的阻力也越大。而正是由于贸易成本的存在，才产生了对有效制度安排的需求。贸易便利化正是通过对现有制度安排的变革与优化以减少摩擦、减少贸易成本来实现贸易增长的。

## 第三节 制度变迁理论
—— 贸易便利化的现状与未来

在过去 20 年中，一方面，在 WCO、OECD、WTO 等国际组织的倡导下许多国家推行了不同程度的贸易便利化改革，但贸易企业出口规模依然受制于边境和边境后措施造成的"不便利"[1]，深化改革的需求仍然强烈；另一方面，贸易便利化议题自 1996 年 WTO 新加坡会议被正式提出后已有 20 余年。《贸易便利化协定》谈判历经多次僵局，直到 2014 年 11 月才得以通过。如何理解各国对推行贸易便利化改革需求强烈却进展缓慢的现状？新制度经济学中的制度变迁理论可以给予一定解释。

### 一 制度变迁理论

新制度经济学认为：制度在社会中具有基础性的作用，是决定长期经济绩效的根本原因[2]。道格拉斯·诺斯从多个角度对制度做出理解。他认为，制度是一系列被制定出来的规则、守法程度和行为的道德伦理规范，旨在约束追求主体福利或者效用最大化利益的个人行为的规则；制度是收入的过滤器和调节器，决定体制的产出和收入分配；制度是一种约束人的行为机制，使得人类的组织成为可能；制度内含一定激励机制，能够促进创新，提高效率；交易费用是制度理论的基础，也是规则制定的评价标准。他认为，正式规则（如政治、司

---

① 娄万锁：《贸易便利化理论根源探析》，《上海海关学报》2010 年第 1 期。
② 诺斯：《制度、制度变迁与经济成就》，刘瑞华译，台北：时报文化出版公司，第 107 页。

法规则、经济规则和契约等）、非正式规则（如人们的行为准则、惯例等）和二者实施的强制性是制度的三个基本构成部分。

科斯定理指出了制度比较与选择理论的核心，即在存在交易成本的条件下，不同的制度会产生不同的交易成本，依据交易成本选择合适的制度十分重要。诺斯和福格尔则在此基础上提出了制度的动态比较与选择理论——制度变迁理论，以考察制度变迁的动机、目标以及方式。

制度变迁，就是制度的创立、变更，随着时间变化而被打破的方式。经济主体期望实现利益最大化是制度变迁的根本原因。即如果在现有的制度安排中，利益主体无法获得实际上还存在的潜在利润，那么就意味着这种制度安排没有达到帕累托最优而仍处于一种非均衡的状态，因此也就出现了制度变迁的客观必然性和基本动力。但与此同时，任何制度的执行和变迁都需要花费成本，例如花费在搜集新制度的信息资料，或者说服利益既得者接受新制度方面的费用。只有当改变制度的收益超过成本时，制度变迁才会实际发生。

关于制度变迁的主体，理论认为"组织及企业家一直是主角，他们形塑了制度变迁的方向"[1]。其中，"组织"意指具有相同目的、要达到某些目标而组成的多个人团体，包括政治团体、经济团体、社会团体等。组织既是制度下受约束的行动者，又是规则的制定者。制度与组织之间相互作用导致了制度的演变。例如，透明化的制度会造就清廉的政府组织，同时政府组织制定并执行经济规则，而经济组织能够推动技术创新，反映制度修正的需求等。因此，一国发展政策中的必要部分就是创立和执行有效的组织。

该理论十分强调制度变迁中的国家行为。由于制度变迁的收益是一种公共产品，因此存在着外部性和搭便车的问题，可能出现制度供

---

[1] 诺斯：《制度、制度变迁与经济成就》，刘瑞华译，台北：时报文化出版公司，第73页。

给不足。国家则可以扮演这样的一个角色：对于私人来说，国家在制定和变革产权制度方面更加具有规模经济，可以节约许多交易成本；同时国家还具有暴力优势，可依靠强制力节约制定和变革制度的组织成本。总之，国家在制度变迁中的主要作用就是界定和行使产权。当然，国家从制度革新中获得的收益大于成本依然是其发挥作用的根本动力。

同时，经济史上的制度变迁是一个长期的动态过程，在新制度代替旧制度的过程中，历史确实是起作用的，人们今天的各种决定、各种选择实际上受到历史因素的影响，即"路径依赖"（Path Dependence）。路径依赖类似于物理学中的"惯性"，其在制度变迁和技术变迁中都具有自我强化的作用。不完全竞争和规模报酬递增是决定制度变迁方向的两个决定性因素。由于市场的复杂性和信息的不完全，制度变迁可能并非按照初始设计的方向演进，而以利益最大化为导向的人类行为总会选择具有规模报酬递增效应的制度，进而决定了制度变迁的方向。"自我强化"的机制使得经济和政治制度可能在进入良性循环的轨道后迅速优化，也可能在误入歧途后持续下滑，甚至被"锁定"（Lock-in）在某种无效率的状态而出现停滞。

## 二　制度变迁理论与贸易便利化

交易成本是制度选择的根本依据。"二战"后，在 GATT 和 WTO 贸易自由化的推动下，关税壁垒大幅降低，而非关税壁垒发挥着越来越显著的阻碍作用。现行的贸易制度不仅造成了较高的行政成本（即制度运行成本），也造成了较高的交易成本，使得经济主体无法实现潜在的贸易利益，从而产生了推动制度向交易成本最小化的状态变迁的根本动力。因此，21 世纪初以来贸易便利化改革的蓝图在全世界展开。

在国际贸易中，一国同时面临着内部制度与外部制度两个方面的制约与规范。两个方面制度的差异必然导致其在运行中相互磨合而产生贸易成本。贸易便利化便是消除贸易成本的制度变迁过程，既包括对现有经济制度、贸易制度、法律制度等方面的变革，也包括与国际制度进行协调以减少贸易摩擦。各国政府和企业在这一过程中扮演着重要角色。作为制度变迁的主体，贸易企业反映着制度变迁的需求，而国家通过制定规则和强制执行力为贸易便利化提供保障。

当然，根据路径依赖理论观点，由于文化传统、信仰体系等非正式规则的影响，一国彻底改变现有的正式规则（制度）并非易事。在不同国家之中实行统一的新规则必然也面临着与不同国家旧制度的对撞。因此，尽管各国推行贸易便利化需求强烈，但未来必将是一条漫长的改革之路。

## 第四节　本章小结

21世纪以来，贸易便利化改革的宏伟画卷已在全世界范围内展开。作为国际贸易政策领域的新议题，研究者们提出了一系列问题：贸易便利化的本质是什么？其促进贸易增长的机制又是什么？为什么世界各国对于推行贸易便利化需求强烈？贸易便利化的国际协调却缘何困难重重？其未来发展前景如何？由于专门针对贸易便利化的系统理论尚未形成，本章从自由贸易理论、贸易成本理论以及制度变迁理论三个方面探寻其理论基础。

首先，以比较成本理论和生产要素禀赋理论为支柱的自由贸易理论倡导在自由贸易条件下，各国只要根据比较优势参与国际分工和贸易就有利可得。在贸易政策方面反对建立贸易壁垒、强调自由贸易的政策主张与贸易便利化本质一致。可以说，自由贸易理论为贸易便利化提供了经济理论基础。

其次，传统自由贸易理论构建了一个完全竞争、完全信息的无摩擦世界。而现实世界中，因空间距离造成的运输成本，因信息不对称、不完全竞争等因素造成的信息搜寻、谈判签约、履行合同等交易费用，流通环节不畅通导致的时间成本等大量存在。马克思主义的流通理论、新制度经济学的交易成本理论、新经济地理学的冰山运输成本理论都表明：贸易成本无法忽略，它会抬高商品价格或者挤占企业利润空间，是导致企业失去比较优势的重要因素，必须建立有效的制度以减少其对贸易增长的阻力。因此，贸易成本的存在是贸易便利化的根本原因，而通过减少交易成本以提高贸易利益正是贸易便利化的作用机制。

最后，制度变迁理论表明，在存在贸易壁垒的社会中，现行制度造成的高昂贸易成本导致制度处于非均衡状态，使得更有效的贸易便利化制度的出现具有了客观必然性。国家和企业在制度变迁的过程中都扮演着重要的角色。然而，任何制度变迁都无法摆脱历史的影响，一国内部制度的变革不可能一蹴而就，实现世界范围内的多边便利化更是任重而道远。

# 第三章　奥巴马政府贸易便利化改革背景及现实依据

奥巴马总统入主白宫，正值美国金融危机最艰难的时期。在贸易便利化改革全球兴起的时代潮流下，美国面临着振兴国内经济、提升出口企业国际竞争力、维护经济与贸易霸权的紧迫需求。同时，美国对外贸易发展中也确实存在诸多束缚经济与贸易增长及企业出口动力和绩效的因素，为改革提供了现实依据。

本章从国际和国内两个方面系统分析了此次贸易便利化改革的国际背景和国内动因，以及政府制定改革框架、改革方案和政策措施的现实依据。

## 第一节　奥巴马政府贸易便利化改革的背景

### 一　全球兴起贸易便利化改革浪潮

随着 20 世纪 90 年代"贸易的非效率性"作为一项隐性的市场进入壁垒的阻碍作用日益凸显，贸易便利化便进入了主要发达经济体和部分新兴工业化国家的视野。进入 21 世纪，在发达国家主导下，世界贸易便利化进程加速，新兴国家及发展中国家也逐渐参与其中，改革内容从边境议题向边境后议题不断扩展，改革进程沿着"全球—区域—双边"层层深入。

在国际经济组织层面，WTO 最早于 1996 年新加坡部长级会议中将贸易便利化问题列入工作日程，与"政府采购透明度""投资与竞争政策"并列为"新加坡议题"，成为其多边谈判的重要内容。2001年 12 月第四届部长级会议通过的《多哈部长宣言》将贸易便利化纳入新一轮多边贸易谈判议程，意味着 WTO 将推进"贸易便利化"视为与降低关税壁垒同样重要的贸易自由化途径。2004 年 7 月，WTO总理事会通过的《多哈回合框架协议》提议发展中成员和不发达成员对贸易便利化措施的执行程度和时间予以特殊与差别待遇，极大地弥合了发达成员与发展中成员之间的冲突，获得了广大发展中成员的支持。有关贸易便利化的多边谈判于 2004 年 8 月 1 日在日内瓦会议上正式开启。谈判小组于同年 10 月 21 日成立，至 2005 年 12 月已举行11 次会议，收到了 100 多个国家超过 60 份建设性意见，表明各成员对推进世界贸易便利化进程的共同意愿。

WTO 多边贸易体制下实现各方利益的协调并非易事。世界各国对《贸易便利化协定》的等待是漫长的，但是对于贸易便利化的需求是极为迫切的。因此，WCO、UN/CEFACT 等国际组织也纷纷参与到便利化规则的制定中。作为全球唯一专门负责海关事务的国际组织，WCO 一直致力于推进各国海关在货物贸易通关标准、海关廉政建设以及安全标准三个方面最大程度的制度协调。其于 1996 年和 2006 年分别修订了《京都公约》和《协调编码制度》以适应世界货物贸易快速增长对通关效率提出的新要求；其于 2003 年修订的《阿鲁沙宣言》明确了海关廉政建设的基本原则以及能力建设内容；其于 2005年 6 月通过了《全球贸易安全与便利标准框架》以应对恐怖主义对世界贸易安全的威胁。截至 2010 年 5 月，共计 161 个成员承诺实施这一标准框架。UN/CEFACT 则通过制定全球统一的标准、提高贸易标准化和规则一致性以消除国际贸易中的技术壁垒。2005 年该组织在联合国框架内推行"单一窗口"措施，得到发达国家积极响应。至

2010 年，全球所有发达国家均已采用国家标准一致的贸易单证，并实现标准化的数据交换，与之贸易往来密切的发展中国家也相继推行了包括"单一窗口"在内的贸易便利化措施。

WEF 和 WB 则定期开展调研工作，量化贸易便利化指标，为评估各国贸易便利化改革进程、开展相关科学研究提供了有力的数据支持。WEF 自 2001 年起发布《全球竞争力报告》对全球关税壁垒、基础设施、科学技术等指标进行评估；WB 自 2004 年起发布"DoB 指数"评估各国营商环境，并于 2007 年开始定期发布"LPI 指数"评估各国物流基础设施和服务水平，还建立了涵盖大多数国家自 1995 年以来贸易成本数据的"贸易成本数据库"。

此外，联合国国际贸易法委员会（UNCITRAL）、国际海事组织（IMO）、国际商会（ICC）、国际贸易中心（ITC）、全球贸易和运输便利化伙伴（GFPTT）、联合国亚太经济与社会理事会（ESCAP）、联合国亚太无纸贸易专家网络（UNNEXT）等众多专业性国际组织均从不同方面推动着全球贸易便利化进程。

不仅如此，贸易便利化也成了区域及双边自由贸易协定（FTA）的重要内容。例如，APEC 早在 1995 年大阪会议通过的《执行茂物宣言的大阪行动议程》就将"贸易便利化""贸易与投资自由化""经济技术合作"定为 APEC 亚太经济自由化进程的三大支柱。通过各成员在海关程序、标准和一致化、商务流动以及电子商务四大领域便利化改革措施的实施，2006 年已实现区内贸易成本降低 5% 的目标。其后，APEC 在《贸易便利化行动计划Ⅱ》中更新和修订了上述四大领域贸易便利化改革的具体行动和措施，并提出 2007~2010 年亚太地区内总体贸易成本再削减 5% 的目标。此外，双边 FTA 也日渐涵盖贸易便利化条款。数据显示，截至 2008 年 11 月 APEC 成员之间所签订的 28 项 FTA 中包含通关程序和便利化条款的协定为 24 项；而至 2010 年 6 月全球向 WTO 通报的 140 项 FTA 中通常也都设有"边境程序"

或"贸易便利化"章节①。

2008 年金融危机爆发后，世界货物贸易额及增长速度大幅下跌，贸易保护主义抬头。"继续全面推进和深化贸易便利化改革、实现后危机时代对外贸易可持续发展"成了发达经济体、新兴国家及发展中国家的广泛共识。WTO 积极促进各成员参与贸易便利化多边谈判与协商，减少分歧。WTO 的《贸易便利化协定》谈判文本草案修订版最终于 2010 年 3 月完成。同时，国际机构也为世界贸易便利化进程做出持续努力。例如，2010 年 WCO 持续推进"哥伦比亚计划"，并将绝大多数发展中成员方纳入不同阶段的能力建设中，105 个成员将因此而受益②。更重要的是，贸易便利化改革进入发达经济体的国家政策层面。例如，欧盟（EU）于 2008 年 1 月 1 日起正式实施"授权经营者互认制度"（AEO）以简化通关程序。新加坡海关于 2011 年发布了 Trade First 贸易便利化框架，遵循以客户为本的原则，为成员公司配备专门的海关人员"账户经理"，负责指导进出口企业更高效地完成通关程序，还通过国际信息技术合作，加快建设贸易网络自动化边境管理系统（Trade Net）以实现多国联网。在新兴经济体中，巴西于 2008 年成立了贸易便利化技术组，专门负责实施包括升级外贸数据系统、精简货物贸易审批程序等在内的贸易便利化措施；印度外贸总局（DGFT）于 2009 年实现电子数据签名后，实现了 DGFT 的操作完全无纸化，孟买、德里等地的航空货运站和港口管理部门引入了最新的风险管理系统，大幅缩减了货物的港口停留时间；中国海关于 2008 年正式实施《海关企业分类管理办法》，进一步升级电子口岸系统，且已建设上海自由贸易试验区。

由此可见，一幅以"以降低贸易成本、提高贸易效率"为目的的贸易便利化改革宏大画卷在全球铺开，为奥巴马政府实施贸易便利化

---

① WTO RTA Database. http：//rtais. wto. org/UI/PublicMaintainRTAHome.
② "WCO Trends and Patterns Report".

改革创造了良好的外部环境。

## 二 出口增长再次成为美国经济复苏动力

金融危机对美国经济造成全面冲击。其一，2009 年美国经济总量急剧下降，实际 GDP 由 2008 年的 13.2 万亿美元直降 2.6%，达到 12.9 万亿美元，回到 2006 年水平[①]。其二，美国失业情况恶化，2008 年 5 月单月新增失业人数高达 75.8 万，至 2009 年 6 月的 13 个月间新增失业人数共计 707 万人[②]。而全年失业率由 2007 年的 4.6% 增长到 2008 年的 5.8% 后一路飙升至 2010 年的 9.6%，仅仅比 1982 年 9.7% 的历史最高水平低 0.1 个百分点[③]。其三，美国外贸规模大幅缩减。2009 年美国贸易总额同比下降 19.2%，其中货物贸易总额降幅高达 23.2%。货物出口额由 13087.9 亿美元减少了 18.2%，至 10703.3 亿美元。其四，由于金融机构信贷紧缩，许多企业资金链断裂而宣告破产，至 2008 年 10 月美国制造业连续三个月收缩，制造业采购经理人指数（PMI）下降到 26 年以来最低点 50.0%。面对美国经济呈现的明显衰退之势，如何实现经济复苏及增加就业是摆在奥巴马总统面前的首要问题。

根据开放的宏观经济学基本原理，一国 GDP 由个人消费支出、私人部门投资、政府支出及净出口四大部分构成。其中，个人消费支出一直是美国经济增长的核心驱动力。至 2008 年，个人消费在美国 GDP 中的比重已从 1980 年的 64.5% 上升到 70%，其对 GDP 增长的贡

---

① 实际 GDP 是指以 2005 年不变价格计算的 GDP。数据来源：U. S. Census Bureau，"Statistical Abstract of the United States"。

② U. S. Bureau of Labor：" Labor Force Statistics from the Current Population Survey"．根据单月数据计算整理得出。

③ U. S. Bureau of Labor："Labor Force Statistics from the Current Population Survey"．http://data. bls. gov/pdq/SurveyOutputServlet。

献率也一直保持2%～2.2%的水平①。但美国个人消费模式长期依赖信贷，个人支出的增长以储蓄率的持续降低为代价。截至2008年，美国国民总储蓄率已经由1980年的22%降至14.3%，而家庭储蓄率更低至2%以下。当金融危机造成大量失业，加之金融机构强化风险管理纷纷提高信贷门槛时，个人消费支出受到了明显抑制。密歇根大学的消费信心指数（CCI）调查结果表明，2008年8月美国CCI低至63%，接近1980年的历史最低水平。2008～2009年城市居民消费者价格指数（CPI－U）均值下降0.4%，2010年上半年同比下降1.4%，同期雇佣者及公务员消费者价格指数（CPI－W）均值分别下降0.7%和1.8%②。2009年个人消费对美国GDP的贡献率为－1.32%。由此可见，金融危机后美国居民消费表现疲软。

国内总投资和政府消费与支出是美国GDP账户中次于个人消费支出的两个重要部分。首先，国内总投资由政府投资和私人部门投资构成。20世纪80年代以来，政府投资在GDP中的比重始终保持在4%左右，而私人部门投资比重则呈现递减态势。金融危机对实体经济产生冲击，私人投资比重由1980年的18.5%减少到2008年的16.4%，导致国内总投资比重也由23.5%减少至17.5%。其次，为刺激经济长期增长，小布什政府于2001～2002年颁布了为期10年的减税计划。两伊战争的巨额军费开支导致财政赤字扩大至2008年的4585亿美元，为2002年的3倍③。为了减轻金融危机的影响，奥巴马将减税到期日延长至2013年，同时宣布从2011年起实施为期2年的降低工资税及失业救济金计划。减税和经济刺激计划的巨大支出使得美国政府面临"财政悬崖"，缩减开支迫在眉睫。

---

① BEA. "Gross Domestic Product in Current and Chained（2005）Dollars：1970 to 2010"，数据据此表计算得出。

② U. S. Bureau of Labor："CPI Detail Report 2009"，https：//beta. bls. gov/dataQuery/search.

③ http：//www. usgovernmentspending. com/spending_chart_1960_2021USb_XXs2li111mcn_G0f#usgs101.

相比之下，出口贸易对于提高美国劳动生产率和就业率作用凸显。美国国际贸易委员会（USITC）于 2010 年公布的《美国中小企业参与出口贸易活动综述》表述了如下结论：其一，相比非出口企业，大部分出口企业规模更大且生产率更高；其二，出口额排名最高的企业数量仅仅占出口企业数量的 1%，但提供的就业岗位占美国所有就业岗位的 11.1%；其三，出口企业（包括从非出口企业转变为出口企业的）增加就业岗位比非出口企业更快；其四，出口企业平均工资较同类非出口企业高 15%，而制造业出口企业平均工资更高出 18%[①]。奥巴马政府认为：小布什政府时期对外贸易发展并未受到足够的重视，过度依赖消费驱动的经济增长模式不可持续[②]。海外市场在美国经济和就业增长中扮演重要角色。2008 年，27%制造业部门就业岗位和 19%农业部门就业岗位来自出口贸易[③]。IMF 预测，未来 5 年世界经济增长 78%将来自美国的海外市场[④]。

因此，在美国国内个人消费疲软、私营部门投资低迷、政府扩大支出受到限制的情况下，奥巴马总统再次将出口增长战略提升至美国经济增长战略的核心地位，期望通过 NEI"在 2014 年末实现出口总额增长 1 倍达到 3.14 万亿美元，创造 200 万个就业机会"的战略目标，充分利用海外市场促进美国经济实现长期均衡可持续发展。而推行贸易便利化改革，为美国出口企业扫清贸易非机制性障碍，降低贸易成本、提升竞争力是实现这一战略目标的重要途径。

### 三 美国经济霸权与贸易竞争力面临挑战

"二战"之后，美国通过联合国、布雷顿森林体系、多边自由贸

---

① USITC. "SME Overview of Participation in U. S. Export". 2010.

② Office of the United States Trade Representative: 2011 Trade Policy Agenda and 2010 Annual Report of the President of the United States on the Trade Agreements Program.

③ TPCC. "Report to the President on the National Export Initiative: EPC Plan for Doubling U. S. Export in Five Years". September 2010.

④ United States Trade Representative, President's 2010 Trade Policy Agenda, March 2010.

易机制重塑国际经济规则。冷战结束后，美国又凭借全球最先进的生产技术、信息基础以及金融运作系统成为世界唯一超级大国。然而，随着经济全球化和区域经济一体化进程不断加速，世界经济与贸易格局也发生显著变化，不断挑战着美国经济和贸易霸权。

作为反映国际经济格局的基础性指标，图 3 − 1 显示了 1992 ～ 2010 年主要国家（地区）GDP 占世界经济总量的比重数据。受益于 20 世纪 90 年代兴起的信息革命，美国经济规模自 1992 年持续增长并于 2001 年达到顶峰，其以占当年世界 GDP 31.8% 的比重保持着第一大国的地位。然而此后，美国在信息革命中建立起的先发优势逐渐消逝，经济泡沫破灭导致其总体经济增速下滑，小布什政府时期 GDP 平均增速由克林顿政府时期的 5.9% 下降至 4.6%[①]。

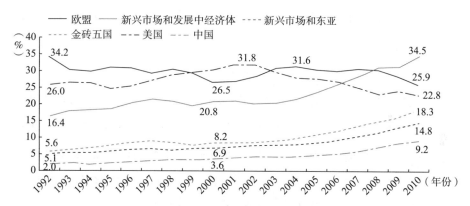

**图 3 − 1　主要国家（地区）GDP 在世界经济总量中的比重**

资料来源：根据 IMF《世界经济展望》数据库 2017 年 1 月公布数据计算。

相反，EU 分别于 2004 年和 2007 年进行了两次扩张，成员国数量由 15 国增加为 27 国，成了涵盖超过 5 亿人口、430 万平方公里国土面积的经济联盟。2003 年，欧盟以占世界 GDP 30.8% 的经济总量首次超越美国成为世界第一大经济实体。同时，2002 年 1 月 1 日正式流通的欧元在成为国际主要货币后也对美元的货币霸权地位形成

---

① 根据 IMF《世界经济展望》2017 年 1 月公布数据计算得到，GDP 以当年美元计价。

冲击。

不仅如此，全球贸易与投资自由化促使跨国公司的对外直接投资进入了空前发展时期。根据联合国跨国公司研究中心的统计，2006年全球跨国公司数量已由1980年的1.5万家增长至534万家。众多发展中国家和地区以廉价劳动力和丰富自然资源优势被纳入跨国公司的全球生产网络中，通过参与国际分工积累财富，并且表现出越来越强的竞争力。2010年，新兴市场及发展中经济体经济总量在世界GDP中的比重已较1992年翻一番达34.5%。金砖五国、金钻十一国、东盟十国等相继崛起。其中，由巴西、俄罗斯、印度、中国和南非五国组成的"金砖国家"经济发展最快，2001～2008年GDP平均增速分别高达13.85%、26.32%、12.89%、18.32%和11.3%[1]，2010年五国经济总量占世界GDP比重由1992年的5.6%增长到18.3%，仅比美国经济比重低4.5个百分点。中国经济的增长尤为突出，2010年其GDP世界占比高达9.2%，位居世界第二，仅次于美国。金融危机爆发后，2009年美国及欧盟经济增长率分别降至-2.04%和-10.8%，而中国和印度GDP增速仍然高达11.2%和11.5%[2]。2010年金砖五国、东盟五国、新兴市场及东亚发展中经济体总体经济增长率已恢复至18.5%～32.3%[3]。亚洲已经成为世界经济增长的新引擎，而新兴市场的群体崛起也已经是不争的事实。

然而，金融危机的爆发使奥巴马政府认识到美国实体经济与虚拟经济的失衡已经动摇了美国经济稳健增长的根基。早在20世纪60年代美国经济结构开始向服务业调整时，实体经济就呈现虚化态势。进入90年代后，美国跨国公司以资金雄厚、规模庞大、技术先进而居于全球对外直接投资的领先地位，其在全球配置资源导致了国内制造

---

① 根据IMF《世界经济展望》2017年1月公布数据计算得到，GDP以当年美元计价。
② 东盟5个创始国：印度尼西亚、马来西亚、新加坡、泰国、菲律宾。
③ 根据IMF《世界经济展望》2017年1月公布数据计算得到，GDP以当年美元计价。

业向低劳动力成本的发展中国家和地区转移，不仅制造业占 GDP 比重由 1980 年的 30.2% 下降到 2009 年的 11.2%[1]，利润也从 30% 以上下降为约 8.6%[2]。

在贸易方面，制造业的转移不但造成了美国经济产业空心化，也削弱了美国商品的国际竞争力，使其在世界贸易格局中的霸主地位遭遇挑战。美国货物贸易自 1991 年以来遭遇连年赤字，至 2008 年逆差高达 8820 亿美元。小布什总统任期内货物贸易逆差占美国 GDP 比重均值约为 5.6%，2006 年这一比重更达 6.4%。其中，2008 年美国制造业产品逆差为 4539 亿美元，较 1991 年 611 亿美元增长了约 6.4 倍，是货物贸易逆差的主要构成部分（见图 3-2）。

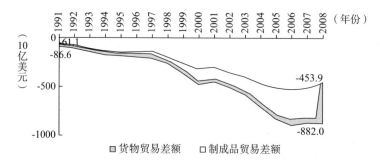

**图 3-2　1992~2008 年美国货物及制成品贸易逆差额**

资料来源：根据 WTO Statistic Database（1991~2008）数据计算得到。

不仅如此，美国商品的国际市场份额自 1993 年的 12.2% 持续下降至 2009 年的 8.4%。其中，制成品出口市场份额较 2000 年下降了 4%。相反，东盟、金砖五国等新兴市场体现出越来越强的国际竞争力，其货物出口的国际市场份额分别由 1993 年的 5.6% 和 5.3% 增长到 2009 年的 6.5% 和 13.1%。最引人关注的是，中国自 2001 年正式入 WTO 后货物出口贸易迅猛增长，继 2002 年成为世界第三大货物贸易国后，仅仅用 5 年时间货物出口贸易总额突破 2 万亿美元，登上世

---

[1]　美银美林公司研究报告，http://corp.bankofamerica.com。

[2]　IMF. "World Economic Outlook".

界第一大货物贸易国的"宝座"。2009年，中国货物出口市场份额达9.6%，超过美国1.2个百分点（见图3-3）①。

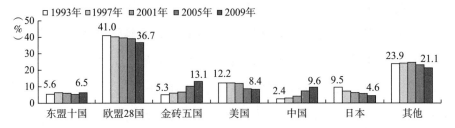

**图3-3　1993~2009年美国货物出口贸易的世界市场份额**

注：1993年及1997年欧盟28国货物出口额为欧盟15国与2004年后加入欧盟国家货物出口总额。

资料来源：根据WTO Statistic Database（1993~2009）数据计算。

通过对金融危机的深刻反思与总结，奥巴马政府分别于2009年2月和2010年8月颁布了《复兴与再投资法案》和《美国制造业促进法案》，正式拉开了"再工业化战略"的序幕。其后，美国政府进一步出台了《创新增长战略》，期望以"振兴高端制造业"为突破口，以科技创新促进再生能源、核能、智能电网、先进汽车制造技术、生物科技、医学设备等前沿领域产品的增长，挖掘高端产业的出口潜力，形成与新兴市场及发展中国家中低端制造业的错位发展，并使其成为美国新的经济增长点，稳健美国经济增长的根基。因此，降低货物贸易成本、提升贸易效率对于重塑美国制造业产品竞争力，维护美国在国际经济与贸易格局中的霸主地位具有重要意义。

## 四　美国出口企业提出强烈利益诉求

作为对外贸易活动的主体，出口贸易企业直接承担着整个贸易流程中与机制性障碍相关的贸易成本。

根据美国商务部普查局（Census）统计，2010年美国出口企业数

---

① 根据WTO Statistic Database数据计算得到。

量已从 2001 年的 23.8 万家增至 29.4 万家，包括大型出口企业和中小型出口企业（SME）①。大型出口企业（包括跨国公司）是美国货物出口创汇的主要来源，2008 年出口货物总值约为 7555.6 亿美元，占美国货物出口总额的 66.2%②。随着全球价值链与国际生产网络的演进，国际分工模式由产业间及产业内分工向产品内分工转变，贸易竞争优势也随之从产业或者产品竞争优势转向产品各生产和流通环节的竞争优势。在产品内分工模式下，美国跨国公司不仅将越来越多的国家纳入其生产网络，而且往往将国内部分中小贸易企业及生产企业也纳入产品供应体系中，使得美国产品的生产和输出高度依赖全球生产链和价值链。2008 年，美国中间产品进口额高达 1.1 万亿美元，占当年货物进口总额的 51.1%③。因此，大型企业对于全球价值链中各节点的无缝对接、各国市场透明、公正与竞争性的商业环境、健全的法律体系等具有强烈的利益诉求。

与此同时，美国中小出口企业无论是在企业数量还是创汇金额方面都呈现持续增长的态势。2001～2010 年美国中小企业数量增长了 2.7%，达 28.7 万家，占出口企业总数的比重由 96.8% 增加至 97.8%。同期出口额增长 111.3% 至 3849.4 亿美元，占出口总额比重较 2001 年增加了 4.6 个百分点至 33.8%④。不仅如此，中小企业在环境技术、医药设备等竞争优势行业出口增长中扮演重要角色，是开拓新市场的主力。然而，USITC 调研数据显示，2008 年美国 2790 万家 SME 中只有 28.7 万家开展出口业务，而其中超过 58.5% 的企业只出口一个市场，

---

① United States Census Bureau. "A Profile of U. S. Exporting Companies 2000 - 2001，2009 - 2010"，大型出口企业指雇员人数在 500 人以上的出口贸易企业，中小型出口企业指雇员人数在 500 人及以下的出口贸易企业。本书数据为经确认企业（Identified）的数量和出口额，不包含少量未经确认（Unknown）的企业统计数据。

② 同上。

③ 根据 UN. Comtrade Database 公布数据整理。

④ United States Census Bureau. "A Profile of U. S. Exporting Companies 2000 - 2001，2009 - 2010".

且通常是加拿大和墨西哥①。由于经营规模、资金约束、管理经验、销售渠道、组织资源等限制，国际贸易机制性障碍及相关贸易成本对中小企业出口绩效产生比大型企业更严重的阻碍作用②。因此，鉴于中小企业在美国货物出口贸易中的重要地位，深化贸易便利化改革为其消除贸易障碍是挖掘美国出口潜力、实现出口增长战略目标的关键。

## 五 美国贸易便利化现状亟待改进

克林顿政府与小布什政府 16 年的贸易便利化进程中，美国始终保持较高的综合贸易便利化水平，但不可忽视的障碍仍然普遍存在，其在某些方面的便利性尚存较大提升空间。

一方面，贸易"不便利"仍然是出口企业面临的重要障碍。1993～2008 年美国货物出口贸易额稳步扩大，16 年增长了近 2.86 倍，相应的跨境货物流动成倍增加。2009 年美国海关口岸统计报告指出，平均每年通过海运集装箱到达美国边境的数量超过 1100 万箱，由卡车运输通过陆路边境的集装箱超过 1400 万箱，由火车运输的货物集装箱约 2700 万箱③。惊人的业务量对美国海关监管和通关效率、国内的货运基础设施质量及运输效率、信息网络设施等造成了巨大压力；运输工具加速损耗、道路拥堵、仓储及时间成本提升；宽带的发展较其经济地位明显滞后，信息网络面临网络安全威胁，中小企业与大企业在互联网技术应用、技术与信息资源共享等方面存在明显的"数字鸿沟"；企业无法应对伙伴国不同的技术标准等问题日趋严重。

USITC 于 2009 年对美国 3200 家出口企业开展了主题为"出口贸易壁垒"的问卷调查（见表 3-1），问卷包括 4 大类共 19 项贸易壁垒：商业环境壁垒（7 项）、外国政策壁垒（5 项）、国内政策壁垒

---

① TPCC. "National Export Strategy".
② USITC, SME. "Characteristics and Performance 2010".
③ CBP. "Cargo Security and Examinations". http://www.cbp.gov/border-security/ports-entry/cargo-security.

（3 项）和其他壁垒（4 项）①。结果显示：尽管不同形式的壁垒对不同规模企业的影响有所差异，但除关税壁垒以外，美国及其贸易伙伴的边境程序、国内外规制、商业环境、运输成本等非关税壁垒的阻碍作用普遍存在。

表 3 - 1　遭遇贸易壁垒的美国企业比重

单位：%

| 项目 | 贸易壁垒 | 中小出口企业 | 大型出口企业 |
|---|---|---|---|
| 商业环境壁垒 | 运输成本 | 88.5 | 93.6 |
| | 语言/文化壁垒 | 82.2 | 86.6 |
| | 难以预估生产规模 | 79.1 | 83.2 |
| | 销售利润不足 | 72.5 | 84.4 |
| | 专业人才缺乏 | 62.6 | 85.7 |
| | 本国产品偏好 | 57.4 | 81.7 |
| | 贸易融资 | 51.6 | 63.8 |
| 外国政策壁垒 | 外国规则 | 78.0 | 90.0 |
| | 通关程序 | 71.9 | 87.4 |
| | 知识产权保护不足 | 61.8 | 71.6 |
| | 外国税收问题 | 60.4 | 80.5 |
| | 关税 | 56.6 | 81.6 |
| 国内政策壁垒 | 国内规制 | 73.4 | 86.8 |
| | 国内税收问题 | 62.8 | 80.7 |
| | 政府出口支持项目缺乏 | 56.4 | 70.3 |
| 其他壁垒 | 货款收付困难 | 67.9 | 87.9 |
| | 建立海外机构困难 | 57.2 | 76.9 |
| | 寻找贸易伙伴困难 | 50.5 | 66.6 |
| | 签证困难 | 30.1 | 67.8 |

资料来源：USITC。

① USITC, SME. "Characteristics and Performance 2010".

2010 年，WEF 对美国贸易便利化状况的调查也得出了相似的结论：难以寻找潜在国际买家、国内及外国运输延迟导致高昂成本、外国边境程序烦琐以及腐败丛生、贸易融资困难、国外规制、不当生产技术、难以达到进口商质量/数量的要求等是美国出口贸易面临的主要障碍①。

另外，美国某些方面贸易便利化水平有待提高。WEF 2007 年对世界各国贸易便利化情况的评估显示（见表 3 - 2）：至金融危机前，美国在货运基础设施质量、贸易融资两个方面的便利化水平世界排名比较高，但并未位居世界前列；其在边境程序、信息基础设施质量和制度环境等方面评分的位次相对靠后，且与排名首位的国家差距显著。

不仅如此，进入 21 世纪后，主要发达经济体、新兴市场及发展中经济体都加速推进贸易便利化进程。例如，加拿大加大投资，改善交通运输基础设施，致力于打造低成本、高效的供应链系统；日本至 2009 年已构建起涉及进出口商、报关行、生产商、特定保税经营人等供应链所有环节的 AEO 制度；EU 的贸易融资体制不仅为出口企业提供广泛信贷支持，而且还为企业参加国际展会资助资金。新兴市场国家中，中国始于 1998 年的海关制度改革已于 2004 年进入了第二战略阶段，中国实施了集中申报、分类通关、大通关等方面的便利化措施，其出口信用贷款机构 2008 年为出口企业提供共计 596 亿美元的中长期出口信贷，超过了 G7 所有成员国出口信贷的总额 510 亿美元；同年，印度为其贸易企业提供了 137 亿美元的出口融资，高于 G7 中的任何一个国家的数目②。因而，美国在许多贸易便利化方面的国际领先优势呈现逐渐被赶超的态势。

---

① WEF. "The Global Enabling Trade Report 2012"，报告内容为 2010 年调查结果。
② TPCC. "Report to the President on the National Export Initiative".

**表 3 - 2　2007 年 WEF 主要便利化指标评分**

| 主要指标 | | 评分标准 | 美国得分 | 排名 | 排名首位国家（地区）及其得分 | |
|---|---|---|---|---|---|---|
| 边境程序 | 通关程序是否有效率 | 1~7分 1分：完全没有效率 7分：非常有效率 | 4.5 | 39 | 新加坡 | 8.5 |
| 货运基础设施质量 | 重要货运设施 | 1~7分 1分：非常不发达 7分：达到全面高效国际标准 | 6.1 | 9 | 瑞士 | 6.8 |
| | 道路基础设施 | | 6.2 | 8 | 法国 | 6.7 |
| | 铁路基础设施 | | 5.2 | 16 | 瑞士 | 6.8 |
| | 空运基础设施 | | 6.3 | 12 | 新加坡 | 7.2 |
| | 港口基础设施 | | 5.9 | 11 | 新加坡 | 6.8 |
| 信息基础设施质量 | 移动电话普及率 | 0~100% | 80.3 | 51 | 立陶宛 | 138.1 |
| | 互联网普及率 | | 69.8 | 9 | 巴巴多斯 | 92.5 |
| | 宽带普及率 | | 20.1 | 18 | 丹麦 | 31.9 |
| | 国际网络带宽 | 兆比特/秒/万人 | 110.2 | 29 | 卢森堡 | 72825.3 |
| 贸易融资 | 获得贷款的难易程度 | 1~7分 1分：获得贷款非常难 7分：获得贷款非常容易 | 4.8 | 12 | 丹麦 | 5.4 |

续表

| | 主要指标 | 评分标准 | 美国得分 | 排名 | 排名首位国家（地区） | 及其得分 |
|---|---|---|---|---|---|---|
| 制度环境 | 政府规制负担 | 1～7分<br>1分：负担重/无效/不透明<br>7分：无负担/有效/透明 | 3.4 | 50 | 新加坡 | 5.8 |
| | 法律政策有效性 | | 4.9 | 28 | 丹麦 | 6.3 |
| | 政府决策透明度 | | 4.9 | 28 | 新加坡 | 6.3 |
| | 知识产权保护 | | 5.6 | 18 | 瑞士 | 6.3 |
| | 营商环境 | | 5.08 | 25 | 芬兰 | 5.9 |

资料来源："Global Competitiveness Report 2008 – 2009"，"Global Enabling Trade Report 2008"。

综合而言，美国贸易便利化的发展现状既不能应对货物贸易增长带来的压力，也无法满足后危机时期贸易战略和企业发展的要求，更难以维持已呈被超越之势的领先优势。进一步深化贸易便利化改革，打造具有国际竞争力的便利环境，为出口企业扫清贸易障碍势在必行。

## 第二节 奥巴马政府贸易便利化改革的现实依据

2009 年，USITC 根据美国贸易代表办公室（USTR）的要求对美国出口企业贸易现状进行了广泛调研，并于 2010 年发布三份报告详细阐明了新一轮贸易便利化改革前夕美国出口企业遭遇出口壁垒的基本状况，成了奥巴马政府制定贸易便利化改革框架和政策措施的重要现实依据[①]。

归纳而言，美国主要在出口贸易促进服务、贸易融资、出口通关程序、货运基础设施、信息基础设施、国内外规制环境六个方面存在障碍。

### 一 出口促进力度不足，电子政务平台不便利

政府为出口企业提供市场信息调研、举办贸易展会或者组织贸易代表团出访、提供咨询和培训、提供贸易融资等是一国出口促进便利化的重要内容，主要目的是降低企业信息成本，增加贸易机会。出口促进服务途径可分为由中央及地方政府的贸易部门、出口协助中心、金融机构等贸易促进机构组成的实体系统和政府电子政务平台。美国

---

① U. S. International Trade Commission（USITC）三份报告分别是 "Small and Medium-Sized En-terprises: U. S. and EU Export Activities, and Barriers and Opportunities Experienced by U. S. Firms" "Small and Medium-Sized Enterprises: Overview of Participation in U. S. Exports" "Small and Medium-Sized Enterprises: Characteristics and Performance"。

在出口促进便利化方面主要存在四个方面的问题。

第一，企业对政府出口促进项目认知度有限。长期以来，联邦政府在推广出口促进项目方面投入了大量资源，例如从中央到各地方设立贸易咨询中心、通过政府网站进行信息发布等。但调查显示，许多中小企业对当地贸易促进网点、咨询途径、项目种类及项目内容的接触和认识仍然有限，而一些从未开展过出口业务的中小企业对此类协助服务甚至一无所知。

第二，以产业或产品为基础的定制化市场信息缺乏。国际市场信息和目标国市场情报是出口企业进行决策的重要依据。在现有的条件下，美国出口企业能够便捷地通过美国国际贸易办公室产业分析局公布的分析报告对国际市场竞争状况和需求状况进行基本判断。但随着新兴市场群体的崛起，美国出口企业面临来自新兴市场竞争者、新兴产业、新贸易方式（如电子商务）等的多重挑战，企业迫切需要政府部门针对产业、产品，甚至特定项目提供具有较强执行性的定制化国际市场信息。

第三，寻找国际买家难度比较大。组建贸易代表团出访目标国市场、邀请国际买家来访美国、协助企业参加国际展会等是促进出口企业达成交易的有效方式。但是根据 2011 年美国州国际发展组织（SIDO）和商务部（DOC）对 50 个州政府贸易促进活动的调查表明：47 个州政府表明其所设立的贸易促进办公室促进活动比较活跃，但其中 30 个州政府在近年来削减了贸易促进活动的预算，15 个州政府则减少或者完全去掉了贸易促进服务，只有 20 个州政府表明会向企业提供担保或者贷款，以支持其参加国际贸易代表团或者贸易展会以及加入 DOC "金钥匙服务项目"（Gold Key Service）[1]。相比之下，欧盟却对其出口企业参加贸易展会给予很大的资金支持[2]。因此，美国

---

① TPCC. "2011 National Export Strategy-Powering the National Export Initiative".

② USITC. "Small and Medium-Sized Enterprises: U. S. and EU Export Activities, and Barriers and Opportunities Experienced by U. S. Firms".

政府支持力度明显不足，"难以寻找国际买家"仍然是企业扩大出口的重要障碍。

第四，政府电子政务平台不便利。美国电子政务平台（E-government）① 始建于克林顿政府时期，主要意图是利用网络技术构建一个虚拟的政府平台，使公众享受政府的电子化服务。在这一平台上，政府可以向贸易企业公开贸易信息、提供在线协助、实现贸易程序、开展需求调查等，而企业可以查询贸易数据、就政府如何创造良好的投资经营环境以及提供出口协助等问题在线提出意见和希望、反映企业在贸易过程中遇到的困难等。然而，金融危机时期出口企业普遍反映美国政府贸易部门网站众多，网络体系形同"迷宫"，提供信息量过大且存在大量重复，企业常常无法获取或者耗费很长时间才能得到需要的信息。另外，其数据信息形式较为单一且不易进行计算机处理。例如，至 2008 年美国已经签订了 17 项双边自由贸易协定，而协定国各类产品进口关税税率表均以文档形式附加于相关协定文件中。出口商很难准确查询某项产品 FTA 下的当前和将来的税率，而美国与协定国贸易流量的数据则必须要通过多个政府部门网站才能获得。因此，信息平台的不便利既限制了数据的处理速度和使用效率，也增加了企业获取贸易信息的难度和时间成本。

## 二　融资产品认知度低，可获性及易获性不足

在跨境商品交易中，贸易融资是银行运用结构性短期融资工具，基于货物交易中的存货、预付款、应收账款等资产向贸易企业提供资

---

① 本书采用"电子政务"的译法。其一，"电子政府"倾向于行政实体概念，其强调通过政府的信息化及电子化的"政务过程"来为企业与公众提供高效、优质、廉洁的一体化管理和服务，"电子政务"更能体现其本质；其二，奥巴马政府在 2012 年正式提出新"电子政务战略"（E-government Strategy）官方文件，以及此后政府网站相关信息中已区分"电子政府"与"电子政务"的英文表述，分别明确为"Digital Government"和"E-government"；其三，中国政府提出的信息化建设纲领、指导意见及各类文件中普遍采用"电子政务"一词。

金融通①，以减轻企业的资金压力，提高企业竞争力，促进贸易增长。

美国企业的贸易融资渠道以商业银行及私营金融机构为主。但企业融资需求与市场资本供给之间往往存在巨大缺口。这一缺口主要由进出口银行（EX-IM Bank）、中小企业局（SBA）、美国发展署（USDA）以及海外私人投资保险公司（OPIC）等政府信贷机构以及某些部门资助基金（如农业部农产品资助基金）提供的政府融资项目弥补。美国在贸易融资方面主要存在以下几方面不足。

首先，美国企业对出口金融风险及政府融资项目认知度较低。2010年SBA对中小企业的问卷调查表明：大部分中小企业并不了解如何利用买方信用证、出口信用保险之类融资工具有效控制金融风险。而出于对"是否能够按时收款"问题的担忧，2/3企业仅仅出口给能够全额预付货款的国际买家，1/2企业接受30天预付货款，只有1/4企业选择使用具有资金融通功能的信用证（L/C）；而非出口企业表明出口金融风险的不可控性是阻碍其进入国际市场的主要障碍之一②。与此同时，许多中小企业甚至完全不知晓可以从美国政府机构及其合作伙伴获得出口融资、各种融资项目的内容以及如何申请③。

其次，出口贸易融资的可获性不足。其一，美国进出口银行、SBA等主要政府信贷机构获得国会批准的出口融资授权额度长期无法满足企业需求。其二，由于中小出口企业的信用风险级别较高，可以抵押的资产较少，融资机构更倾向于向大型出口企业提供融资。其三，融资机构对中小企业融资标准高。例如，进出口银行要求企业提供3年以上贸易经营记录或者年贸易额达到100万美元，甚至设立最低贷款额起点和要求贷款转存条款等附加条件，而许多小微企业或者初创企业根本无法达到要求。其四，银行提供的融资业务种类有限。

---

① "贸易融资"的基本定义参见1988年7月国际清算银行通过的《关于统一国际银行的资本计算和资本标准协议》（简称《巴塞尔协议》）。

② NSBA，SBA. "2010 Small Business Exporting Survey".

③ TPCC. "2011 National Export Strategy-Powering the National Export Initiative".

例如，一些规模较小的地区银行很少开展信用证、托收等资金融通的国际收支服务。融资可获性不足的问题在金融危机时期全球信贷市场紧缩的条件下更为突出。

最后，贸易融资程序复杂、审批时间长且费用高。从本质上讲，贸易融资是资金所有者与使用者之间的一种市场交易行为，因此为了获得资金使用权，贸易企业必然承担一定的融资成本。美国出口企业表示，出口融资程序复杂而且成本高昂。例如，2010 年进出口银行仅提供出口信贷产品的申请表格就有 11 种，企业难以快速而准确地完成申请程序。同时，企业在审批过程中还需要花费大量时间反复填报表格、准备纸质文件，并且承担评估费用、担保费用、顾问费用、审核费用等利息之外的费用。

### 三　出口管制规则复杂，通关效率有待提高

根据一国法律要求完成边境程序是国际贸易货物实现合法跨境的必经法律过程，而运输工具及货物所有人是否能够快捷有效地完成通关程序，在很大程度上影响着整个贸易流程所用的时间和成本。克林顿政府和小布什政府时期的通关便利化改革建立了美国边境口岸唯一的对外窗口——边境保护局（CBP），开发了自动进出口报关和贸易数据系统，将账户管理制度和风险管理制度确立为其边境监管制度的核心，并与贸易伙伴建立了合作伙伴关系。然而，美国在出口通关程序与规则方面仍然存在如下"不便利"。

第一，美国商品出口管制规则不科学。美国政府对军民两用物项产品、医药及医药设备、农产品等敏感商品的出口管制制度存在如下主要问题。首先，出口管制制度不合理。美国出口管制体系中包含军用品清单和商用品清单，分别由国务院国防贸易管制委员会和商务部产业安全局制定和管理，而出口许可证发放机关除了上述两个部门以外还包括财政部外国资产管理办公室。各部门之间不仅具有单独的管

理条例、审批流程以及信息技术管理系统，而且清单内容重叠，导致企业出口同一项产品常常需要花费大量时间向不同部门申请不同许可证，企业面对不同的许可证申报系统也无所适从。其次，出口管制标准更新不及时。美国出口管制清单更新速度长期滞后于美国技术创新以及世界科技水平的发展。许多早已不存在威胁的高科技技术仍然长期被列于管制清单中。而对于医药及医药设备产品，出口技术审查标准不能及时更新为新材料与新产品的开发和出口造成了很大的不确定性。再次，出口许可证审批程序耗时耗力。有关管制商品出口许可证申报以及相关物流运输的规定要求企业填报大量的纸质合规文件，审批时间往往是竞争对象国审批时间的数倍，而且不同产品出口到不同目的地均需要申请不同许可证，严重影响了出口企业的竞争力①。最后，部分出口商品检验费用大幅上涨，显著增加了企业成本②。

第二，国内外通关程序复杂。一方面，美国通关程序尚未完全实现一体化和无纸化。目前，参与货物通关程序的美国政府部门共计50个，平均每一单进出口货物报关需要完成200份表格和单证。这些表格和单证不仅种类和数量繁多，填报纸质表格耗时长、错误率高，而且政府需要配置大量人员审核申报文件。同时，贸易相关机构之间信息系统尚未实现完全共享，报关人不得不向不同部门多次提交相同数据和文件。由于通关程序尚未实现一体化和无纸化，出口企业仍然承担着较重的文书负担和大量的时间成本。数据显示，国际贸易单证文件处理费用占国际贸易总成本的30%③。另一方面，国内外边境管理规制和程序不协调。由于各国海关在边境监管模式、货物进口管理制

---

① 例如，一家碳纤维生产商指出，其在匈牙利的工厂申领出口许可证平均需要1周，而美国申领出口许可证却需要35～45天。另一家高科技产品生产商指出其出口产品许可证审批程序需要45～60天，而交货期在30天以内，由此在与中国企业的竞争中落败。
② 例如，美国农业部"动植物健康检测服务"（APHIS）收费标准从1992年的33.5美元/时上涨到144美元/时，2013年进一步上涨到155美元/时，且要求至少支付2小时费用。
③ 方少林：《APEC跨境无纸贸易发展模式研究》，《亚太经济》2011年第4期。

度、基础设施质量等方面存在差异，尤其是新兴市场和发展中国家通关现代化程度普遍比较落后，美国中小出口企业需要聘请专家以应对外国复杂的边境程序，同时还经常面临由于通关效率较低产生的交货延迟风险和仓储成本。

第三，边境检验效率有待提高。面临国际恐怖主义的威胁，CBP一直将"保护国家安全"置于较"加强贸易便利"更为优先的地位，对跨境商品实施严格检验检疫。然而，1995～2008 年美国中间产品进口由 0.38 万亿美元持续增长至 1.1 万亿美元，占进口产品总额比重达到 48%，是美国制造品生产的重要组成部分。许多大型制造业出口企业表示，中间产品入境边检时间和效率直接影响了最终产品的生产和交货时间。

## 四 货运设施发展滞后，出口运输成本高企

货运基础设施是供应链通畅运行的基础，主要包括港口及码头设施，如港口吃水量、桥梁净空、岸吊设备、仓储容量、泊位数量等；机场设施，如跑道数量、运营时间、仓储空间等；公路及铁路设施，如公路与铁路里程、道路质量等，其与跨境货物流通速度及运输成本直接相关。20 世纪 80 年代中后期，美国已经基本形成集水运、陆运、空运、管道运输等多种运输方式于一体的综合交通运输网络。90 年代后，美国经济和贸易规模迅速扩大，货运基础设施的发展逐渐滞后，极大地影响了美国企业参与全球供应链和价值链的效率，由此产生的运输成本已经成为出口企业的主要障碍之一。调查表明：18.3%的美国中小出口企业认为"美国货运基础设施落后所产生的成本是继贸易融资和进口关税后的第三大出口壁垒"，美国公众对其国内交通运输系统的满意度在 32 个 OECD 国家和地区中仅排名第 15 位。具体而言，有以下几个方面。

第一，货运交通系统拥堵。根据美国交通统计署统计，根据货物

重量，美国对外贸易货物中 77.7% 由水运方式完成，21.7% 依靠卡车或者铁路运输。1998～2012 年，美国内贸与外贸货运吨数共增长了 29%，而 2002～2008 年美国企业对货运服务的需求增加了 69%，对货运交通设施造成了巨大压力。高速公路交通拥堵成为最主要的问题，这在洛杉矶、长滩、纽约、芝加哥、亚特兰大、达拉斯、丹佛、波特兰等主要国际贸易港口、货运枢纽以及分销中心尤为突出。2007 年，美国高速公路阻塞里程高达 4500 英里（约 7242 千米），城市拥堵率为 10%，即使驾车通过美国与墨西哥边境最主要两个跨境点的平均时间也长达 1 个小时。货运交通系统的拥堵不仅增加了出口企业的汽油成本，而且增加了时间成本和按时交货风险，对于农产品、医药等时间敏感性强的商品的负面影响极大。

第二，基础设施陈旧短缺。随着外贸运量的增长，海运承运人为了降低集装箱单位运输成本不断加大远洋船只的体积和载重量。2009 年美国承运人常用的超大巴拿马型船只能够承载 1.8 万个 20 英尺（约 6 米）标准集装箱，是 2005 年所常用的巴拿马型船只的 2 倍，船体长度、高度和宽度也都增长了近 1.5 倍。然而，美国海港陈旧的基础设施，如桥梁高度与桥墩宽度、泊位数量、岸吊能力、航道深度均不能满足其装载和卸载的需求。另外，美国出口货物主要从西海岸港口输出，进口货物主要从东海岸港口输入。由于美国货物进口量远高于出口量，西海岸港口长期面临出口集装箱短缺的困境。2009 年，仅波特兰港的集装箱供需缺口就高达 7 万只，由卡车或者货运火车来完成的集装箱东西调配则大幅增加了出口商的运输成本。

第三，交通系统安全性不足。资料显示，美国平均每年死于与货运交通有关的事故的人数高达 5000 人。基建设施不完善导致突发事件也造成了严重经济损失。例如，2007 年米尼苏达州 35 号州际大桥突然崩塌，导致该州 6000 万美元的经济损失。同时，海上运输安全性也增加了国际运输风险。金融危机时期非洲索马里海盗行径猖獗，仅 2008 年美国商船就遭到 111 次袭击。

第四，多式运输连接度较低。进入 21 世纪，国际多式运输已经成为美国货物贸易的主要运输方式，2009 年多式运输运量在出口运量中占比 59.4%①。然而，美国政府长期以来并没有制定全国统一的货运政策。同时，由于交通运输体系的投资与运营投资主体包括联邦政府、地方政府、大都会交通组织、私营运输企业等，因此各种运输方式的发展相对独立且非常不均衡。多式联运连接度较差，美国海港与铁路终端之间的运输往往还需要远距离公路运输来完成。集装箱多次装载和卸载、不同运输工具历经数次查验等都增加了出口运输成本。

## 五　互联网设施发展缓慢，网络安全面临威胁

1993 年克林顿政府将建设"国家信息基础设施"（NII，又称"信息高速公路"）置于美国产业发展战略的核心地位，互联网是其中最重要的部分。次年 9 月，副总统戈尔在题为《全球信息系统促进发展》的演讲中进一步提出了建设"全球信息基础设施"（GII）倡议，成为美国互联网发展的全球战略框架。此后，美国不仅成为全球互联网络的中心，而且其信息通信技术长期保持国际领先优势。近年来，基于云计算的商务应用程序在美国企业的跨国商务活动中应用更加频繁，跨境电子商务（E-commerce）和移动电子商务（M-Commerce）作为新兴国际贸易形式增长迅速，美国互联网基础设施的发展呈现以下两方面明显不足。

第一，宽带设施普及率和速率滞后。贸易企业开展跨境商务活动必须以高质量的宽带设施为基础，其普及率和速度与贸易成本关系密切。然而，至 2009 年美国固定宽带平均家庭接入率只有 68.7%，低

---

① U. S. Department of Transportation, "Bureau of Transportation Statistics and Federal Highway Administration, Freight Analysis Framework".

收入、少数族裔、农村、部落等群体接入率甚至更低，1400万人口无法接入互联网，而新加坡和韩国家庭宽带普及率已分别达到88%和95%①。同时，美国固定宽带平均速率不足5Mbps，远远低于日本（63Mbps）、韩国（49Mbps）等发达国家。美国互联网基础设施显然不能满足企业参与国际竞争的需要。

第二，网络安全面临威胁。信息网络的商业化运营使得构成网络安全威胁的各种技术和工具成本降低，黑客队伍不断壮大，国际规则缺失以及跨国执法困难等因素使得美国互联网安全面临威胁。盗取个人信息和商业机密信息的现象日益增多。2008年高科技行业由于知识产权数据盗窃损失高达1万亿美元②。美国国会和行政部门常常成为网络攻击的目标，2011年遭受的攻击大约有18亿次③，大量政府和企业数据和资料丢失。不安全的互联网无疑增加了美国企业开展跨境商务活动的风险。

## 六 国内外规则复杂不一，海外营商环境缺乏公平

制度环境是一系列用来建立生产、交换与分配的政治、经济、社会和法律的基础规则，其通过社会认可的非正式约束（如商业习惯和惯例）、国家规定的正式约束（如信息公开制度、出口管制制度等）以及实施机制（如行政程序）来影响存在其范围之内的所有经济主体，并使之在不同制度环境下做出差异性决策。不完善的制度环境，如法律制度不健全、行政程序烦琐不透明、政府信息不公开、营商环境不公平等都会导致跨国交易的内在风险。调查显示，限制美国企业扩大出口的制度环境壁垒主要源于两个方面。

第一，国际规制标准缺乏统一协调。面对不同国家纷繁复杂的贸

---

① White House. "American's 2020 Broadband Vision".

② www. mcafee. com/us/about/press/corporate/2009/20090129_063500_j. html. See also http://resources. mcafee. com/content/NA.

③ "Pentagon to Help Protect U. S. Cyber Assets, Infrastructure".

易政策，企业必须聘请专业人士进行技术指导。同时，各国在进口文书负担、产品需要额外保存的记录要求、卫生检验检疫证书、商品包装标准等方面标准不一，使得美国企业出口同一产品都需要满足不同的包装运输要求，单独完成不同的合规文件和进出口程序。国际规则的不统一增加了企业运营成本，许多中小企业（尤其处于初创期的小微型企业）难以承担。

第二，海外市场营商环境透明性与公平性不足。由于中小出口企业缺乏议价能力和市场影响力，行政程序不透明以及政府腐败已经成为重要的市场进入壁垒。根据 2009 年世界银行的估计，美国中小出口企业平均 25% 的运营成本用于应对腐败[1]。同时，许多发展中经济体知识产权保护体系不完善，企业商业机密不易受到保护，产品设计及专利技术极易被复制。"山寨"产品由于成本较低能以价格优势迅速挤占国内市场，削减美国出口产品的市场份额，而试图维护知识产权的企业则将面临较复杂的法律程序和高昂的诉讼费用。不仅如此，许多贸易伙伴劳工标准、环境保护标准、网络安全标准等比较低，外国政府仍然给予其出口企业与 WTO 规则不符的出口补贴等都使得美国出口企业产品处于不利的竞争地位。

## 第三节　本章小结

随着 20 世纪 90 年代以来"贸易非效率性"的阻碍作用日益凸显，贸易便利化进入了主要发达经济体和部分新兴工业化国家的视野。21 世纪后世界贸易便利化进程加速，不仅内容从边境问题向边境后问题不断扩展，新兴国家及发展中国家也逐步参与其中，改革进程沿着"全球—区域—双边"层层深入。金融危机后，面临世界货物

---

① "ITA's Anti-corruption Efforts at APEC". December 7, 2011. https://blog.trade.gov/2011/12/07/itas-anti-corruption-efforts-at-apec/.

贸易增长速度大幅下跌以及贸易保护主义抬头的现状，"继续全面推进和深化贸易便利化改革、实现后危机时代对外贸易可持续发展"成为发达经济体、新兴市场及发展中国家的广泛共识。一幅贸易便利化改革的宏伟画卷在全球铺开，成为奥巴马政府开启新一轮贸易便利化改革的国际背景。

同时，奥巴马政府推行此轮改革也具有深刻的内部动因。首先，面临个人消费疲软以及私营部门投资低迷，促进出口增长成为拉动经济复苏、增加就业的核心动力。降低贸易成本则是实现出口增长目标的关键。其次，为了维护美国世界经济与贸易的霸主地位，以"振兴高端制造业"为目标的"再工业化战略"成为后危机时代美国挖掘新的经济增长点、稳固经济霸权的基础，而通过便利化改革将美国产品低成本输出国际市场成为重塑贸易竞争力的重要途径。再次，美国企业对政府推行改革以降低贸易"不便利"的负面影响具有强烈利益诉求。最后，美国贸易便利化水平尚存较大提升空间。

综合国内外经济发展形势，全面深化贸易便利化改革势在必行。因而，奥巴马政府对改革前夕出口企业遭遇贸易壁垒的状况进行调研，为制定新一轮改革框架和政策措施提供现实依据。结果显示，政府出口促进力度不足、电子政务平台不便利、融资产品认知度低、可获性及易获性不足、出口管制规则复杂、通关效率有待提高、与贸易有关的基础设施发展滞后、国内外规制复杂不一、海外营商环境缺乏公平等是美国对外贸易发展的主要障碍。

# 第四章 奥巴马政府贸易便利化改革
## 框架、内容与特点

依据美国贸易发展的主要贸易障碍，奥巴马政府制定了新一轮贸易便利化改革目标及框架。在改革框架下，奥巴马政府进一步确定了出口促进、贸易融资、出口通关、货运基础设施、信息基础设施、制度环境六个方面的改革内容，各改革相关部门制定和推行了多项具体措施，改革自此进入了实质性推进阶段。本次改革与以往美国政府贸易便利化改革相比也呈现若干鲜明的特点。

本章阐述了奥巴马政府贸易便利化改革框架，梳理和归纳了2009~2016年改革的主要内容及六个方面的代表性改革措施，并在此基础上总结了此轮改革的主要特点。

## 第一节 奥巴马政府贸易便利化改革的
## 基本框架

改革基本框架是实现改革总体目标的具体部署，是推行改革的首要步骤，也是制定具体改革方案与政策措施的前提条件。依据对美国出口企业面临的贸易壁垒现状的分析，针对美国贸易便利化进程中存在的主要问题，奥巴马政府在其"出口倍增计划"中提出了新一轮改革的总体目标，即"有效提升美国贸易便利化水平，降低企业出口贸易成本，扩大企业出口参与度，提升企业出口绩效促进美国出口稳步增长，推动经济可持续平衡发展"。

此轮改革基本框架由三个板块构成：美国边境后贸易便利化改革、出口边境贸易便利化改革以及贸易伙伴边境后贸易便利化环境优化（见图4-1）。

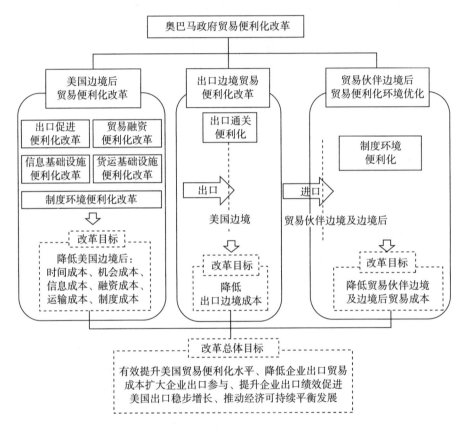

**图 4-1 奥巴马政府贸易便利化改革目标与基本框架**

资料来源：笔者自制。

第一板块"美国边境后贸易便利化改革"主要包含五部分改革内容：出口促进便利化、贸易融资便利化、货运基础设施便利化、信息基础设施便利化及制度环境便利化。具体而言，出口促进便利化改革的目标是通过优化出口促进项目的传递途径，提升贸易企业对政府服务的认知度以及易获性，提高出口促进服务质量和效率，最大程度降低企业获得政府协助和贸易信息的时间及信息成本；贸易融资便利化改革是通过增加信贷资本总量、加强融资项目信息披露、精简融资程序、缩短融资时间等方式提升企业融资便利性，降低贸易融资成本；货运及信息基础设施便利化改革的主要目标是通过改善货物运输以及信息网络等基础设施质量和服务效率来增加贸易机会可获性、提高货物跨境流通速度、降低运输成本以及贸易信息成本；制度环境便利化改革的主要目标是通过惩治腐败，建设开放、透明、公正的营商环境以减少企业制度成本。

第二板块"出口边境贸易便利化改革"涉及美国出口边境制度和通关手续的改革，目标是通过提升通关效率、精简边境程序以降低货物在贸易双方边境上产生的时间成本、行政成本、单证成本以及仓储成本。

第三板块"贸易伙伴边境后贸易便利化环境优化"指美国通过与贸易伙伴协助改善营商环境以及能力建设等，创造透明、公平、自由、便利的国际贸易环境，降低企业营商风险与制度壁垒。

上述三个改革板块中，美国边境及边境后贸易便利化改革是奥巴马政府此轮改革的重点，是提升贸易便利化水平、降低出口贸易成本的根本，优化贸易伙伴便利化环境则作为外部条件发挥作用。而就六个部分改革内容来看，出口促进便利化改革和贸易融资便利化改革旨在降低出口交易达成阶段的贸易成本，货运基础设施便利化改革和出口通关便利化改革则旨在降低出口合同履行阶段的贸易成本，而信息基础设施便利化改革为上述部分的改革奠定现代化硬件基础，制度环境便利化改革则为改革创造良好外部环境。

总体而言，后危机时期美国贸易便利化改革超越了贸易便利化改革的狭义内容，基本框架中的三个改革板块、六个部分改革内容之间既相对独立，又密切联系，共同构成了一项系统的贸易便利化改革工程。

## 第二节　奥巴马政府贸易便利化改革的
## 主要内容

依据改革框架，此轮贸易便利化改革内容主要包括六个部分：
"出口促进便利化""贸易融资便利化""出口通关便利化""货运基
础设施便利化""信息基础设施便利化""制度环境便利化"。

### 一　出口促进便利化改革措施

为中小出口企业提供更便捷、更有效的出口协助是奥巴马政府出
口促进便利化改革的主要任务。为了提升企业对政府出口协助服务的
认知度以及易获性，提高出口促进服务质量和效率，最大限度地降低
企业获得政府协助和获取贸易信息的成本，奥巴马政府主要在"出口
部门协调性""出口协助针对性""电子政务平台便捷性"三方面采
取了改革措施。

### （一）促进更有效的部门协调

对外贸易活动涉及的政府部门众多，而且联邦贸易政策的下达与
执行不仅离不开联邦政府各部门之间的协作，而且需要联邦政府部
门与州及地方政府部门、政府部门与贸易企业之间的密切配合。因
此，奥巴马政府自 NEI 实施伊始就采取措施增强部门协调性。

首先，改革联邦贸易协调组织机构。NEI 出台后，奥巴马总统发
布第 13534 号行政命令，创立了美国首个"内阁"级贸易协调机
构——出口促进内阁（EPC）。EPC 由国务院、财政部、商务部、农
业部、贸易代表处、中小企业发展局、进出口银行等 16 个政府机构
负责人组成，每季度召开会议，就 NEI 具体战略措施的执行直接向总
统提供建议。同时，美国将创立于克林顿政府时期的贸易协调机

构——出口贸易协调委员会（TPCC）设为 EPC 的秘书处，主要负责协助 EPC 执行出口战略计划。2010 年 7 月，重组总统出口委员会（PEC），其由 20 名来自成功企业的领导人组成，与来自参议院、众议院以及 EPC 的代表共同商讨贸易促进战略的具体政策措施。另外，新成立 7 个 TPCC 工作组分别负责贸易数据分析、新兴市场分析、中小企业出口分析等 7 项内容的调研工作。由此，联邦政府中形成了从上至下、层层深入、广泛吸纳不同参与主体的协调机构组织体系。

其次，加强联邦政府与地方政府合作。例如，为了增加各地企业对政府出口促进项目的认知度，2011 年美国贸易发展署（USTDA）发布了"贸易本地化倡议"（Making Global Local Initiative）。至 2012 年 USTDA 已经在加利福尼亚州、佐治亚州、路易斯安那州、华盛顿特区等地与 17 个地区非营利性经济发展组织、州或者直辖市政府建立了合作伙伴关系，旨在将美国的城镇纳入其出口促进项目的推广网络中，帮助服务区内企业更广泛了解 USTDA 出口服务项目。

最后，强化政企合作伙伴关系（PPP）。联邦政府通过 SBA 与小企业商业发展中心（SBDC）合作项目、进出口银行区域出口促进项目（Regional Export Promotion Program）、USTDA "贸易本地化倡议"等项目加强政企合作伙伴关系（PPP），培训大量商业顾问，为出口企业或者潜在出口商提供咨询服务（如制订国际商业计划、拟定市场拓展战略等）。2010～2015 年，SBA、进出口银行、商务部（DOC）通过此类合作项目培训的私营企业咨询服务者共计 9837 名，支持出口额达 552.5 亿美元①。

（二）提供更具针对性的出口协助

为了满足企业对更具有针对性的国际市场信息和出口协助的需

①　TPCC. "2016 National Export Strategy".

求，奥巴马政府从出口产业、出口市场、出口主体及出口协助项目设计四个方面采取了一系列措施。

首先，提高出口产业针对性。为了满足企业对以产业为基础的详尽且可执行的国际市场信息的需求，在原有分布于 120 多个国家使领馆商务参赞处的经济专家及市场分析员团队的基础上，DOC、USTDA 等贸易有关部门均创建了以产业为基础细分的高级贸易专家团队，通过对特定产业更加深入的研究为企业提供更可行的商业信息。2014~2015 年，ITA 共发布了 19 份国际市场报告，几乎涵盖了美国所有产业的国际市场预测、产业全球最重要市场排名以及具体市场分析。2016 年，ITA 新增了 7 份关于 21 世纪制造业、高科技产业及前沿服务业的国际市场行情的系列调研报告①。

其次，提高出口市场针对性。金融危机后，美国政府提出了多个具有明确目标市场针对性的出口倡议，包括非洲营商计划（2012年）、望向南美计划（2014 年）、亚洲营商计划（2011 年）等。在上述出口倡议框架下的系列出口协助都具有更加明确的地区针对性。例如，2014 年美国政府在非洲营商计划下举办了"第一届美非商业论坛"以及非洲领导人峰会，DOC 组织美国贸易代表团出访了 8 个撒哈拉以南非洲新兴市场。2016 年 2 月 USDA 又率领 180 个美国农产品出口商参加"迪拜海湾食品展"，现场达成交易金额 7700 万美元。

再次，提高出口主体针对性。奥巴马政府将出口协助对象集中于中小企业，尤其是农村企业、少数族裔所有企业、犹太人所有企业、退役军人企业、女性企业以及初创企业。例如，2014 年 2 月奥巴马总统宣布了《美国农村制造出口与投资倡议》（Made in Rural America Initiative）。在此倡议下，DOC 组建了由 100 名贸易专家组成的农村出口创新小组，专门负责向农村企业提供最新的贸易信息，设计和推广

---

① TPCC. "2016 National Export Strategy".

特定的出口协助项目。阿巴拉契亚区域委员会向农村企业提供出口培训，帮助其参加贸易展会和代表团。ITA 联合经济发展局（EDA）在全国范围内举办了 50 多场贸易活动以提高农村企业对政府出口协助项目的认知度。

最后，提高协助项目针对性。组织贸易代表团和参加贸易展会仍然是美国政府出口协助服务的主要形式。2010～2015 年，参加 DOC、USDA 等部门组织的贸易代表团的企业共计 3899 家，达成出口额共计 26.1 亿美元。同期，DOC、USDA、USTDA 等部门共邀请了 98862 家海外买家到美国与出口企业直接见面洽谈，促成出口合同金额达 31 亿美元[①]。另外，联邦政府还通过信贷项目支持美国出口企业参加国外展会。2010～2015 年，参加海外展会的出口企业共计 27198 家，达成出口额 211 亿美元[②]。与此同时，贸易部门提供大量免费个性化的出口协助。资料显示，2010～2015 年 ITA 咨询中心处理咨询服务项目从 338 项增长到 1124 项，企业在竞标中获胜的项目共计 389 项，项目金额达 2395 亿美元[③]；同期共计 20294 家企业接受了定制化市场信息服务，受益金额达 92 亿美元[④]。

（三）打造更便捷的电子政务平台

信息时代，政府电子政务平台已经成为政府了解贸易企业需求、传递贸易信息、提供贸易促进服务的重要平台，是缓解贸易企业信息不对称、减少信息成本和机会成本的重要途径。经过克林顿政府和小布什政府两个发展阶段，美国政府已经实现了信息技术在其行政管理中的普遍应用，也确立了"提供以公民为中心的一站式服务"的基本原则和目标。随着 Web 2.0 时代的到来，第三代移动通信技术、云计

---

① TPCC. "2016 National Export Strategy".
② TPCC. "2016 National Export Strategy".
③ TPCC. "2016 National Export Strategy".
④ TPCC. "2016 National Export Strategy".

算、物联网、大数据等新兴网络技术飞速发展；全球智能手机用户量急速增长，2011 年首次超过个人电脑；同时 Facebook、Twitter 等社交媒体的盛行逐渐改变着公众与政府间互动方式。在此背景下，奥巴马总统提出了多个倡议和总统行政命令，包括《透明与开放政府备忘录》《开放政府指令》《精简和改善客户服务》《网络空间可信身份的国家战略》《联邦信息技术管理实施的 25 点计划》等，并于 2012 年5 月 23 日发布了新电子政务战略——《构建 21 世纪电子政府》，力图以前沿网络信息技术为基础，以"数据开放"为宗旨，在保证网络安全与隐私的条件下使企业能够在"任何时间、任何地点、任何一台设备"上获得政府资源并参与政务活动。主要改革措施包括以下几点。

第一，创建信息共享平台。信息价值最大化源于"共享"，既包括政府部门之间的信息共享，也包括政府与企业之间的资源共享。因此，奥巴马政府首先致力于利用网络技术建立信息共享平台。2012年，联邦政府建立"电子服务创新中心"，组成"移动战略工作组"和"网络改革工作组"两个跨部门工作团队，统一各部门政府网站建设技术标准以确保部门间数据交换，协助改进各部门网站以及开发可以在移动设备上使用的应用软件（APPs）。与此同时，奥巴马政府要求所有的信息资源形式从文档形式逐渐转化为机器可读的开放数据格式（APIs）①，以便私营企业广泛参与 APPs 的开发。至 2012 年底，联邦政府主要部门网站都已设置"Developer"栏目，提供专供政府及私营软件开发商使用的应用程序编程接口。同年，Census 发布了第一个官方 APP，用户下载在手机或平板电脑上后即可随时跟踪 16 个主要经济发展指标。2013 年，CBP 还开发了 Border Wait Times App，能够

---

① APIs（Agency Application Programming Interfaces），又称为"机构应用程序编程接口"。政府通过 APIs 放开信息源的编辑权限或者评价权限，包含私营部门在内的开发者都能利用开放的数据源进行应用程序的开发，使得用户在移动设备上能够随时接收个性化的订阅信息。

及时通报美国与加拿大及墨西哥边境货物检验点的等待时间。

第二，精简电子政务服务。为了消除"政府迷宫"，联邦政府创建了大量"一站式"门户网站（Portal），即联邦政府在各政府部门网站基础上、通过信息集成建立起的跨部门的综合业务应用系统，它是联邦政府下属所有部门网站的统一入口，其中最重要的贸易门户网站包括 Data. gov、Regulation. gov、Business USA. gov、Export. gov 等。Data. gov 是创建于 2009 年的以云计算为平台的政府数据仓库，专门提供包括国际贸易数据库（ITDS）在内的 37.5 万个数据集的链接。企业还通过该网站可以链接到业务标识号码交叉参考系统（BINCS）系统，输入交易对象的电话、名称、国家代码等信息即可查询包含全世界 50 万个供应商、承包商、制造商的企业信息。Regulation. gov 为企业提供所有与进出口贸易相关的国内法律、国际规则及惯例，例如美国出口管制法规、出口管制产品许可证的申报要求、自动出口系统中信息填报规则的变化等。Business USA. gov 是于 2012 年 2 月 17 日正式上线的美国最大的企业服务平台，采用"不会找错门"（No Wrong Door Approach）方式提供统一查询入口，企业不仅能够直接获得联邦政府所有商业扶助项目信息（如融资项目、政府采购信息、出口指导、专业与贸易协助、贸易研讨会信息等），通过邮件或者联邦信息中心联系电话或者在线工具预约专家进行面谈，还能通过 Facebook、Twitter、Linked-in 等社交媒体跟进网站信息。2012 年 2 月至 2014 年 4 月，联邦政府、州政府以及地方政府的资源信息链接规模由最初 297 个迅速增长至 6900 个，点击访问量近 180 万次，拥有 8.9 万名订阅者和 2.9 万个 Twitter 关注量。另外，有关 FTA、协定国减让时间表以及市场情况等，企业均能够从 Export. gov 直接查询。

第三，创新在线服务工具。为了提高在线服务效率，国际贸易相关部门创新了在线服务工具。例如，国际贸易办公室（ITA）于 2010 年建立了 FTA 数据库（FTA Results Database），并于 2011 年 4 月开发了关税工具软件（FTA Tariff Tool），将关税税率、产品及部门数据、贸易流量数据集成在同一个数据平台上。出口商只需通过关键词或者关税代码即可查询到 FTA 下特定产品的关税税率以及减让时间表，并直接利用贸易流量数据分析具体产品在不同 FTA 下出口额的变化。2011～2013 年 33100 用户使用这一工具，日平均点击量达 164 次①。同时，为了节省企业阅读政府市场调研报告及找寻关键信息的时间，2015 年商务部将报告从文档形式转变为网络数据，放置在 Export. gov 上。企业仅花费几分钟的时间点击鼠标即可获得全部的关键信息。

第四，实现数据信息开放。2011 年，奥巴马总统提出了"开放数据倡议"（Open Data Initiative），要求政府部门及时提供和开放高质量的宏观经济发展指标与国际贸易统计数据，为企业进行市场分析和商业决策提供重要依据。在此倡议下，Census、ITA 等部门均制定了相应的开放数据战略。在战略实施方面，商务部经济分析局（BEA）定期发布国际贸易、国际投资等统计报告，并提供 txt、excel、table 等多种下载格式，其于 2012 年完成的交互式数据检索系统（Interactive-data）已将历年统计报告中的数据转化为检索模式，有效节省企业后期数据处理时间。同时，Census 缩短了贸易数据发布时间。从 2013 年 1 月起，《美国贸易统计摘要》数据发布时间平均提前了 5 天，年度数据发布时间缩短至月度数据发布后 34～36 天后，既便于其他政府部门以及企业尽快进行经济分析与决策，又使得美国数据与主要贸易伙伴贸易数据发布时间更为一致。另外，为了进一步提高数据使用率，2015 年 Census 完全取消了"USA Trade Online"的注册费用，实现了所有贸易数据的免费公开。

第五，提高企业政务参与度。除了网页和电子邮件等传统沟通渠道外，DOC 各部门均在部门主页中增加了"留言区"或者"评论

---

① USDOC, "Open Government Plan, 2013".

区"，并增加了"邮件订阅"功能，用户免费注册后均可以定期收到政府最新的信息。随着美国个人智能手机用户量的迅速增加，2014年2月21日，DOC 在其公共事务办公室内成立了电子参与办公室（Office of Digital Engagement），由 ITA、BEA、Census 等 10 个职能部门的代表组成，主要任务是执行 DOC《电子沟通战略》（Digital Communication Strategy），使社交媒体成为实现政府与公众有效交流的新途径。

## 二　贸易融资便利化改革措施

金融危机后，美国主要政府信贷机构普遍进行了贸易融资便利化改革，主要目标是通过提高融资项目认知度、拓展融资渠道、增加信贷额度、精简融资流程等改革措施降低企业贸易融资成本。

### （一）加强出口融资认知，扩大企业参与度

多家信贷机构采取措施加强出口企业对贸易金融风险的认知度和控制能力。例如，2011 年 1 月，进出口银行联合商务部、美国制造商协会、美国商会及一些金融机构举办了 100 多场"小企业链接全球"（Small Business Global Access Forums）全国性论坛活动，帮助出口商了解如何更好地使用出口融资工具，并且在会后及时追踪参会企业对融资产品的使用情况。ITA 于 2012 年发布了新版的《贸易融资指导手册》后首次于 2013 年发布了其西班牙语版本。此版《贸易融资指导手册》以更为简洁的语言指导中小贸易企业更有效地实现国际支付[①]，消除企业的顾虑。

为了增进中小企业对政府出口融资项目的了解，2009 年进出口银行联合 DOC、SBA 等在 8 个大都市地区举办"Export Live"融资宣

---

① 该比重并不包括为国内供应商提供的贷款融资。

传活动，参与企业超过 2000 家①。自 2015 年 1 月起，进出口银行在网站上每季度发布网络讲座，向客户介绍最新出口融资产品②。另外，进出口银行通过加强与中小企业发展中心、妇女企业发展中心、军人商业发展中心及其他地区非营利性组织的合作扩大企业对出口融资项目的了解途径。

（二）降低企业融资标准，提高出口融资额度

金融危机后，进出口银行和 SBA 均降低了中小企业申请出口贸易融资的标准。2010～2015 年，从上述两家机构获得融资的中小出口企业数量分别达到 15527 家与 7701 家，融资项目所支持的出口额分别达到 656 亿美元和 140 亿美元③。同时，中小企业获得融资的授权比例持续提高。1985 年美国国会通过一项法案规定在进出口银行的融资授权中中小企业的融资比例不低于 10%。这一比重至 2015 年已经提高到 24.5%。2015 年，超过 50% 获得进出口银行融资的中小企业所获得的融资额度达 50 万美元④。

不仅如此，官方机构普遍增加了出口信贷额度。例如，2010 年 9月 27 日奥巴马总统签署《小企业就业法案》，不仅将 SBA "出口快速融资项目"（Export Express）确定为永久性融资项目并授权其信贷总额上限提高至 50 万美元，而且授权 "出口运营资本项目"（Export Working Capital Program）以及 "国际贸易贷款项目"（International Trade Loan Program）的融资总额增加至 500 万美元，35 万美元贷款额最高担保比例增至 90%，而 50 万美元贷款额最高担保比例增加至75%⑤。2011～2015 年 SBA 向出口商提供的年贷款数量由 1416 件增

① TPCC. "2011 National Export Strategy".
② TPCC. "2011 National Export Strategy".
③ TPCC. "2011 National Export Strategy".
④ 该比重并不包括为国内供应商提供的贷款融资。
⑤ "Small Business Job Act of 2010".

长到 1777 件，总金额则从 6.11 亿美元增长到 14.5 亿美元①。

（三）精简贸易融资流程，缩减项目审批时间

为了精简贸易融资流程，缩减项目审批时间，进出口银行在融资产品设计和申报流程方面采取了措施。例如，2011 年进出口银行新增了一项"旗舰"贸易信用保险产品。作为一项快速融资产品，其将平均审批时间从 15 天减少到 5 天②。2012 年，进出口银行开发了"总体企业现代化项目"（Total Enterprise Modernization），升级了官方网站主页，能够提供在线融资培训、在线申请、在线注册等服务，并要求 80% 的业务能够在 30 天内处理完毕③。2014 年第一季度，进出口银行上线了"智能表格"（Smart Form），利用计算机技术在网站中对用户进行自动向导并确保用户填写正确的信息后自动提交到对应的银行部门进行处理。"客户枢纽"（Customer Hub）是其同步上线的另一个融资申请系统，能够将出口商在融资环节最常用的两个网站 ExIm Online 和 Smart Forms 上保存的基本信息（如出口商名称、地址、电话等）与其他部门网站互通。当出口商需要填报货运、报关、结汇等表格时系统就会自动出现关联字样，加快填报速度。上述两个系统都能够在电脑和移动设备上使用，并且有效减少填报错误、投递错误、纸质工作负担与成本，缩短业务处理时间。2012～2014 年，进出口银行融资申报及审批程序平均时间从 73 天降到 44 天④。

（四）扩展出口融资渠道，充盈融资资金来源

2012 年 4 月 5 日，奥巴马总统签署了《创业企业扶助法》（The

---

① TPCC. "2011 National Export Strategy".
② TPCC. "2011 National Export Strategy".
③ TPCC. "2011 National Export Strategy".
④ TPCC. "2011 National Export Strategy".

Jumpstart Our Business Act)，核心目的是通过扩大证券市场、民间资本等融资渠道扩展资金来源，为小企业提供融资便利。根据该法案实施的主要融资便利化措施包括简化公开募股（IPO）的发行程序、增加企业发行债券的便利性、降低审计成本、增加公众认知度等，不仅有望放松资本市场，而且有助于吸引更多海外公司到美国上市，鼓励更多风险投资者投资创业初期的美国企业。

同时，进出口银行及 SBA 加强了与地区银行、私人借贷机构、保险经纪人及其他商业融资机构的公私合作伙伴关系。一方面，向合作伙伴提供深度培训。例如，2015 财年 SBA 资助了 4 场大型"出口借款人圆桌论坛"（Export Lender Roundtables）帮助合作伙伴了解如何结合政府融资项目向中小企业提供融资。另一方面，为合作伙伴的信贷项目提供担保。2010～2015 年，参加 SBA 培训的融资机构共达27741 家[1]，超过 500 家私人借款机构通过参与 SBA 融资项目向 1 万多家中小出口商提供超过 70 亿美元的担保贷款。同期，SBA 私人借款人数量也从 430 家增长到 514 家[2]。

另外，进出口银行尝试开展境内外合作融资项目。近年来，进出口银行已与以色列、荷兰、法国、英国、加拿大、澳大利亚、捷克共和国、丹麦、德国、日本及意大利等国的主要出口信贷机构签订了双边合作融资协议。2015 年其开始与挪威、匈牙利、比利时等国的出口信贷机构洽谈合作融资框架。在境内外信贷机构合作融资模式下，美国进出口银行提供"一站式"（One Stop Shop）的打包融资服务，即出口商提交一张申请表格、经过一次资格审查、缴纳一次费用即可获得 2 个甚至 2 个以上国家出口信贷机构提供的出口融资，最大限度地提高融资效率、降低融资成本[3]。

---

① TPCC. "2011 National Export Strategy".
② TPCC. "2011 National Export Strategy".
③ http://www.exim.gov/sites/default/files/reports/annual/EXIM - 2015 - AR.pdf.

## 三　出口通关便利化改革措施

针对美国出口管制规则不科学、通关程序复杂、边检效率有待提高的现状，奥巴马政府在放松货物出口管制、推进通关无纸化和一体化、缩减边检时间、强化风险管理、协调国内外通关规制等方面采取了便利化措施。

### (一) 改革出口管制体系，降低合规成本

根据2009年8月13日奥巴马总统发表的"出口管制改革倡议"（Export Control Reform Initiative），美国国家经济委员会（NEC）和国家安全委员会（NSC）对包含两用物项及军品贸易在内的出口管制体系进行了全面的跨部门评估。基于评估结果，2010年4月改革程序正式启动，目前实施了三个方面的措施。

第一，合并管制清单，调整管制标准，缩减管制范围。奥巴马政府将两份清单以相同格式排列以便最终合并，对军用品与商用品划分明确界限以明晰各部门管辖范围，根据最终目的地、最终用户和最终用途重新确定不同管控标准。2013年10月15日，第一套修订版出口的管制清单正式投入使用，原军用品清单中包括导弹、电子仪器、辅助运用设备、护具、军车等12大类物项转移至商用清单中，近万种商用品管控级别降低[①]。

第二，优化IT信息管理系统。奥巴马政府以国防部目前使用的USXport系统作为基础，将国务院、商务部等其他部门陆续完成系统接入后最终形成单一出口许可证管理平台，以加速各部门出口许可证审批进度[②]。

第三，精简许可证申报程序，缩减申报时间。自2011年6月16

---

① The White House. "Fact Sheet: Announcing the Revised U. S. Export Control System".
② The White House. "Fact Sheet on the President's Export Control Reform Initiative".

日《战略贸易许可例外规定》（Export Control Reform Initiative：Strategic Trade Authorization License Exception）生效起，向美国44个盟国和友好伙伴出口"商用品清单"上的特定物项不需要申请许可证。据估计此后每年将减少3000个两用物项和1万多种军用品的出口许可证申请。2013年政府进一步取消了对于商用品清单中低敏感度商品的出口商每年注册与缴纳注册费的要求。同时，三个许可证发证机关合并使用同一版本的申请表格，以减少企业申请许可证的文书负担以及申报时间。另外，2010年2月以前，不同出口管制执法部门共发布了11份买方身份审查名单，出口商在申报许可证前需要分别进入不同部门网站查验买方是否属于被禁止或者限制交易的对象。2013年，ITA产业安全局将11份身份审查名单合并为一份清单，涵盖了超过2.4万个经济实体的身份信息，并开发了与该份清单对应的"合并筛选列表搜索引擎"（Consolidated Screening List Search Engine），大幅缩减了出口商核实买方信息以及发证机关审批的时间。2013～2014年这一搜索引擎的日均点击量已超过100万次①。

（二）加速建设"单一窗口"，精简边境程序

通关无纸化和一体化是精简边境程序、降低单证成本、提高行政效率的有效方法。奥巴马政府为加速实现通关无纸化和一体化采取了两方面改革措施。

其一，加速建设"单一窗口"。"单一窗口"（Single Window）②是最终实现通关无纸化和一体化的重要信息系统载体。美国海关表示，"单一窗口"建成后不仅能够减少超过200个不同申报表格，有效减轻企业反复提交文件及单证信息的文书负担，减少企业填报合规

① TPCC."2011 National Export Strategy".
② 联合国贸易便利化和电子商务中心（UN/CEFACT）的第33号建议书将"单一窗口"明确解释为：参与国际贸易和运输的各方，通过单一的入口点提交标准化的信息和单证，以满足相关法律、法规和管理要求的平台。如所提交信息为电子数据，则单个的数据元素只提交一次。

文件的错误率，而且所有贸易有关部门能够共享信息，加速通关及放行决策精简贸易流程，企业还能实时跟踪通关流程进展，开展与政府部门的互动，提高行政管理效率。在 1993 年的《海关现代化法案》要求下，克林顿政府就开始了美国进出口报关自动化系统的开发和应用。至金融危机前，美国海关已经建成了由自动化出口系统（AES）和自动化商业环境（ACE）组成的自动进出口申报系统以及国际贸易数据系统（ITDS）①。金融危机后，美国海关推行了贸易无纸化和一体化系列试点项目，加速建设"单一窗口"。例如，自 2012 年 3 月 28 日起，美国海关开始在诺福克、纽波特纽斯、威明顿、查尔斯顿、乔治城、萨凡纳等城市的主要港口推行一项名为"出口海洋运单计划"（Export Ocean Manifest Pilot）的试点计划，承运人可以将海运货物的运单通过 E-mail 的方式在货物出口之前将出口运单、有毒物质控制法进口证明书、卫生动物检查局、到货通知单等单据的 PDF 文件提交到文件图像系统（Document Image System，DIS），而不再要求提交纸质单据。2013 年，美国海关在现有 ACE 基础上推出了"PGA 消息集"（Partner Government Agency Message Set）项目，帮助海关将集成在 ACE 系统平台上的货物及收发货人信息、出口许可证、控制类出口商品信息等数据统一归档，进一步减少直至完全替代货物需要提交的纸质表格。2014 年 2 月 19 日，奥巴马总统发布第 13659 号行政命令"为美国企业精简进出口通关程序"（Streamlining the Export/Import Process for America's Business），明确要求最迟于 2016 年 12 月 31 日完全建成"单一窗口"，并在全政府范围内投入使用。

---

① AES 系统为出口报关系统。出口人申报时，在 AES 系统中填报托运人出口报关电子信息。经过系统自动审核后，托运人检验部门会同时从系统中获得一个国际运单号码。货物抵港后，口岸部门根据该运单号码即可检验放行。该系统自 2005 年起已适用于承运人、货物所有人、报关行等出口申报人。ACE 系统为在所有港口、各种运输方式下都能使用的进口申报系统，所包含的自动舱单系统、通关信息汇总系统、配额系统、特殊项目系统、税收控制系统等子系统能够自动处理进口报关单和随附单证，并快速有效地实施税款征缴。ITDS 系统是将 ACE 和 AES 系统中申报数据进行集成的数据平台，为各部门进行数据统计、单据处理提供依据。

其二，加强边境跨部门协同管理。为了更好地发挥"一个政府"（One-Government-Approach）的协同效应，2014年2月奥巴马政府根据第13659号总统行政命令设立了边境跨部门行政委员会（BIEC），由国土安全部（DHS）直接领导，下设三个二级委员会：风险管理委员会、程序协调委员会和外部参与委员会。BIEC的成员来自农业部、商务部、国防部、运输部、财政部、国际贸易代表处等多个贸易相关部门，主要职责是对美国实现通关一体化和无纸化进行战略和政策指导，充分协调联邦政府和边境各机构之间的责任，并监督"单一窗口"的建设和实施进度。

### （三）改善边境基础设施，提高边检效率

金融危机后，美国海关增加了边境基础设施投资，加强了最新科学技术在优化边检设备和提升边检人力资源配置中的应用。

其一，实现边检基础设施现代化。墨西哥和加拿大与美国共同边境分别长达1969英里（约3169千米）和5525英里（约8892千米），仅美国北部通过底特律大使桥（Ambassador Bridge）口岸运往加拿大的跨境货物量就相当于美国与日本的贸易总量[1]。为了缩短陆路口岸运输工具的检验时间，美国政府不断改善美国边境通关点边检设备。截至2013年，美墨和美加边境的通关点共已配备超过1400台非入侵式辐射监视器，200多套大规模伽马/X射线成像系统及爆炸物和毒品检测系统[2]。这些设备能够在运输工具不停止和不开厢的情况下将卡车集装箱、铁路运输集装箱、火车厢等运输工具中的货物情况进行100%扫描成像，使得货物在完全检查的基础上立刻放行，从而缩短边检时间。

---

① Ambassador Bridge，底特律大使桥，坐落于美国密歇根州底特律，是北美最繁忙的国际边境桥梁。美国与加拿大超过25%的货物贸易由此通过。

② CBP.

同时，美国海关利用移动通信技术开发了可携带的、在任何环境下都能够即时的、操作简便的检验设备。2012 年，美国海关在 40 个南部陆路口岸和 19 个边境巡逻检查点安装了移动和固定许可证识别器；2013 年又开发了移动掌中文件阅读器（MC75A），并开始成为陆路边境非常重要的执法工具。该设备能够让执法者快速扫描机器可读取的许可证信息，并且立即显示结果。从而，承运人和货物不需要到达固定检验站点就能够接受检查。2013 年所开发的新型移动自动靶向系统（ATS）则能通过智能手机进行实时对比筛查。在该系统下，执法人员不需要回到办公室输入数据等待检查结果，而只需要通过智能手机中的移动执法系统就能将数据发送到数据中心进行评估并快速得出结论，有效减少货物等待放行的时间①。2014 年，移动手持许可证识别器在北部边境海关执法点也开始投入使用。

其二，优化边境人力资源配置。美国海关在职人员约 6 万人，服务于分布在 6900 英里（约 11104 千米）陆路边境和 9.5 万英里（约 152888 千米）海岸线上的 331 个边境口岸和 15 个预通关站点②。为了在保证贸易安全的前提下提高边检速度，缓解业务量快速增长与人力资源配置不足的矛盾，2011 年美国海关启用了 "工作量 – 职员模型"（Workload Staffing Model），动态识别前线人员和口岸工作的配比是否合理，及时进行招聘新职员或进行岗位调整，提高工作效率。

（四）加强边境风险管理，缩减通关时时间

"海关 – 商界合作伙伴关系"（C – TPAT）③、"24 小时预报规

---

① CBP.

② CBP. "Performance and Accountability Report Fiscal Year 2013".

③ C – TPAT 于 2002 年 1 月 17 日开始推行。C – TPAT 将供应链上包括货物承运人、经纪人、制造商、进口商等在内的所有企业纳入安全检查和防范恐怖主义的范围，涉及所有与美国开展货物贸易的国家（地区），适用于所有的运输方式。企业秉承 "自愿原则" 参加风险评估。通过评估注册为 "受信任的企业" 通常被要求接受安全检查的概率是非 C – TPAT 成员的 1/6，合法性检查概率则是 1/4，因此也面临更短的通关时间。

则"① 和"集装箱安全倡议"（CSI）② 是小布什政府时期美国海关所建立的以"风险管理"为核心的海关监管制度，通过对参与企业合规性和守法性及货物状况进行风险的预先识别和评估，为低风险的企业提供通关便利。金融危机后，奥巴马政府在"提高风险评估准确度"和"扩大企业参与度"方面采取的便利化措施包括以下几方面。

其一，为了提高风险评估准确性，2009 年 1 月美国海关在原"24 小时预报规则"所要求发货人申报的 10 项信息基础上加入了 2 项新的规定，即进口商还必须申报"集装箱中宣称的货物信息"和"发货人装货、理货和点货"。同时，进一步要求承运人在装船货物离开最后一个外国港口后 48 小时内或者到达美国港口前 48 小时提供"船运装载位置"和"集装箱状况信息"。这一做法旨在通过更详细的数据帮助海关做出更准确的风险评估。另外，美国海关应用信息技术提高决策准确度。2011 年，美国海关开发了自动靶向系统，能够通过大量的计算规则和法规权重集，依据货物舱单数据、进口报关信息与美国法律标准进行对比，以帮助海关选定仔细查验或者优先放行的对象。

其二，为了提升本国及伙伴国的参与度，美国海关在通关便利程度方面进行了改进。例如，2010 年美国海关在 C‐TPAT 下专门针对加拿大和墨西哥边境陆运承运人设立了加速通关的项目"自由与安全贸易计划"（FAST）。申请参与该项目的承运人可以通过美国海关

---

① "24 小时预报规则"制度要求海运承运人在最后境外港口输美集装箱装船之前的 24 小时，向美国海关提供集装箱内装货物的详细信息，包括货物的详细说明、货物收发货人的信息、港口信息、征税信息等 10 项内容。未按时递交信息的集装箱将不被允许装上运往美国的船只。此项制度能够使发货人、收货人和承运人三方的数据相对应，提高预报信息的准确度和真实度，帮助海关在货物到港之前评估风险级别，加速低风险货物的查验和放行。

② CSI 即建立与倡议协定国海关联合建立一个保障贸易安全的制度。根据 CSI 的要求，美国向重要的境外海港驻派检察员。凡是输美海运货物在外国港口申报出口时就需要开始进入识别和检查程序，由美国检查员与实施 CSI 港口海关官员共同检测集装箱中可能潜藏的大规模杀伤性武器。同时，检查员会在货物装船前的 24 小时向美国海关提交该批货物的海运提单数据，提前进行风险评估，减少美国港口放行时间。

"全球在线注册系统"进行注册，经过背景审查、生物特征信息采集、官员面试等环节审核通过后成为有效期为 5 年的"受信任的承运人"（Trusted Shipper），每年只需缴纳 50 美元会费，即可得到一张无线电频率识别卡，在陆路边境通关时使用。FAST 项目要求供应链上的每一个环节的企业都必须已在 C-TPAT 项目中获得认证，才能享有快速通关的便利。然而一旦认证成功，成员无论是从加拿大还是墨西哥边境进入美国，均可以在过境时经过特殊通关通道；当其所承运的多项货物中只有一项需要检查的时候，其他货物可以直接通关，不需要为所有货物支付仓储成本；被挑中需要查验的成员集装箱还可以被排在非成员的集装箱前面，无论非成员集装箱已经等待多久。更便利的通关措施得到了企业积极响应。截至 2012 年，在欧洲、亚洲、非洲、中东、美洲共有 58 个 CSI 运行港口，几乎涵盖了输美集装箱货物的 86%，此外还有 35 个海关机构承诺加入[①]。至 2013 年上半年，在 C-TPAT 注册企业已达到 1100 家[②]，2014 年 2 月 75000 名商业承运人注册参与 FAST 项目，成为受信任的承运人[③]。

### （五）加强国际海关合作，降低制度壁垒

奥巴马政府加强与贸易伙伴通关制度和手续协调方面的合作，同时协助发展中国家改善其通关"不便利"。

首先，协助发展中国家开展能力建设。自 2012 年起，美国海关在国务院、国际发展部和国防部的经费支持下，就通关程序效率、缉毒缉私、海关职业道德等问题设计了新的中期或短期技术培训项目，并且允许少部分项目在美国指定港口开设，使得伙伴国家的学员能够更加直观地感受到提高科技能力、协调政府部门管理的积极效果，同

---

① 国际海关新视野。

② CBP Releases Fiscal Year 2015 Trade and Travel Numbers. https://www.cbp.gov/newsroom/national-media-release/2016-03-04-000000/cbp-releases-fiscal-year-2015-trade-and-travel.

③ CBP. "FAST: Free and Secure Trade".

时提升其边境执法能力。

其次，以贸易协定为平台推进通关程序标准化和协调化。例如，在多边贸易协定 TPP 谈判中，美国海关特别强调了快运对中小企业的重要性，并同意为其提供加急的海关程序，在北美自由贸易区（NAFTA）条款基础上增加了"验放一般情况下在 48 小时内完成"的条款。另外，TPP 还单独设置了通关自动化章节。

最后，继续推进"AEO 制度"①。2014 年，美国海关在 C - TPAT 计划下与以色列签署了一项互认安排，两国所有的 C - TPAT 和 AEO 成员都将面临更少的过境检验和更快的认证程序。除以色列外，美国与新西兰、加拿大、日本、韩国、约旦、欧盟、中国台湾地区也已达成互认协议，与墨西哥、中国、印度、巴西的互认协议正在谈判中。

## 四 货运基础设施便利化改革措施

货运基础设施质量是连接国内市场和全球市场的重要基础，也是提升美国供应链效率和出口竞争力的关键。奥巴马政府希望通过大规模修复和扩建货运基础设施、加强科学技术应用以减少拥堵、提高安全性，提升货物跨境流通速度，降低运输成本及风险。

### （一）制定统一货运政策，增强多式联运连接性

2012 年 7 月 6 日生效的《新运输法案》（MAP - 21）要求联邦运输部（DOT）制定"国家货运政策"以及"国家货运战略计划"，并鼓励州运输部门制定"州货运计划"，目的是将联邦政府、各地方政

---

① "授权经营者"是指经过海关或其授权部门批准为符合 WCO 制定的或者同等效力供应链安全标准的企业，包括生产商、进出口商、报关行、承运人、中间商等。"AEO 制度"则是指一方海关对"授权经营者"某个行动、决定或者某个认证过程进行认可后，另一方海关也给予相同的认可，从而避免不必要的查验，降低执法的成本。根据这项制度，美国"授权经营者"向贸易伙伴国出口时，进口国海关将减少或者不进行查验，承运人还能够享有加速处理通关手续的便利。

府、大都会交通组织等货运行业的利益相关者的发展规划置于同一战略框架下，向共同的建设目标迈进。

2015年12月4日生效的《修复全美地面运输法案》（FAST Act）提出"建设安全、效率、可信赖的货运体系"的改革目标，尤其强调了"增强多式联运连接性、提升货运效率"的重要意义。因此，FAST Act要求制定"国家多式运输政策"（National Multimodal Freight Policy）以及"国家高速公路货运计划"（National Highway Freight Program）。

为了制定有效的国家货运政策，运输部根据FAST Act的要求分别绘制了"国家多式运输网络地图"（NFMN）以及"国家高速公路货运网络地图"（NHFN）。其中，NFMN涵盖了6.5万英里（约104607千米）高速公路、4.99万英里（约80306千米）铁路线和海运高速公路线、78个海港、56个空港、75个最大的公路－铁路转运站。而NHFN则将原来的高速公路地图作为核心拓展到关键农村货运走廊、关键城市货运走廊和州际高速公路。上述两张图谱能够使得战略政策的制定者清楚地了解美国货物运输的走向，以确定多式运输连接点的薄弱环节，确定最需要投资和建设的地方。

（二）加大政府基建投资，长期保证基建资金

美国货物运输基础设施陈旧短缺，发展滞后主要源于其国内货运基础设施投资长期不足。2007年美国基础设施投资占GDP的2%，较1960年下降了50%。相反，中国、印度、欧洲主要国家投资比重分别占9%、8%和5%。美国国家地面运输委员会估计，满足交通运输系统的良好运行需要每年投资2250亿美元，并持续投资超过50年。为此，2009～2015年，奥巴马总统陆续签署了四项重要法案保证联邦政府对货运基础设施投资的长期支持。

2009年2月《复兴与再投资法案》（ARRA）将"运输基础设施

现代化"确定为后危机时期联邦政府的投资重点。根据该法案，联邦政府向联邦航空管理局（FAA）拨款 13 亿美元用于机场基础设施与航空控制系统的维护与更新，向联邦货运交通管理局（FTA）拨款 7.5 亿美元改善公共交通设施，向 FRA 拨款 80 亿美元新建高速铁路和城际铁路，向联邦海事管理局（MARAD）拨款 1 亿美元改善船厂以及强化技术研发，同时向联邦高速公路管理局（FHWA）拨款 275 亿美元改善高速公路项目，另设 15 亿美元运输部自由分配基建项目①。

继 ARRA 之后，《新运输法案》于 2012 年 7 月 6 日正式生效，为各州与地方运输部门新建道路、桥梁和公共交通系统设施提供 2 年稳定的资金支持。

2014 年 10 月 1 日，以"创造机会、修复更新、高效工作、重建美国基础设施"为总体发展目标的《成长法案》（Grow America Act）4 年内授权总额 3020 亿美元，主要用于公路设施和安全性能提升、铁路系统发展以及地面交通项目的建设。其中，1990 亿美元用于改进国家高速公路和道路安全系统，720 亿美元用于缓解交通拥堵、减少延误；100 亿美元用于推进多式联运，增强港口与其他运输方式的联系，提升货运效率，促进外贸发展②。

2015 年 12 月，联邦政府颁布了《修复全美地面运输法案》（FAST Act），于 2016～2020 财年授权投资总额高达 3000 亿美元，包括对"国家重要货运和高速公路项目"（FASTLANE）和"国家高速公路货运项目"（NHFP）两项货运基建项目的 45 亿美元和 63 亿美元的投资。其中，FASTLANE 中每年 5 亿美元将专门用于改善货运铁路和多式联运项目。作为自 2005 年以来第一部全面保障地面基础设施

---

① Department of Transportation.
② Department of Transportation. https://www.transportation.gov/sites/dot.gov/files/docs/GROW-A-MERICA-Overall-Fact-Sheet.pdf.

投资的长期法案，FAST Act 保障了货运基建项目的长期资金支持。

（三）鼓励私人资本参与，加强项目融资协助

为了鼓励私人资本参与货运基建投资，奥巴马政府一方面推进基建融资项目，并给予企业融资协助，另一方面精简项目审批程序，加速项目实施进程。

首先，继续通过融资创新吸引投资。《运输基础设施融资与创新法案》（TIFIA）和交通投资与经济复苏资助项目（TIGER）是 DOT 长期提供的两个重要的低息贷款资助项目。其中，TIFIA 广泛用于道路、桥梁、公共运输系统的基础设施投资，2000～2013 年该项目已提供超过 410 亿美元的实际投资。2016 年该项目在 FAST Act 下获得了 2.75 亿美元的授权总额，2020 年将增加至 3 亿美元。TIGER 则提倡投标企业充分竞争，以 5% 的比例筛选出能够用于改善道路、桥梁、转运系统、多式联运便利性的项目并保证项目投资回报率。2009～2015 年其授权总计 11.3 亿美元的 72 个 TIGER 项目已经分配给 50 个州政府、华盛顿特区、印第安保护区等，用于改善港口与铁路的货运拥堵状况。2016 年 7 月 20 日，DOT 从 TIGER 基金中向其选定的 40 个货运基建项目提供了 5 亿美元的资金支持[1]。除此之外，奥巴马政府鼓励州和地方政府在 DOT 批准情况下向企业发行期限不超过 5 年、总额不超过 150 亿美元的中长期私人活动债券。例如，建筑美国债券（BAB）是在 ARRA 授权下于 2009 年 4 月州和地方政府或者公共机构开始发行的应税债券。联邦政府给予发行机构 35% 的直接应税补贴以降低其融资成本。截至 2016 年 4 月，72% 额度的 BAB 债券已发售并用于 20 个基建项目投资[2]。

---

[1]　https://www.transportation.gov/tiger.

[2]　Department of Transportation. "Private Activity Bounds". http://www.fhwa.dot.gov/ipd/fact_sheets/pabs.aspx.

与此同时，联邦政府为投资者提供融资服务，协助企业完成融资流程。例如，2014 年 7 月 17 日，奥巴马总统签署备忘录提出建立运输基建投资中心（BATIC），为私人投资者提供一站式服务，包括帮助投资人了解联邦政府、州政府、直辖市的各类基建融资项目，协助其完成信贷申请、开展各种形式公私合作①。2016 年 7 月 20 日，联邦运输部在 BATIC 基础上又成立了"建筑美国署"（Build America Bureau）为投资者提供技术支持，并对项目计划、融资、完成、监控提供全方位的个性化服务。

（四）完善运输法律法规，增强货物运输安全

奥巴马政府注重货物运输安全相关法律法规体系的完善，仅仅新出台与道路安全相关的法律法规就为 10 多部。例如，2015 年 5 月运输部管道与危险物品运输安全管理局（PHMSA）发布了油罐车和易燃易爆物品货运火车控制系统新标准。根据新规定，自 2015 年 10 月 1 日以后生产的新油罐火车必须满足新的设计要求，此日之前生产的旧款油罐车也必须在规定时间内更换控制系统。同时，其还修订了超过 70 节运输车厢的火车运行速度和刹车标准等。同年 6 月，国家高速公路交通安全办公室（NHTSA）发布了新规则，要求 2.6 万磅（约 11794 公斤）以上载货量的卡车和汽车安装"电子稳定控制系统"以减少事故死亡率和伤害率。

（五）改进货运设施质量，提升货运系统效率

为了改进货运设施质量、提升货运系统效率，奥巴马政府改革措施主要集中在增加基础设施运载能力、提升科学技术在货运系统中的应用等方面。

---

① "Presidential Memorandum—Expanding Public-Private Collaboration on Infrastructure Development and Financing".

首先，增加基础设施运营能力。例如，加利福尼亚州奥克兰码头于 2011 年对前奥克兰军事基地进行重建，将其并入港口以增加码头货物容量。第一期工程耗资 4.38 亿美元，整体修整项目包括马路、延伸的铁路场站以及其他货运基础设施。项目计划于 2017 年完工，能够大幅减少港口卡车拥堵、平均减少集装箱运输成本 300 美元。在满负荷运作条件下，相当于 37.5 万辆集装箱卡车运力的货物能够直接运输到码头，而不再需要任何卡车转运，每年至少为出口商减少 1.12 亿美元运输成本①。为了增加码头运营时间以应对增加的运量，奥克兰码头部门还分别于 2016 年 2 月和 6 月向码头运营商提供了 150 万美元和 170 万美元的补助，以弥补其开放夜间码头的新增成本②。

其次，建立数据搜集共享制度。20 世纪 80 年代，联邦运输部就开发了"高速公路绩效监测系统"并一直沿用至今，其能够在全美范围内检测高速公路的运作绩效、搜集路面状况等数据。2012 年，FHWA 进一步创建了"货运绩效测评系统"（Freight Performance Measurement Program），并使用超过 60 万辆装有全球定位系统软件（GPS）卡车运输数据监测高速公路交通拥堵状况。2015 年，实施的"智能绕路计划"（ITSJPO）能使用各种无线技术在商用汽车和货运卡车之间分享路况信息，帮助其绕开拥堵地段，提升货运效率。

最后，加强智能技术应用。美国智能交通系统（ITS）是世界上开发时间最早、发展程度最完善的综合陆运系统，其将信息技术、数据通信传输技术、电子控制技术以及计算机处理技术等有效地集合运用于整个地面运输管理，能够有效减少拥堵、延误，提高交通安全水平和通行能力。金融危机之后，奥巴马政府将 ITS 系统更为广泛地使用于多种货运方式。例如，在航空运输中，电子运费申报系统

---

① GAO.
② GAO.

（Electronic Freight Manifest System）就是 ITS 的一种典型应用。芝加哥 O'Hare 国际机场和纽约 JFK 国际机场的运行测试结果显示，EFM 不仅大幅度减少了转运货物的申报时间，而且电子申报系统比人工申报系统的申报速度快 2～4 倍，相当于每笔运单节约成本 1.5～3.5 美元。ITS 在航空领域的另一种应用则是集技术、过程控制、培训、决策于一体的 NextGen 智能航空运输系统。2015 年 FAA 将其从地面雷达导航系统升级到卫星雷达导航系统后，能够为直飞或者近距离航线提供更加精确的交通控制，减少空运延误[①]。

## 五 信息基础设施便利化改革措施

2009 年 1 月 28 日，IBM 首席执行官在美国工商业领袖圆桌会议上首次提出"建设新一代智能型基础设施"的建议，得到奥巴马总统积极回应。智能型基础设施是将互联网与物理硬件设施广泛结合，形成"物物联通"的物联网络。这一网络不仅能将国内电网、道路、网路等设施相互联通，而且也能实现美国与全球联通。奥巴马总统将物联网确定为经济振兴计划的重点投资领域。而互联网基础设施则是物联网发展的重要基础。2010 年 3 月 16 日，商务部通信委员会提交了《链接美国：国家宽带计划》（以下简称《计划》），成为奥巴马政府实施互联网基础设施便利化改革的行动纲领。《计划》提出未来 10 年美国网络设施发展的目标：至少 1 亿美国家庭应能使用平价宽带，实际下载速率至少 100Mbps，实际上传速率至少 50Mbps；每个美国社区都应能获得至少 1Gbps 的宽带服务等；在无线宽带（包括移动通信和固定无线网络）方面，5 年内可分配频谱达 300MHz 频率，10 年内可分配频谱达 500MHz，至 2016 年至少 98% 美国人能够使用 4G 无线网络。

---

① "Freight Transportation Improvements and the Economy".

为了实现上述目标，奥巴马政府采取了以下几个方面便利化改革措施。

（一）加大网络硬件投资，提升网络普及与速率

2009 年，美国政府发起"链接美国"（Connect America）项目，并通过 ARRA 将 69 亿美元定向投资于提高全国范围内宽带接入率。商务部国家远程通信与信息管理局（NTIA）将其中 44 亿美元用于扩大学校、图书馆、社区办公大楼的互联网容量以及升级公共计算机中心的网络硬件设施，农业部农村设施服务部（RUS）则将剩余 25 亿美元用于提高农村地区宽带接入率。在无线网络硬件方面，2009~2012 年，美国无线网络年均投资从 210 亿美元增长到 310 亿美元，增幅达 47.6%，而同期欧洲国家年平均投资增长持平，亚洲主要国家（包括中国）年均投资额仅增长 4%[①]。另外，政府根据 ARRA 投资 45 亿美元用于实现智能电网，以保证互联网络的稳定性和智能化。

奥巴马政府积极鼓励私人投资。首先，美国政府为私营企业提供金融支持。"宽带科技机遇计划"（BTOP）和"州宽带倡议"（SBI）是 NTIA 在 ARRA 授权下管理的两个资助贷款项目。通过上述低息贷款项目，2009 年至今总计吸引投资达到 40 亿美元。其次，创立新的基金项目。2011 年 2 月奥巴马总统发布"无线宽带创新及基建倡议"（Wireless Innovation and Infrastructure Initiative）将一般服务基金（Universal Service Fund）服务范围拓展至无线宽带服务，并一次性拨款 50 亿美元支持无线宽带技术应用的普及。同年 10 月，联邦通信委员会（FCC）建立了链接美国基金（Connect America Fund）与移动基金（Mobility Fund）两个基金项目。这两个长达 10 年的公私合作基金

---

[①] White House. "Four Years of Broadband Growth. Office of Science and Technology Policy & The National Economic Council".

项目主要用于 2009～2012 年新增固定宽带接入人数 40 万人，新增无线宽带覆盖线路总计 8.3 万英里（约 133576 千米）①。与此同时，税收减免是美国政府用于鼓励私人投资的另一项重要举措。例如，2010 年 12 月奥巴马总统签署了美国历史上最大限额的临时性投资刺激政策。根据该政策，投资于宽带基础设施的企业能够立即减免 100% 资产价值税从而减少首年应缴税款。财政部估计这项政策能够刺激大约 500 亿美元的新增投资②。另外，政府部门为企业投资决策提供协助。例如，FCC 自 2009 年起每年发布《美国宽带测速报告》，通过不断披露宽带实际速率，为投资者提供明确有效的信息，帮助其做出投资决策，并确保投资问责，提高市场透明度。奥巴马总统第一任期内，宽带网络私人投资总额接近 2500 亿美元③。

2009～2015 年，美国宽带基础设施投资总额超过 2066 亿美元，开发和升级了超过 14 万英里（约 225308 千米）网络基础设施④，4500 万新增人口接入宽带，并且已经于 2015 年初实现了"98% 美国人都能够使用 4G 无线网络服务"的建设目标⑤。

（二）鼓励无线技术创新，加速技术转化进程

信息科技的研发与创新是提升互联网基础设施质量的重要技术保障。奥巴马政府认为"无线宽带技术创新"将引领未来 IT 技术发展的新潮流，2009 年的 FCC 蓝皮书中被明确为工业 4.0 时代美国信息通信技术的发展方向。由于无线宽带设备及网络的有效运行有赖于充

---

① White House. "Four Years of Broadband Growth. Office of Science and Technology Policy & The National Economic Council".

② The White House Office of the Press Secretary, "Fact Sheet: The Tax Agreement: A Victory for Middle-Class Families and the Economy," Jan. 2013. http://www.whitehouse.gov/the-press-office/2013/01/01/fact-sheet-tax-agreement-victory-middle-class-families-and-economy.

③ White House. "Four Years of Broadband Growth. Office of Science and Technology Policy & The National Economic Council". June 2013.

④ "The Digital Divide and Economic Benefits of Broadband Access".

⑤ White House. "Delivering on Broadband Opportunity".

足的无线频谱供给，因此奥巴马政府重点鼓励无线频谱领域的技术创新，一方面要求向用户增加可供使用的频谱，另一方面要求加速频谱共享技术革新。为此，在"无线宽带创新及基建倡议"下，FCC 创建了 30 亿美元的"无线创新基金"（Wireless Innovation Fund）支持 4G 技术基础研发和应用。自 2013 年 9 月起，美国国家自然科学基金会（NSF）将在未来 5 年总计拨款 230 亿美元用于无线频谱技术研发。2014 财年，美国商务部 NITA 和 NIST 新增投资 1750 万美元用于频谱技术研发以及推进联邦实验室科研的公私合作①。2010～2016 年无线运营商在 4G 技术上的研发投资总计高达 1500 亿美元②。2016 年 6 月奥巴马政府再次授权 NSF 4 亿美元支持"高级无线技术研发"。

此外，奥巴马政府强调缩短新技术由实验室走向市场的时间。2011 年 9 月 16 日，奥巴马总统签署了《美国发明法案》（the American Invents Act）以及其后许多改革性的倡议，包括要求美国专利商标局（USPTO）大幅度缩短专利申请和审查等待的时间。根据这一法案所建立的新的加速审查程序（Track One），要求专利申请必须在 12 个月内完成，并且中小企业能够在申请费用上获得 50% 减免。在 Track One 下，USPTO 已经向 3502 家企业，超过 1278 家小企业提供了将其专利技术转向市场的机会。在该项目开始的 7 个月内，已经完成了 101 项专利的审查程序，一项专利的审查时间平均仅为 117.3 天。③

（三）加强互联网络安全，降低企业营商风险

第一，制定网络安全战略框架。为了从根本上弥补美国网络安全

---

① White House. "Factsheet: Administration Provides Another Boost to Wireless Broadband and Technology Innovation".

② White House. "Factsheet: Administration Announces an Advanced Wireless Research Initiative, Building on President's Legacy of Forward-Learning Broadband Policy".

③ https://www.whitehouse.gov/issues/technology#id-13.

漏洞，奥巴马政府进行了联邦政府范围内的网络安全政策评估，并基于《网络空间政策评估——保障可信赖的和可复原的信息和通信基础设施》的评估报告于 2014 年 2 月制定了美国"网络安全战略框架"。2016 年 2 月，在总结金融危机以来的网络威胁发展趋势以及政府应对措施经验教训的基础上，奥巴马政府出台了《网络安全国家行动计划》（CNAP），建立了强化国家网络安全委员会并任命了联邦政府首个"信息安全官"（Federal Chief Information Security Officer）负责 CNAP 的执行、管理和各部门协调。

第二，加强网络安全基础设施建设。网络安全主要包括信息基础设施、信息、信息系统、传递信息、电子支付过程等的安全，如信息系统的稳定性、计算机系统抗攻击能力、信息传输及交换过程的安全性、计算机网络对非法用户侵入的阻断性等，其与互联网硬件设施、网络技术、技术人员配备直接相关。在改进网络硬件方面，2016 年联邦政府在 CNAP 支持下从"信息科技现代化基金"（Information Technology Modernization）中投资 31 亿美元用于各联邦部门评估与更换损耗大、安全性能低的电脑设备。2017 年网络安全基建投资的预算达 190 亿美元[1]，较 2016 年增加了 35%。在技术研发方面，2016 年奥巴马政府根据 2014 年《网络加强法案》（Cyber Enhancement Act of 2014）的要求制定了《联邦网络安全研究与开发战略计划》。同时，国土安全部将网络安全小组成员增加到 48 人，并将投资 6200 万美元用于招聘更多网络技术专业人员。

第三，增强公私合作伙伴关系。为了加强对消费者数据保护，2014 年奥巴马政府出台"购买安全倡议"（Buy Secure Initiative）。根据此倡议，国家网络安全联盟与行业领头企业达成合作协议。Google、Facebook、Dropbox 等企业同意采取措施加强保护个人网络账户信息；

---

[1] White House. "Fact Sheet: Cybersecurity National Action Plan".

Mastercard、Visa、Paypal 等金融服务企业则承诺加强消费者账户交易安全。

第四，为企业提供信息与协助。为了与企业共同应对网络威胁，2015 年《网络安全法案》（Cyber Security Act of 2015）明确了私营企业与政府部门之间共享网络威胁信息的机制。2015 年，美国安全部（DHS）开发了"网络威胁指数自动分享系统"。加入该系统的私营企业能够及时获取该系统发布的网络威胁信息。至同年 7 月已有 125 家企业建立了合作关系，分享了 28000 条指数信息。目前 156 份新的合作协议尚处在洽谈阶段。另外，给予企业网络安全协助。2015 年 2 月，SBA、能源部、国家标准与技术研究所、联邦贸易委员会等部门联合举办培训项目，向 140 多万小企业提供了有关网络安全的培训①。

第五，开展网络安全国际合作。2011 年 5 月奥巴马政府发布了《网络空间国际战略：网络化世界的繁荣、安全与开放》，标志着美国维护网络安全的战略已从其国内转向全球。其后，《网络空间可信身份国家战略》《网络空间行动战略》《网络情报共享与信息法》等文件将其维护网络安全的战略思维从技术层面转变为强调国际合作。在实际国际合作中，美国与英国、日本、印度、巴西等国签订双边合作协议，共同加强在网络犯罪方面的国际合作，实现网络威胁信息共享，建立网络空间行为标准，同时加强国际执法合作。2015 年，FBI 网络部在伦敦、渥太华、堪培拉建立了三处永久性"网络执法协助处"，以便共享网络威胁信息，在国际网络范围调查、改进合作伙伴关系方面加强合作。另外，帮助伙伴国进行网络安全能力建设。例如，2016 年 2 月美国为非洲中部国家进行网络安全和网络犯罪的培训等。美国还利用联合国、OECD、APEC、非洲联盟等平台倡议采用美国研发的网络安全技术，并接受美国倡议，将网络空间相关问题列入

---

① White House. "Fact Sheet: Cybersecurity National Action Plan".

组织工作议程中，巩固包括国际规范在内的重要网络空间活动。并达成区域性和国际性共识，提倡国际伙伴制定协调统一的网络安全政策以及解决办法共同应对威胁。

### 六 制度环境便利化改革措施

为了创造有利于美国企业出口竞争的行政制度环境和营商环境，奥巴马政府致力于打造开放透明政府、推进全球反腐进程、协调国际规则制度、改善国际市场环境、协助发展中国家开展能力建设。

#### （一）打造透明开放政府

1966 年《信息自由法》（FOIA）的首次颁布被视为美国民主制度发展的里程碑，其确立了"以公开为原则，不公开为例外"的政府信息公开制度准则。1976 年《阳光下的政府法案》进一步赋予了美国全体公民最大的知情权和政府官员最少的隐私权。奥巴马政府将行政制度改革提升到全新高度，期望通过建立开放透明的政府提高行政效率及治理效果。2009 年 1 月 21 日，奥巴马总统提出"开放政府倡议"（Open Government Initiative）并签署了其任期内的第一份行政备忘录——《透明及开放政府备忘录》（Memorandum on Transparency and Open Government），提出按照"透明、参与、合作"三项原则打造开放政府。2009 年 12 月 8 日，美国预算办公室发布了《开放政府指令》（Open Government Directive），对各部门提出了明确的改革指导意见和要求。

在上述规则的框架和要求下，商务部及其下属的 ITA、BEA、Census 等贸易相关部门均进行了行政制度改革，DOC 通过 Data. gov、Commerce. gove/open、Regulation. gov、eRulemaking 等平台定期发布部门信息。例如，根据《政府绩效与结果现代化法案》（Government Performance and Results Modernization Act of 2010）和《信息自由法案》

等要求，DOC 每年向国会提交其绩效及责任报告、部门战略计划、财政年报、实施项目计划及执行情况报告的同时均在其网站上向公众公布。在规则制定方面，DOC 各部门均通过 Regulation. gov 收集公众对新规定的看法与意见，以保证政策决策过程的透明。

（二）推进全球反腐进程

为了营造公平竞争的海外商业环境，奥巴马政府在提升国内政府开放性和透明性的同时还加强国际合作，共同推进全球反腐进程，提升贸易伙伴政府和市场的透明度。

首先，建立多边开放政府伙伴关系，敦促贸易伙伴推行改革。2011 年 9 月 20 日，在奥巴马总统倡导下，美国与巴西、印度尼西亚、墨西哥、挪威、菲律宾、南非、英国 7 国政府共同签署了《开放政府伙伴关系协议》（OGP），共同承诺在本国制定《国家行动计划》以提升政府透明度。

OGP 可谓是一项寻求透明、有效、负责任的政府治理的全球性努力。作为创始国，美国在开放政府数据、提高政府财务透明度、增进公众参与度以及有效管理公共资源等方面为各协定国做出了表率。2011 ~ 2015 年奥巴马政府陆续制定和实施了三次《国家行动计划》并履行了约 50 项国内改革承诺[①]。当前，OGP 已经发展至 75 个成员，总人口约 20 亿人，成为各国共同推进政府透明度建设的平台。2011 ~ 2014 年 OGP 协议国家已通过各自的《国家行动计划》推行了 2500 项具体改革承诺。

其次，加强境内执法，坚决打击海内外商业犯罪。2009 ~ 2014 年，奥巴马政府根据《反海外腐败法》（FCPA）解决 50 多件涉案金额超过 30 亿美元的海外贿赂案，查处包括首席执行官、首席财务官

---

① The Open Government Partnership. "Third Open Government National Action Plan for the United States of America".

等在内的企业高级管理人员 50 多人①。2014 年美国政府加强执法力度，提高海外企业在美国成立的合法实体的透明度，防止国际犯罪组织以及匿名壳公司在美国境内实施贿赂或者洗钱等。

最后，协助发展中国家及不发达地区进行反腐败能力建设。一方面，美国政府予以资金支持。例如，2012 年奥巴马政府创立了"财政透明创新基金"（Fiscal Transparency Innovation Fund Basics），专门用于协助亚非发展中地区提高政府财政透明度和公众监督能力。截至2016 年底，该基金已在 35 个国家开展了 47 个项目②。据统计，2009～2014 年美国国务院及国际发展部用于帮助发展中国家及落后地区开展政府治理的项目年均投入高达 10 亿美元③。另一方面，美国政府积极与伙伴国建立对话机制或者伙伴关系。例如，自 2010 年起，美国与中国政府开启了"交易贿赂对话"机制，期望通过分享跨国贿赂法律和合规方面的经验，改善中国市场环境。2014 年，美国与塞内加尔在"美非领导人峰会"上建立了"非法金融伙伴关系"（Partnership on Illicit Finance），至 2016 年 10 月布基纳法索、科特迪瓦、肯尼亚、利比亚、毛里求斯、尼日利亚、塞拉利昂等非洲国家也加入其中，期望联合治理腐败与其他金融犯罪。

（三）协调国际规制制度

美国政府从其国内和国际两个方面采取了便利化措施，积极与贸易伙伴协调国际规则标准。

---

① FCPA 是美国约束个人及企业贿赂外国政府官员行为最重要的法律。该法作为第一部完全针对美国企业向国外政府机构的贿赂行为的法律于 1977 年得以首次颁布，经过 1988 年、1994 年、1998 年三次修订。但为了约束他国竞争企业的腐败行为，保证公平竞争环境，在FCPA 的 1988 年修正案要求下，美国开始与主要贸易伙伴国协商，要求其出台同样的法律。在美国影响下，加拿大、英国等国也出台了类似 FCPA 的国内法。

② The Department of State. "The Fiscal Transparency Innovation Fund". https://www. state. gov/e/eb/ifd/oma/ftif/，登录时间：2017 年 1 月 7 日。

③ US-Global Anticorruption Agenda. September 24, 2014. https://www. whitehouse. gov/the-press-office/2014/09/24/fact-sheet-us-global-anticorruption-agenda，登录时间：2016 年 12 月 7 日。

第一，及时更新美国标准体系。2014 年 ITA 与美国国家标准研究所（ANSI）建立合作伙伴关系，并为全球美国大使馆的超过 120 名贸易专家建立了一个信息分享平台，目的是确保美国企业能够了解各项世界标准的最新变化，以及时调整生产和商业决策，应对贸易壁垒。

第二，美国政府极力推动 WTO《贸易便利化协定》（TFA）的生效。TFA 的主要目的是澄清和改善 GATT 中有关过境自由、进出口规费和手续、贸易法规的公布和实施、加快货物（包括过境货物）流动、放行和清关等规则。TFA 生效后，根据协议进行便利化改革、协调国内外规则制度、提高贸易效率将成为 WTO 各成员的普遍义务。WTO 估计 TFA 的实施能够产生 7500 亿美元至 1 万亿美元的收益。因此，2014 年协议签署以来，美国政府积极鼓励 WTO 成员加入 TFA。

第三，在区域贸易协定方面，奥巴马政府分别于 2012 年和 2013 年发起了 TPP 和跨大西洋贸易与投资伙伴协议（TTIP）两项"高标准、宽范围"的新一代区域自由贸易协定谈判。协议谈判内容除了消除关税、精简通关程序等边境议题之外，还广泛涉及竞争政策、劳工标准、知识产权、环境保护、电子商务等边境后议题。2015 年，美国政府已完成了与澳大利亚、加拿大、智利等 10 个国家 TPP 谈判并于 2016 年 2 月 4 日正式签署协议。而至 2016 年 10 月，美国与欧盟已经就 TTIP 展开了 15 轮谈判，在减少冗余规制、建立统一产品检验检疫标准、强化劳工和环境标准等 20 多项议题上取得重大进展。

第四，双边协定与对话机制也是双边规制标准协调的重要途径。2011 年美国与加拿大共同成立了规制合作委员会（Regulatory Cooperation Council），并制定了《边境后行动计划》，通过协调边境程序加速货物流动。美国-中国战略经济对话、美国-印度贸易政策论坛、美国-印度战略与商业对话、美国-墨西哥高层经济对话、美国-巴西 CEO 论坛、美国-阿根廷商业对话等论坛与对话机制都是美国与重要贸易伙伴协调规制标准的重要平台。

（四）改善国际市场环境

为了营造公平有利的国际市场竞争环境，奥巴马政府加强了贸易伙伴贸易合规的监督和执法。

第一，建立跨部门贸易执法机构。2012 年，"跨部门贸易执法中心"（ITEC）正式成立。作为由美国贸易代表处领导、商务部及其他贸易相关部门代表及来自知识产权、农业补贴、贸易争端等各方面专家共同组成的实体，ITEC 最大限度地利用现有政府资源监督和防止违反贸易协定的行为。根据 2015 年《贸易便利与贸易执法法案》（The Trade Facilitation and Trade Enforcement Act of 2015），美国政府在贸易代表处中创立了"跨部门贸易执行、监控及执法中心"（IC-TIME），其作为一个永久性机构代替 ITEC 在更大范围内监控和确保主要贸易伙伴（如中国）贸易政策符合 WTO 规定以及贸易协定能够得到有效执行。

第二，严格监督贸易协定的执行情况。至 2016 年美国政府已经签署 20 项双边自由贸易协定与多个多边协定。美国对协定国是否按时、严格履行承诺进行严格监督。例如，2015~2016 年美国－摩洛哥、美国－中美洲及多米尼加共和国、美国－澳大利亚、美国－约旦等 FTA 联合委员分别召开了会议，监督各协定国对 FTA 协定承诺的执行情况及其在环境及劳工标准、知识产权保护、技术标准、电子商务等方面的改革进展。

第三，利用 WTO 消除贸易"不合规"。2009~2015 年美国向WTO 提请的贸易申诉多于 WTO 任何一个成员，共达 23 项且全部胜诉①。例如，2015 年中国与美国签署了一项谅解备忘录，承诺去除所

① TPCC. "National Export Strategy". 2016.

有不符合 WTO 规定的出口补贴；同年，WTO 裁定阿根廷在能源产品、电子机械、航空设备、生物制药、精密仪器、医学设备、汽车零部件、农产品等产品上进口许可证的要求和其他进口限制措施违反了 WTO 贸易规则而要求其取消。2016 年，USTR 又提请了大量新的贸易合规申诉，包括欧盟给予空中客车民用飞机的生产补贴、中国反倾销和反补贴方面的不当措施等。

第四，为美国企业提供反馈便利。2012 年，ITA 在贸易门户网站 Export. gov 发起了"贸易协定合规计划"（The Trade Agreements Compliance Program）。如果出口企业遭遇贸易壁垒或者不公平贸易情况，只需要登录网站填写一张"在线贸易申诉表"即可向 ITA 申请帮助。例如，2016 年 5 月美国政府采取措施最终使得厄瓜多尔修订了"机动车安全标准"以符合 WTO 的规定，从而符合该安全标准的美国机动车也能够顺利进入该国市场。

（五）协助发展中国家开展能力建设

由于受到资金、技术、人才等方面的限制，许多发展中国家及落后地区贸易便利化改革意愿不足或者改革能力缺乏，从而限制了美国出口市场的扩大。因此，奥巴马政府广泛参与支持发展中国家及落后地区开展贸易能力建设。

首先，技术援助与资金支持。2001 ~ 2015 年美国通过"多哈发展议程全球信托基金"（Doha Development Agenda Global Trust Fund）提供技术援助项目的资金总额已经超过 1600 万美元①。2015 年，美国政府敦促 WTO 秘书处尤其关注发展中成员有关执行 TFA 的需求。2016 年，美国协助 WTO 指导委员会对 2010 ~ 2015 年与贸易有关的技术援助项目的效果和效率进行了评估，以便改进未来美国的援助

① TPCC. "National Export Strategy". 2016.

政策。

其次，贸易便利化改革协助。2013 年 TFA 谈判结束后，美国国际开发署（USAID）支持超过 28 个国家进行了 TFA 需求评估，协助南部非洲发展组织合作制定区域贸易便利化计划，对越南、危地马拉、洪都拉斯等国家的贸易便利化改革提供帮助。USAID 还直接协助智利、马来西亚、科特迪瓦等国精简通关程序。

## 第三节　奥巴马政府贸易便利化改革的主要特点

奥巴马政府贸易便利化改革是基于对世界经济格局变迁以及美国未来经济长期稳定发展的认识，针对美国自 20 世纪 90 年代以来贸易便利化进程中存在的主要问题，在发展理念、制度及政策方面进行的变革。新一轮改革既是对克林顿政府与小布什政府贸易便利化改革中优秀成果的继承与优化，也是在新的时代背景下进行的探索与创新，这就使得此轮改革呈现若干新的特点。

### 一　改革目标更系统范围更广泛

贸易便利化改革是一国对外贸易领域的变革。但在金融危机背景之下，奥巴马政府不仅将新一轮贸易便利改革视为美国贸易发展战略的重要部分，而且将其纳入其经济振兴计划框架，成为经济均衡可持续增长战略的重要内容。与此同时，贸易便利化改革本身就是一项由相互独立而又紧密联系的三大板块、六个方面内容共同构成的复杂经济工程。因此，相比以往美国政府推行的贸易便利化改革，新的改革定位与改革内容决定了新一轮改革目标更具有系统性、改革范围更具广泛性。

实现美国经济稳定、均衡、可持续增长是后危机时期美国经济发展战略的目标，统领经济改革的全局。贸易便利化改革作为贸易领域的改革，其目标也必然要服从这一全局性目标。同时，新一轮改革目标本身也具有系统性。从纵向来看，奥巴马政府将提升美国企业竞争力、最终实现美国出口贸易稳定持续增长设定为新一轮改革的长期目标，而其短期目标则是通过消除贸易机制性障碍，促进美国贸易实现出口翻一番、增加200万个就业岗位 NEI 目标；从横向来看，改革总体目标是提升贸易便利化水平、降低企业出口成本、促进贸易增长，围绕这一总体目标，此轮改革在出口促进便利化、贸易融资便利化、出口通关便利化、货运基础设施便利化、信息基础设施便利化、制度环境便利化六个方面均设定了单独改革目标。

　　从改革范围来看，新一轮贸易便利化改革涉及范围更加广泛。克林顿政府时期是美国推进贸易便利化进程的初始阶段，对降低企业贸易成本的关注主要集中在降低关税成本、加强对出口企业提供贸易协助、贸易融资以及营造公平贸易环境等方面。进入21世纪后，面对恐怖主义的威胁，小布什政府尤其强调在保证国家安全的前提下提高边境程序的效率。然而，经济全球化不断深入促使全球价值链兴起，企业贸易利益的形成高度依赖于产品生产和流通过程中的每一个环节竞争优势的整合。世界各国对贸易壁垒的普遍关注不仅从关税壁垒转移到非关税壁垒，而且从边境壁垒拓展到边境后贸易壁垒，在广义范围内对贸易便利化问题的探讨和改革实践已经逐渐成为世界贸易便利化进程的发展潮流。在此背景下，奥巴马政府贸易便利化改革不仅继续深化出口通关制度、简化边境程序，而且通过出口促进便利化和贸易融资便利化两项改革降低跨境交易履行前的出口成本，同时涵盖了货运与信息基础设施的建设以减少供应链成本。在制度环境方面，此轮改革除了关注贸易的公平性之外，还涉及贸易双方竞争政策、市场准入、劳工标准、环境保护、市场透明度等"下一代"国际贸易政策议题。

由此可见，新一轮改革目标体系从上至下，层层深入，具有鲜明的整体性与系统性，改革范围涵盖了从企业寻找交易伙伴到交易完成的全部贸易环节。

## 二　改革方向更明确内容更深入

金融危机的冲击使得原本就存在巨额财政赤字的美国政府能够得以投放在贸易便利化改革上的资源更加有限。因此，奥巴马政府贸易便利化改革范围虽然广泛，但改革方向具有更加明确和突出的重点。

首先，从改革总体框架上看，此轮改革以边境贸易便利化及边境后贸易便利化改革为主，以改善贸易伙伴便利化环境为辅。其次，六个方面改革内容也各具重点：出口促进便利化改革着重在"新电子政府战略"下打造"共享型电子政府"；贸易融资便利化改革注重提升企业融资参与度和拓宽融资渠道；出口通关便利化改革明确提出以"建成单一窗口"为目标实现贸易无纸化和一体化；货运基础设施便利化改革强调提高多种运输方式的连通效率；信息基础设施便利化改革则在《国家宽带计划》下重点提升高速无线宽带设施的普及性和安全性；制度环境便利化改革则着重强调政府与市场的开放和透明。最后，改革的扶持对象具有明显的偏向性。此轮改革以中小出口企业为重点协助对象，以新兴国家及发展中国家市场为重点贸易促进项目的服务地区，以高端制造业为重点出口扶持行业。

与此同时，金融危机之前，历经克林顿政府与小布什政府16年的贸易便利化进程，美国政府已经建立了比较完善的贸易便利化体系，尤其在政府部门协调、出口贸易协助、通关程序精简等方面也已经实施了比较成熟的政策与措施。在已有成果基础上，新一轮贸易便利化改革内容进一步深入。例如，美国政府自克林顿总统时期起就提出了"一个政府"（One Government）理念，加强政府部门之间的协同。奥巴马政府此轮改革多项举措都深化了这一协同理念。其一，

2009 年奥巴马总统新上任便设立了首个"内阁级"的跨部门贸易协调机构——出口促进内阁（EPC），其后重组总统出口委员会，建立了 7 个 TPCC 工作组，形成了从上至下，并吸纳不同参与主体的协调组织体系。同时，在出口通关便利化、加强贸易融资、提升货运效率、打击腐败等多项改革中，建立跨部门协调机构都是改革的重要举措，包括边境跨部门行政委员会、跨部门贸易执法中心等。其二，2011 年 10 月 8 日上线的美国企业门户网站 Business USA 的设计、发布以及运作由 DOC 协同 SBA 负责，而集成网站所链接的政府资源则由跨部门团队来完成。该跨部门团队由来自农业部、交通部、贸易发展署、交通部、边境保护局等 19 个政府部门的超过 200 名代表组成。因此 Business USA 可被认为是部门协作的典范。其三，在出口促进服务方面，ITA 为企业提供出口市场信息报告从宏观市场信息调研逐步深入产业层面，甚至提供产品及特定项目层面的信息服务。

### 三　改革举措更具创新性

克林顿政府与小布什政府推进美国贸易便利化进程中曾经产生了许多创新性的制度与举措，例如电子政务的诞生、海关风险管理制度、C - TPAT、24 小时预报规则、集装箱安全倡议等海关监管措施都极富历史意义。而近年来，第四次技术革命浪潮兴起，以物联网、智能技术、3D 打印等技术为特征的工业 4.0 时代已经到来，全球化进程的日渐深入也呈现全球共同治理的需求。在世界经济、技术发展新特征出现的背景下，奥巴马政府贸易便利化改革思维也较以往政府更加具发展性，改革举措更具创新性。

其一，共享经济。随着移动通信技术的飞速发展以及各类智能移动设备用户的迅猛增长，共享经济时代到来。在这一新的经济形态下，个体能够借助政府、组织或者商业机构建立的、以网络信息技术为基础的市场平台分享知识、经验、数据等资源。当需求量达到一定规模时，资源供给与交换的边际成本将趋近于零。对于出口企业而言，除了资本、技术之外，信息是最有价值的资源。然而，获取信息的成本也是许多中小出口企业无法承担的。经过克林顿政府和小布什政府时期电子政务的建设，美国政府已经搭建了向出口企业提供贸易信息的电子平台。但奥巴马总统认为信息的单向流动并不能实现信息资源价值最大化，因此提出了打造"信息共享平台"的电子政府改革理念。在这一理念下，美国政府采取了一些创新性的举措，例如通过政企数据共享的合作模式开发 APP，软件开发企业利用政府开放的数据开发移动客户端使用的应用程序，而政府可以利用这些 APP 更有效地实现信息传播和企业互动，贸易企业可以利用这一平台有效获得贸易信息，从而信息资源供给和交换的成本最终趋近于零。

其二，互联互通。当今世界，国家已经成为全球价值链的节点。基础设施的互联互通直接关系着一国在价值链中的地位和价值的实现程度，其不仅包括国家之间通过货物运输设施实现的地理联通，而且包括通过互联网设施实现的信息联通。大力投资美国基础设施、提升货物与信息的跨境流动效率是奥巴马政府贸易便利化改革的重点内容。不仅如此，世界信息产业发展的第三次浪潮，即计算机和互联网之后的物联网时代已经开启。物联网以互联网络技术为基础实现任何物品之间的信息交换与通信，即物物相连。物联网能够将新一代互联网技术充分运用在各行各业中，包括智能交通、政府工作、公共安全等多个领域。金融危机之后，在奥巴马政府贸易便利化改革举措中，物联网技术的应用也相当广泛。例如，美国政府以云计算为平台创建的大量数据库、进出口贸易报关一体化的"单一窗口"、智能出入境边检基础设施、智能货运系统等。因此，此轮改革将"互联互通"提升至了前所未有的高度。

其三，全球治理。全球化进程日渐深入，人类所面临的经济、政治、生态等问题越来越具有全球性。许多问题需要通过各国政府、国际组织等相互协调与合作，共同制定和实施全球规则得以解决。"全球治理"应运而生，"全球经济治理"居于其中最为核心和根本的地位。后危机时代，世界经济的稳定繁荣与美国经济和贸易稳健复苏息息相关，而美国经济振兴也离不开世界各国的密切合作。奥巴马政府提出"巧实力"（Smart Power）战略，其核心是尽可能多地使用多边手段、联合盟国力量并借助全球性或者区域性制度框架维系霸权。此轮贸易便利化改革中，无论是在小布什政府时期所建立的 C - TPAT、24 小时预报规则等通关制度基础上加深美国与贸易伙伴边境程序合作，还是积极推进全球反腐进程，又或者是极力通过推进 WTO《贸易便利化协定》以及 TPP 和 TTIP 谈判实现国际规制与标准的协调，甚至支持发展中国家贸易便利化能力建设，无不体现了奥巴马政府比以往政府具有更加浓厚和广泛的国际合作意愿。

## 第四节 本章小结

基于美国贸易便利化进程尚存的主要问题，奥巴马政府制定了新一轮贸易便利化改革的基本框架和目标，并实施了全面系统的改革措施。本章梳理和归纳了奥巴马总统在其任期内所进行的贸易便利化改革框架、内容及代表性改革措施，总结了此轮改革的主要特点。

新一轮贸易便利化改革框架包含"美国边境后贸易便利化改革"、"出口边境贸易便利化改革"和"贸易伙伴边境后贸易便利化环境优化"三个板块，具体涵盖"出口促进便利化"、"贸易融资便利化"、"出口通关便利化"、"货运基础设施便利化"、"信息基础设施便利化"以及"制度环境便利化"六个部分改革内容。上述三个板块、六个部分之间既相对独立，又密切联系，共同构成了一项全面系统的经济改革工程。

从六个部分改革内容和代表性措施来看，本书认为新一轮贸易便利化改革并非对美国现存便利化制度和政策的根本否定，而是渐进式的变革过程。但在新的时代背景和美国经济发展要求下，与以往美国政府改革相比，此轮改革的目标更系统、范围更广泛、方向更明确、内容更深入、举措更创新。

奥巴马政府推行贸易便利化改革已有 8 年时间，成效如何还有待进一步分析。

# 第五章 奥巴马政府贸易便利化改革成效与制约因素

奥巴马总统执政8年间所推行的贸易便利化改革达到了前所未有的广度和深度。作为一项复杂而系统的改革工程，科学评价此轮改革的成效与制约因素是对其全面深刻认识的必然要求。本章使用定量分析方法评估了奥巴马政府贸易便利化改革在提升美国贸易便利化水平和降低美国货物出口贸易成本方面的成效，使用定性方法分析了改革措施推行期间美国货物出口贸易增长情况，并总结了改革过程中所暴露的制约因素。

## 第一节 奥巴马政府贸易便利化改革的成效

提升贸易便利化水平、降低货物出口贸易成本、促进贸易增长是贸易便利化改革的直接目标。因此，改革成效的评估也必然以是否实现上述预定目标为基本评判准则和主要内容。

### 一 提升美国货物出口贸易便利化水平成效分析

通过对奥巴马政府贸易便利化改革前后美国在出口促进、贸易融资、出口通关、货运基础设施、信息基础设施以及制度环境六个方面的便利化水平以及美国总体贸易便利化水平进行测算和对比，能够清晰了解此轮改革在提升贸易便利化水平方面的成效。

(一) 美国货物出口贸易便利化水平测定方法

当前，对贸易便利化水平的测定主要存在三种方法：计数或者列举法、指标评分法和综合指标体系法。

第一种，计数或者列举法是计算一国依据"贸易便利化行动计划"所开展的改革项目数量或者列举改革的实际成果。例如，金融危机后美国政府通过 ARRA 和 MAP - 21 的大规模货运基础设施投资，其境内拓展 5 万英里（约80467千米）高速公路，新增 2.3 万座桥梁，覆盖近3000万平方公里未铺设路面。HPMS 系统数据显示，2014年全美质量良好以及非常好的高速公路占比 58.4%，较 2010 年增长了 3.4 个百分点。同时，道路平坦度有了很大改进，桥面结构性损坏面积比重由 2010 年的 8.3% 下降至 2015 年的 5.6%。但由于此方法难以获得全面详细的数据，能展示的便利化成果非常有限，因此极少被采用。

第二种，指标评分法是对一国在具体改革方面的贸易便利化程度进行评分，是国际组织使用的主要方法。例如，WEF《贸易促进报告》显示，2009~2014 年美国出口通关所需单证数量由 4 件减少为 3 件，"金融服务可获得性"评分由 6.0 上升至 6.2，而"贷款难易度"评分由 3.4 上升至 3.9 等①。这种指标评分的方式能够显示奥巴马政府便利化改革在提升便利化程度方面的成效，但显然无法对其总体便利化水平的变化进行衡量。

第三种，综合指标体系法则是在指标评分法的基础上，利用单项贸易便利化指标构建一套综合指标体系，既能够全面评估一国贸易便利化综合水平，也能够为进行计量分析提供更可靠的数据来源。因此，本书选择综合指标体系法进行评估。

---

① 需要说明的是，已发布的三份报告中，2014 年的评价指标与 2010 年和 2012 年并非完全相同，因此本书仅对相同指标进行比较。

## （二）综合指标体系的构建及指标释义

本书贸易便利化综合指标体系的构建主要依据三项原则。①系统性。综合指标体系法是通过构建反映评价对象特性及相互联系的多个指标的有机整体来进行综合评估。因此，指标体系应由二级或者三级指标共同构成，指标之间逻辑关系以理论为支撑，相互联系但又彼此独立。②科学性。为保证评估结果准确性，构建指标体系的各项指标均需可以量化与计算，并具有可靠的数据来源；二级及三级指标选取尽可能避免遗漏，且应避免使用单一数据来源。③规范性。由于指标数据来源不同，量纲也存在较大差异，在合成指标时需要对数据进行标准化处理，统一量纲。

根据上述原则以及奥巴马政府改革的主要内容，借鉴 Wilson 等（2003）及相关研究对贸易便利化指标体系的构建思想，并考虑数据的可得性和完整性，本章将一级指标"美国贸易便利化综合指数"（Weighted Trade Facilitation Indicator，WTFI，以下简称"综合指数"）作为评估目标函数，设定"出口促进""贸易融资""通关便利""货运效率""信息设施""制度环境"为二级变量指标，构建如下评估模型：

$$WTFI = \sum_{i=1}^{n} \lambda_i X_i = \sum_{i=1}^{n} \lambda_i (\sum_{i=1j=1}^{n} \alpha_{ij} X_{ij}) \quad (n = 1,2,3,4,5,6) \qquad (5-1)$$

模型通过指标评分体现六个领域改革在提升贸易便利化水平方面的成效。公式（5-1）中，WTFI 表示美国贸易便利化总体水平评分，$X_i$ 表示第 $i$ 项二级指标效果评分，$\lambda_i$ 表示第 $i$ 项二级指标的权重。本书在 6 项二级指标下设定三级指标：$X_{ij}$ 为第 $i$ 项二级指标下第 $j$ 项三级指标，$\alpha_{ij}$ 表示第 $ij$ 项三级指标的权重。一级指标、二级指标与三级指标共同构成贸易便利化指标评估体系。$X_i$ 和 $X_{ij}$ 指标名称及数据来源见表 5-1。

表 5-1　美国贸易便利化综合指标体系

| 评估目标 | 二级指标 | 三级指标 | 三级指标单位 | 数据来源 |
|---|---|---|---|---|
| 美国贸易便利化综合指数 $WTFI$ | 出口促进 （$X_1$） | 电子政务发展指数 $X_{11}$ | 0～1 评分<br>0 = 水平很低<br>1 = 水平很高 | UN《电子政务调查报告》：E-Government Development Index |
| | | 电子政务参与指数 $X_{12}$ | 0～1 评分<br>0 = 水平很低<br>1 = 水平很高 | UN《电子政务调查报告》：E-Government Participation Index |
| | 贸易融资 （$X_2$） | 金融服务可获性 $X_{21}$ | 1～7 评分<br>1 = 非常难以获得<br>7 = 非常容易获得 | WEF《世界竞争力报告》：Availability of Financial Services |
| | | 金融服务可购性 $X_{22}$ | 1～7 评分<br>1 = 金融服务不易担负<br>7 = 金融服务易负担 | WEF《世界竞争力报告》：Affordability of Financial Services |
| | | 贷款难易度 $X_{23}$ | 1～7 评分<br>1 = 贷款困难<br>7 = 贷款容易 | WEF《世界竞争力报告》：Ease Access to Loan |
| | 通关便利 （$X_3$） | 出口成本 $X_{31}$ | 美元 | WB 世界发展指数（WDI）：Cost to Export |
| | | 出口文件数量 $X_{32}$ | 件 | WB 世界发展指数（WDI）：Document to Export |
| | | 通关服务指数 $X_{33}$ | 0～1 评分<br>0 = 通关服务质量很低<br>1 = 通关服务质量很高 | WEF《贸易促进报告》：Customs Services Index |
| | | 清关效率 $X_{34}$ | 1～5 评分<br>1 = 清关效率很低<br>5 = 清关效率很高 | WEF《贸易促进报告》：Efficiency of the Clearance Process |
| | 货运效率 （$X_4$） | 陆运设施质量 $X_{41}$ | 1～5 评分<br>1 = 质量很低<br>5 = 质量很高 | WB 物流绩效指数（LPI）：Quality of Trade and Transport-related Infrastructure |
| | | 班轮连接度 $X_{42}$ | 2004 年 = 100 | WB 物流绩效指数（LPI）：Liner Shipping Connectivity Index |

续表

| 评估目标 | 二级指标 | 三级指标 | 三级指标单位 | 数据来源 |
|---|---|---|---|---|
| 美国贸易便利化综合指数 WTFI | 货运效率 ($X_4$) | 安排物流难易度 $X_{43}$ | 1~5 评分<br>1 = 非常困难<br>5 = 非常容易 | WB 物流绩效指数（LPI）：Ease of Arranging Competitive Priced Shipments |
| | | 物流胜任度 $X_{44}$ | 1~5 评分<br>1 = 不能胜任<br>5 = 非常胜任 | WB 物流绩效指数（LPI）：Competence and Quality of Logistics of Services |
| | | 货物追踪能力 $X_{45}$ | 1~5 评分<br>1 = 不能追踪<br>5 = 追踪准确 | WB 物流绩效指数（LPI）：Ability to Track and Trace Consignments |
| | | 货物到达时间 $X_{46}$ | 1~5 评分<br>1 = 不能按时<br>5 = 准时到达 | WB 物流绩效指数（LPI）：Frequency with which Shipments Reach Consignee within Scheduled or Expected Time |
| | 信息设施 ($X_5$) | 安全互联网服务器 $X_{51}$ | 每百万人 | WB 的 WDI：Secure Internet Servers |
| | | 网络带宽 $X_{52}$ | 比特/秒/人 | WEF《世界竞争力报告》：Internet Bandwidth |
| | | 互联网普及率 $X_{53}$ | 每百人 | WB 的 WDI：Internet User |
| | | 最新技术可获性 $X_{54}$ | 1~7 评分<br>1 = 不易获得<br>7 = 容易获得 | WEF《世界竞争力报告》：Availability of Latest Technology |
| | 制度环境 ($X_6$) | 腐败控制 $X_{61}$ | -2.5~2.5<br>-2.5 = 腐败成风<br>2.5 = 很少腐败 | WB 世界政府治理指数（WGI）：Corruption Control |
| | | 规制质量 $X_{62}$ | -2.5~2.5<br>-2.5 = 不适宜商业发展<br>2.5 = 适宜商业发展 | WB 世界政府治理指数（WGI）：Regulatory Quality |
| | | 法律规则 $X_{63}$ | -2.5~2.5<br>-2.5 = 法治环境差<br>2.5 = 法治环境好 | WB 世界政府治理指数（WGI）：Rules of Law |

资料来源：笔者自制。

表 5 - 1 各级指标具体释义如下。

## 1. 出口促进（$X_1$）

出口促进指数（$X_1$）用于衡量一国政府向出口企业提供出口协助的便利化程度，评分越高表示企业获得政府出口协助越便利。由于电子政务平台已经成为信息时代美国政府提供出口促进项目的主要途径，因此本书以电子政务发展指数（$X_{11}$）和电子政务参与指数（$X_{12}$）2 项三级指标代表美国政府出口促进服务的便利程度。其中，"电子政务发展指数"是政府在线服务能力、信息技术在政府政务中的应用度以及政府人力资源的综合反映，"电子政务参与指数"则用以衡量企业使用和参与其政府电子政务服务的程度。上述 2 项指标评分越高，表明政府电子政务能力和公众参与度越高，美国政府向企业提供出口协助的便利性越强。

## 2. 贸易融资（$X_2$）

贸易融资指数（$X_2$）衡量的是企业进行贸易融资的便利性，评分越高代表企业融资越便利。其包含 3 项三级指标：金融服务可获性、金融服务可购性、贷款难易度。金融服务可获性（$X_{21}$）代表一国金融机构向企业提供金融服务的广泛性和多样性，金融服务可购性（$X_{22}$）代表企业是否能够担负购买金融服务的费用，贷款难易度（$X_{23}$）主要评估一国企业从银行获得贷款融资的难易程度。上述 3 项指标评分越高，表明贸易企业从银行获得融资服务越容易、融资成本越低，即贸易融资越便利。

## 3. 通关便利（$X_3$）

通关便利指数（$X_3$）衡量的是一国出口通关便利化水平，评分越高代表通关便利化程度越高。其由 4 项三级指标构成：出口成本、出口文件数量、通关服务指数和清关效率。其中，出口成本（$X_{31}$）是指每 20 英尺（约 6 米）集装箱完成出口所需要的全部费用，包括单证、清关、码头装卸等，用以衡量单位集装箱货物的出口费用；出口文件数量（$X_{32}$）是每单出口货物完成通关平均需要完成的文件数量，用以衡量货物出口通关无纸化水平；通关服务指数（$X_{33}$）评估的是海关及其他边境部门提供通关服务的广度与质量，包括风险评估是否有效、服务费用是否合理、电子数据交换是否广泛应用等；清关效率（$X_{34}$）用以衡量边境部门完成通关程序的效率。出口成本和出口文件数量越低、通关服务指数和清关效率越高代表美国企业承担的通关费用越低、通关无纸化程度越高、边境部门清关服务越广泛且效率越高，即出口通关越便利。

### 4. 货运效率（$X_4$）

货运效率指数（$X_4$）衡量的是一国货物运输的效率，评分越高代表货运效率越高，运输成本越低。其包含 6 项三级指标：陆运设施质量、班轮连接度、安排物流难易度、物流胜任度、货物追踪能力、货物到达时间。其中，陆运设施质量（$X_{41}$）是对包括港口、铁路、公路及信息技术在内的陆路货运基础设施质量的综合应用评分；班轮连接度（$X_{42}$）代表货物通过海运在规定时间内由一处运到另一处的能力，用以衡量一国港口的全球连接性；安排物流难易度（$X_{43}$）是一国企业能够安排有价格竞争力的物流运输的难易程度，用以衡量货运市场的发达程度；物流胜任度（$X_{44}$）是运输商及报关行提供优质服务的能力，用以衡量企业是否能够得到优质货运服务；货物追踪能力（$X_{45}$）评估的是承运人或企业追踪运输途中货物的能力，代表信息技术在物流中的应用、承运人掌控货物的能力以及货物的安全性；货物到达时间（$X_{46}$）则是货物在预期时间内到达目的地的频率，代表货物运输的效率。上述 6 项指标评分越高，表明美国货运基础设施质量越高，港口全球连通性越好，且企业能够获得更加安全、便捷、准时的货运服务，即货运基础设施便利性越高。

### 5. 信息设施（$X_5$）

信息设施指数（$X_5$）衡量的是一国的互联网基础设施质量，评分越高代表互联网基础设施质量越好，便利化水平越高。其包括4项三级指标：安全互联网服务器、网络带宽、互联网普及率、最新技术可获性。其中，安全互联网服务器（$X_{51}$）是每百万人中使用网络技术对网络安全实施保护的服务器数量，用以衡量一国互联网抗击病毒、黑客攻击、非授权访问等网络威胁的能力；网络带宽（$X_{52}$）是互联网在单位时间内（通常是1秒）能够传输的数据量，是评价一国网络运载数据能力的关键指标；互联网普及率（$X_{53}$）是每百人中以有线或者无线方式联通互联网的用户数量，用以衡量居民联通互联网的能力和意愿；最新技术可获性（$X_{54}$）表示一国最新科学技术的可获得性水平。综合而言，上述指标评分越高，代表美国互联网越安全、网络数据运载能力越高、用户使用互联网的意愿和能力越强、最新技术越容易被企业获得及应用，即信息基础设施越便利。

### 6. 制度环境（$X_6$）

制度环境指数（$X_6$）代表一国是否具有透明、公平、适宜企业发展的制度环境，评分越高代表该国制度环境越完善。其包括3项三级指标：腐败控制、规制质量、法律规则。腐败控制（$X_{61}$）是对一国政府控制腐败程度的评价，包括政府部门腐败程度、进出口贸易中的非常规支付、政府范围内是否腐败成风等，用以衡量行政部门的廉政程度；规制质量（$X_{62}$）是对政府是否制定和执行有益于企业发展的政策的评价，如税收优惠政策的普及率、价格管制、投资自由度等；法律规则（$X_{63}$）是对一国企业营商法律环境的评估，如合同是否能够有效执行、是否具有完善的知识产权保护制度、是否存在有组织的犯罪等，用于衡量企业经营的法律环境。上述指标评分越高，表明美国制度环境越透明公平、经济政策越适宜企业发展且企业利益越能够得到法律保护，即制度环境的贸易便利性越高。

### （三）样本及数据处理说明

本书基于权威数据的可获性和完整性对2007～2015年美国及其

67 个出口市场的单项贸易便利化指数以及贸易便利化综合指数进行了测算。表 5 - 2 所列 67 个出口市场广泛分布于美洲（不包含美国，16 个国家）、东欧及中亚（6 个国家）、西欧（14 个国家）、东亚及太平洋地区（13 个国家及地区）、南亚（4 个国家）、中东及北非（11 个国家）和撒哈拉以南非洲（3 个国家），2015 年这些国家出口额占美国货物出口份额的 90.8%。因此，测算结果能够全面显示奥巴马政府推行便利化改革前后美国贸易便利化水平及其国际地位的变化情况，进而反映改革在提升贸易便利化水平方面的成效。

表 5 - 2　贸易便利化水平评估样本

| 地理位置（洲） | 国家（地区）名称 | 数量 |
|---|---|---|
| 美洲 | 美国　加拿大　危地马拉　厄瓜多尔　哥伦比亚　阿根廷　墨西哥　多米尼加共和国　委内瑞拉　尼加拉瓜　哥斯达黎加　巴拿马　巴西　智利　洪都拉斯　秘鲁　萨尔瓦多 | 17 |
| 东欧及中亚 | 乌克兰　俄罗斯　土耳其　吉尔吉斯斯坦　哈萨克斯坦　塔吉克斯坦 | 6 |
| 西欧 | 丹麦　奥地利　德国　意大利　荷兰　西班牙　挪威　比利时　法国　爱尔兰　瑞典　瑞士　芬兰　英国 | 14 |
| 东亚及太平洋 | 中国　中国香港　柬埔寨　韩国　日本　新加坡　越南　泰国　印度尼西亚　菲律宾　马来西亚　新西兰　澳大利亚 | 13 |
| 南亚 | 印度　孟加拉国　巴基斯坦　斯里兰卡 | 4 |
| 撒哈拉以南非洲 | 南非　安哥拉　尼日利亚 | 3 |
| 中东及北非 | 以色列　卡塔尔　巴林　摩洛哥　沙特阿拉伯　科威特　约旦　阿尔及利亚　埃及　阿拉伯联合酋长国　阿曼 | 11 |

资料来源：本表国家（地区）地理位置依据世界银行《世界发展指数》划分标准进行划分。

由于贸易便利化综合指标体系数据来源以及单位存在差异，必须进行标准化处理以消除量纲。本书运用线性变换的方法对原始数据进行"指数化"处理，即将二级指标原始数据除以相应全部样本指标的最大值以得到指数化形式，评分区间均将落于区间 [0,1]，"1"代表该国某项指标处于总体样本的最高水平。此方法既可呈现指标评分的历史变化，也可显示一国贸易便利化水平在总体样本中的位置，即同时适用于横向与纵向比较。

本书参照现有经验研究，并依据各项改革内容在贸易便利化改革整体框架中的地位及其与出口贸易流量之间的关系紧密程度对 $\lambda_i$ 和 $\alpha_{ij}$ 赋值。具体而言，对于一级指标权重 $\lambda_i$，由于出口通关便利化是贸易便利化的核心，取 $\lambda_3 = 0.25$；货运基础设施与货物流通效率及运输成本直接相关，取 $\lambda_4 = 0.2$；信息基础设施不仅支撑着美国所有部门的运行，也是企业获取贸易信息、开展电子商务的基础，因此取 $\lambda_5 = 0.15$；出口促进服务及贸易融资的便利性直接影响企业的信息成本、机会成本和融资成本，因此取 $\lambda_1 = \lambda_2 = 0.15$；由于制度环境对贸易决策和实践效果的影响相对间接，因此取 $\lambda_6 = 0.1$。对于二级指标权重 $\alpha_{ij}$ 的设定，本书采用简单平均法，取 $\alpha_{ij} = 1/j$。

对于原始数据中缺失的数据本书选用如下方法补齐。①少数内陆国家的 LPI 班轮连接度数据缺失，本书采用临近主要出口港所在国家的班轮连接度数据进行替代：多瑙河直通德国，因而奥地利使用德国数据；巴塞尔港是地处瑞士和法国交界处的唯一海港，外贸货运量占其吞吐量的一半左右，因此瑞士取法国数据；同理哈萨克斯坦、吉尔吉斯斯坦、塔吉克斯坦取土耳其数据。②世界银行 LPI 指标所缺的 2008 年、2009 年、2011 年、2013 年及 2015 年数据分别取 2007 年、2010 年、2012 年、2014 年和 2016 年数据补齐；通关服务指数、清关效率等数据取值方法相同；电子政务发展指数及电子政务参与指数缺失年份数据取前后两年数据均值。

（四）贸易便利化水平测定结果及改革成效分析

根据公式（5-1）即可计算出美国 2007～2015 年各项贸易便利化指数 $X_i$ 与贸易便利化综合指数（WTFI）。本书结合整体样本的测算结果，根据指数数值将贸易便利程度划分为五个区间：$0.9 \leqslant X_i \leqslant 1$ 为非常便利，$0.75 \leqslant X_i < 0.9$ 为比较便利，$0.6 \leqslant X_i < 0.75$ 为一般便利，$0.4 \leqslant X_i < 0.6$ 为不便利，$X_i < 0.4$ 为非常不便利。与此同时，本书对67 个美国出口市场也进行了各项贸易便利化指数及综合指数的测算和排名，以便分析改革对提升美国贸易便利化水平国际地位的成效。

　　表 5 - 3 列明了美国各项便利化指数测算结果以及便利化程度，图 5 - 1 则显示了其在 2007 ~ 2015 年的变化趋势，表 5 - 4 则列明了2009 年和 2015 年美国与"最佳评分"国家（地区）的排名、评分及评分差距①。

　　表 5 - 3 数据显示，至金融危机前，美国在出口促进和贸易融资两个方面已经具备非常高的便利化水平；同时，通关便利、货运效率以及制度环境达到"比较便利"程度；而信息设施相对落后，但也达到"一般便利"水平。总体而言，2008 年，$WTFI$ 达到 0.84 意味着克林顿政府与小布什政府时期的贸易便利化进程为奥巴马政府改革奠定了良好的基础，美国货物出口贸易总体比较便利。

　　金融危机期间，美国货运效率和制度环境便利化程度保持相对稳定，但出口促进、贸易融资以及信息设施的便利性大幅下降，2007 ~2009 年评分降幅分别达到 0.11、0.05 和 0.06。在 6 项指标的综合影响下，美国贸易便利化综合指数也由 0.85 直降至 0.82，可见新一轮贸易便利化的实施是十分必要的。

　　测评结果显示，奥巴马政府贸易便利化改革在提升美国贸易便利化水平方面产生了积极效果。

　　首先，美国出口货物贸易便利化水平普遍提高（见图 5 - 1 和表5 - 3）。①在出口促进便利性方面，2009 ~ 2015 年电子政务发展指数始终保持稳定，而美国企业对政府通过电子政务平台提供出口协助服

---

① "最佳评分"国家是指在总体样本中贸易便利化指标评分最高的国家或者地区的评分。

**表5-3 2007~2015年美国各项贸易便利化指标评分结果**

| 年份<br>指数 | 2007 | 2008 | 2009 | 2010 | 2011 | 2012 | 2013 | 2014 | 2015 | 2007年<br>便利程度 | 2009年<br>便利程度 | 2015年<br>便利程度 |
|---|---|---|---|---|---|---|---|---|---|---|---|---|
| 出口促进 $X_1$ | 0.97 | 0.94 | 0.86 | 0.9 | 0.93 | 0.92 | 0.92 | 0.93 | 0.93 | 非常便利 | 比较便利 | 非常便利 |
| 贸易融资 $X_2$ | 0.90 | 0.89 | 0.85 | 0.82 | 0.84 | 0.86 | 0.89 | 0.88 | 0.92 | 非常便利 | 比较便利 | 非常便利 |
| 通关便利 $X_3$ | 0.81 | 0.81 | 0.82 | 0.83 | 0.84 | 0.85 | 0.83 | 0.83 | 0.85 | 比较便利 | 比较便利 | 比较便利 |
| 货运效率 $X_4$ | 0.87 | 0.86 | 0.87 | 0.87 | 0.86 | 0.89 | 0.89 | 0.89 | 0.89 | 比较便利 | 比较便利 | 比较便利 |
| 信息设施 $X_5$ | 0.72 | 0.71 | 0.66 | 0.59 | 0.58 | 0.59 | 0.60 | 0.61 | 0.62 | 一般便利 | 一般便利 | 一般便利 |
| 制度环境 $X_6$ | 0.85 | 0.87 | 0.85 | 0.86 | 0.85 | 0.85 | 0.84 | 0.85 | 0.86 | 比较便利 | 比较便利 | 比较便利 |
| WTFI | 0.85 | 0.84 | 0.82 | 0.81 | 0.82 | 0.83 | 0.83 | 0.84 | 0.85 | 比较便利 | 比较便利 | 比较便利 |

资料来源：根据公式（5-1）计算得出。

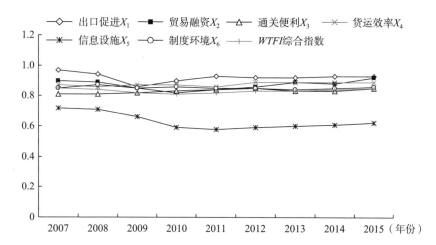

**图 5 - 1  2007～2015 年美国各项贸易便利化指标评分变化趋势**

资料来源：根据表 5 - 3 数据绘制。

**表 5 - 4  2009 年和 2015 年美国贸易便利化指数排名及国际比较**

| 贸易便利化指数 | 2009 年排名首位 | | 美国 | | 评分差距 | 2015 年排名首位 | | 美国 | | 评分差距 |
|---|---|---|---|---|---|---|---|---|---|---|
| | 名称 | 评分 | 排名 | 评分 | | 名称 | 评分 | 排名 | 评分 | |
| 出口促进 | 韩国 | 1.00 | 3 | 0.86 | 0.14 | 英国 | 1.0 | 7 | 0.93 | 0.07 |
| 贸易融资 | 芬兰 | 0.94 | 19 | 0.85 | 0.09 | 新加坡 | 0.98 | 9 | 0.92 | 0.06 |
| 通关便利 | 新加坡 | 0.87 | 7 | 0.82 | 0.05 | 新加坡 | 0.91 | 10 | 0.85 | 0.06 |
| 货运效率 | 新加坡 | 0.93 | 9 | 0.87 | 0.06 | 德国 | 0.92 | 7 | 0.89 | 0.03 |
| 信息设施 | 荷兰 | 0.80 | 8 | 0.66 | 0.14 | 中国香港 | 0.77 | 10 | 0.58 | 0.19 |
| 制度环境 | 丹麦 | 1.00 | 16 | 0.85 | 0.15 | 新加坡 | 0.98 | 15 | 0.86 | 0.12 |
| *WTFI* | 荷兰 | 0.85 | 6 | 0.82 | 0.03 | 新加坡 | 0.88 | 6 | 0.85 | 0.03 |

资料来源：根据公式（5 - 1）计算得到。

务的参与度大幅提高，电子政务参与度指数由 2009 年的 0.76 提升至 2015 年的 0.90；事实上 Foresee 公司①于 2015 年第 4 季度发布的第 50

---

① 1993 年《政府绩效与结果法案》（Government Performance and Results Act of 1993，GPRA）与 2010 年《GPRA 现代化法案》（GPRA Modernization Act of 2010）要求政府部门应定期对政务绩效进行考核并公布结果。因此，Foresee 公司接受委托自 2003 年 9 月起每季度对政务建设绩效进行考察，以"电子政务满意指数"表示公众满意度。

期的公众满意度调查报告也显示 2015 年电子政务满意度指数（ESI）为 75.1，而这一指数在 2007 年仅为 70[①]；同时，2015 年美国公众对美国政府满意度总体评分为 63，且认为电子渠道更为有价值；97% 的调查者会推荐网站其他人使用网站，因为这种方式利用率更高，也更节约成本；66% 的调查者信任政府机构通过网站发布的信息和项目；97% 的用户认为移动客户端应用程序更加方便，并会反复使用；在对部门网页的调查中，SBA 主页 SBA. gov 的满意度为 77，而对商务部 BEA 以及 Census 网站的满意度也分别达到 67 和 65。总体而言，美国政府电子政务服务受到公众和企业的广泛认可，拉动美国政府出口促进便利化指数提升了 0.07。②在贸易融资方面，美国金融服务的可获性、可购性、贷款难易度分别提高了 0.16、0.04 和 0.04，从而美国贸易融资便利性水平提升了 0.07，表明美国贸易融资便利性在上述三方面均有所改进，企业获得贸易融资更为便利。③在通关便利方面，由于单位集装箱出口成本的降低和出口清关效率的提高，美国通关便利评分提升 0.03。④美国货运基础设施便利性提升 0.02，甚至超过了危机之前的便利化水平，其主要源于美国班轮连接度的提高和安排物流服务难度的降低，WB 数据显示上述两项指标分别从 82.4 和 3.21 显著增加至 96.7 和 3.65。⑤在信息基础设施方面，美国互联网络带宽由 29 比特/秒/人增加至 99 比特/秒/人，同时每百万人拥有安全服务器的数量由 1235.08 台增加至 1649.9 台，互联网普及率也增加了 3.6%。尽管 2015 年美国信息基础设施便利化水平距离危机前水平尚存一定差距，但较 2010 年的 0.59 小幅提升 0.03。⑥在此期间，美国制度环境指数并未出现明显变化，始终保持在 0.85 左右。受到上述各单项指数不同程度变化的影响，美国综合贸易便利化水平较 2009 年呈现逐年改进的态势，2015 年基本恢复至危机前水平。

---

① "ACSI Federal Government Report 2015".

其次，从 2015 年各项贸易便利化指数来看，当前美国货物出口贸易总体"比较便利"，但各方面便利化水平发展不均衡（见表 5-3）。美国出口促进指数和贸易融资指数以 0.93 和 0.92 的评分分别居第一位和第二位，均处于"非常便利"水平；货运效率、制度环境、通关便利指数则以 0.89、0.86 和 0.85 的评分居第三位至第五位，处于"比较便利"的水平，其中货运效率已接近"非常便利"的程度；而信息设施指数评分以 0.62 居于最后，仍处于"一般便利"的状态，且便利化程度与其他方面相差甚远，表明信息基础设施便利化水平还有非常大的提升空间。

再次，奥巴马政府贸易便利化改革普遍缩小了美国各项贸易便利化指标评分与"最佳评分"的差距（见表 5-4）。其中，出口促进和贸易融资两项指标评分差距由 0.14 和 0.09 分别大幅缩减到 0.07 和 0.006，而货运效率和制度环境三项指标评分差距则分别缩减了 0.03 和 0.03。

最后，从贸易便利化指数国际评分排名来看，此轮改革保持了美国总体领先的地位，当前美国总体贸易便利化水平位列 68 个经济体第 6。具体而言，贸易融资便利化指数排名提升幅度最大，由 2009 年第 19 位提升 10 个位次至第 9 位；货运效率和制度环境 2 项指标评分分别由第 9 位和第 16 位提高至第 7 位和第 15 位；而通关便利、信息设施、出口促进 3 项指标排名则有所下降。但除了制度环境以外，美国各方面贸易便利化程度均居世界前 10 位以内。由此可以认为，此轮便利化改革在一定程度上提升了贸易融资、货运效率和制度环境方面便利性的国际竞争力，而通关便利、信息设施、出口促进等方面的领先地位逐渐被其他国家赶超。

## 二　降低美国货物出口贸易成本成效分析

出口贸易成本（以下简称"出口成本"），即除生产成本外，外国消费者购买该产品需要支付的全部费用（Anderson & Van Wincoop，2004），包含运输、保险、信息、边境措施（如关税、通关程序等）以及边境后措施（如进口国国内知识产权保护、劳工标准等）产生的成本，以等价关税形式表现于商品价格中，直接影响企业竞争力和国家出口贸易增长。通过测算奥巴马政府推行改革至今货物出口贸易成本的变化态势和现状，能够较为客观地反映改革在降低货物出口贸易成本方面的实际效果。

（一）货物出口贸易成本测定方法

贸易成本直接影响贸易流量，同时全面反映了贸易阻力的变化。随着经济全球化日益加深，两国贸易不仅受到双边阻力影响，还受到"多边阻力"制约，如来自其他潜在供给国和购买国相对吸引力。Anderson 和 Van Wincoop（2004）提出了包含"多边阻力"的"结构化引力模型"，奠定了近 10 年来有关贸易成本测算方法的基础，基本表达式为：

$$X_{ij} = \frac{Y_i Y_j}{Y^w}\left(\frac{t_{ij}}{\Pi_i P_j}\right)^{1-\sigma} \tag{5-2}$$

其中，$t_{ij}$表示贸易成本；$X_{ij}$表示 $i$ 国向 $j$ 国的出口量；$Y_i$、$Y_j$、$Y^w$ 分别表示两国和世界经济总量；$\sigma$ 表示不变替代弹性，通常大于 1，表示 $i$ 国出口产品易于被他国产品所替代；$\Pi_i$ 和 $P_j$ 分别由 $i$ 国和 $j$ 国出口和进口价格指数表示，是两国所有出口和进口货物价格的某种加权平均；$\Pi_i$ 是 $i$ 国出口时产生的成本，即向外阻力，$P_j$ 是 $j$ 国进口时产生的成本，即向内阻力，两者共同构成了出口国面临的"多边阻力"。

Novy（2013）在 Anderson 和 Van Wincoop（2004）结构化引力模型的基础上，引入了两国双边贸易成本对称（$t_{ij} = t_{ji}$）的假设条件，构建了一个适用于截面数据、时序数据和面板数据的包含多边阻力的贸易成本测算模型：

$$T_{ij} = 1 - \left[ \frac{X_{ij}Y_{ji}}{S_i S_j (GDP_i - X_i)(GDP_j - X_j)} \right]^{\frac{1}{2\rho - 2}} \qquad (5-3)$$

其中，$T_{ij}$ 表示两国双边贸易成本，由于 $T_{ij} = T_{ji}$ 的假设条件，可以将 $T_{ij}$ 视为出口贸易成本或者进口贸易成本；$X_{ij}$ 和 $X_{ji}$ 分别表示 $i$ 国与 $j$ 国的双边出口量和出口额；$X_i$ 和 $X_j$ 表示两国实际出口总额；$GDP_i$ 和 $GDP_j$ 表示两国 $GDP$；$S_j$ 和 $S_k$ 表示可贸易品比重；$\rho$ 是替代弹性。

本章将使用公式（5-3）对美国出口贸易成本进行测算。

## （二）样本及数据说明

本书对美国货物贸易成本的测算时间范围为 2007～2015 年。由于当出口总额超过 GDP 时，贸易成本无法计算，因此将表 5-2 所列明的美国 67 个货物出口市场中柬埔寨、中国香港和新加坡剔除。上述 64 个市场不仅包括了美国 FTA 协定国，而且包括了不同地理距离及收入水平的国家（地区），这些国家贸易额 2007～2015 年占美国货物出口总额比重保持在 86.8% 左右，能够较为全面地反映其改革前后美国货物贸易成本的变化情况。

美国与贸易伙伴进出口数据来自联合国 UNComtrade 数据库，世界货物出口总额取自 WTO 国际贸易数据库，各国（地区）GDP 来自 WB 世界经济展望数据库；根据已有实证研究取 $S_i = S_j = 0.8$，$\rho = 8$。

## （三）测定结果及改革成效分析

为了展现此轮贸易便利化改革在降低美国贸易成本方面的成效，本书分别取 2007～2008 年和 2014～2015 年贸易成本均值进行对比，并根据两阶段成本均值变化率（$t$）将 64 个样本划分为显著降低组、降低组、略有降低组、平稳组和升高组（见表 5-5）。

表 5 - 5　美国对 64 个出口市场货物出口贸易成本的变化和分布

| 国家（地区） | 2007~2008 年均值 | 2014~2015 年均值 | T 均值变化率 t（%） | | 国家（地区） | 2007~2008 年均值 | 2014~2015 年均值 | T 均值变化率 t（%） | |
|---|---|---|---|---|---|---|---|---|---|
| 总体 | 0.395 | 0.375 | -5.09 | | 东亚及太平洋 | 0.440 | 0.428 | -2.32 | |
| 美洲 | 0.333 | 0.310 | -6.22 | | 南亚 | 1.120 | 1.082 | -3.14 | |
| 西欧 | 0.468 | 0.465 | -4.27 | | 撒哈拉以南非洲 | 1.379 | 1.378 | -0.64 | |
| 东欧及中亚 | 0.576 | 0.545 | -3.54 | | 中东及北非 | 0.509 | 0.505 | -1.16 | |
| 阿根廷 | 0.525 | 0.449 | -14.5 | 显著降低 | 多米尼加共和国 | 0.489 | 0.481 | -1.8 | 略有降低 |
| 越南 | 0.503 | 0.408 | -18.9 | | 摩洛哥 | 0.609 | 0.599 | -1.7 | |
| 墨西哥 | 0.322 | 0.266 | -17.6 | | 加拿大 | 0.284 | 0.280 | -1.4 | |
| 尼加拉瓜 | 0.514 | 0.439 | -14.6 | | 阿曼 | 0.568 | 0.561 | -1.1 | |
| 洪都拉斯 | 0.408 | 0.367 | -9.9 | | 南非 | 0.533 | 0.528 | -1.0 | |
| 比利时 | 0.414 | 0.373 | -9.8 | | 秘鲁 | 0.513 | 0.508 | -1.0 | |
| 阿拉伯联合酋长国 | 0.535 | 0.491 | -8.2 | | 巴基斯坦 | 0.569 | 0.565 | -0.8 | |
| 乌克兰 | 0.611 | 0.570 | -6.7 | | 吉尔吉斯斯坦 | 0.749 | 0.743 | -0.8 | |
| 巴西 | 0.445 | 0.416 | -6.3 | | 澳大利亚 | 0.533 | 0.529 | -0.7 | |
| 哥伦比亚 | 0.489 | 0.460 | -5.9 | | 丹麦 | 0.566 | 0.562 | -0.7 | |
| 孟加拉国 | 0.595 | 0.564 | -5.2 | | 中国 | 0.396 | 0.376 | -0.5 | |
| 韩国 | 0.445 | 0.424 | -4.7 | | 爱尔兰 | 0.451 | 0.450 | -0.2 | |
| 厄瓜多尔 | 0.491 | 0.468 | -4.6 | | 哈萨克斯坦 | 0.596 | 0.595 | -0.2 | 平稳 |
| 瑞士 | 0.480 | 0.458 | -4.5 | | 法国 | 0.566 | 0.566 | -0.05 | |
| 印度 | 0.516 | 0.493 | -4.5 | | 塔吉克斯坦 | 0.750 | 0.752 | 0.34 | |
| 萨尔瓦多 | 0.474 | 0.456 | -3.7 | 降低 | 挪威 | 0.568 | 0.572 | 0.6 | |
| 荷兰 | 0.453 | 0.437 | -3.6 | | 日本 | 0.444 | 0.449 | 1.3 | |
| 泰国 | 0.428 | 0.412 | -3.6 | | 巴拿马 | 0.547 | 0.554 | 1.4 | 升高 |
| 俄罗斯 | 0.555 | 0.535 | -3.6 | | 英国 | 0.590 | 0.600 | 1.8 | |
| 意大利 | 0.521 | 0.502 | -3.5 | | 以色列 | 0.451 | 0.461 | 2.1 | |
| 哥斯达黎加 | 0.489 | 0.472 | -3.5 | | 瑞典 | 0.541 | 0.555 | 2.7 | |

续表

| 国家<br>(地区) | 2007～<br>2008年<br>均值 | 2014～<br>2015年<br>均值 | T均值<br>变化率 t<br>(%) | | 国家<br>(地区) | 2007～<br>2008年<br>均值 | 2014～<br>2015年<br>均值 | T均值<br>变化率 t<br>(%) | |
|---|---|---|---|---|---|---|---|---|---|
| 印度尼西亚 | 0.542 | 0.523 | -3.4 | | 埃及 | 0.571 | 0.589 | 3.1 | |
| 奥地利 | 0.554 | 0.536 | -3.2 | | 卡塔尔 | 0.444 | 0.459 | 3.4 | |
| 巴林 | 0.582 | 0.566 | -2.8 | | 菲律宾 | 0.475 | 0.493 | 3.9 | |
| 科威特 | 0.524 | 0.509 | -2.8 | | 沙特阿拉伯 | 0.443 | 0.459 | 3.4 | |
| 危地马拉 | 0.482 | 0.469 | -2.7 | | 芬兰 | 0.554 | 0.576 | 4.0 | 升高 |
| 德国 | 0.446 | 0.434 | -2.7 | 降低 | 马来西亚 | 0.379 | 0.411 | 8.3 | |
| 智利 | 0.483 | 0.470 | -2.7 | | 委内瑞拉 | 0.434 | 0.475 | 9.6 | |
| 土耳其 | 0.566 | 0.551 | -2.6 | | 尼日利亚 | 0.509 | 0.586 | 15.2 | |
| 约旦 | 0.534 | 0.521 | -2.6 | | 阿尔及利亚 | 0.449 | 0.521 | 16.0 | |
| 西班牙 | 0.558 | 0.545 | -2.4 | | 安哥拉 | 0.462 | 0.564 | 21.9 | |
| 新西兰 | 0.563 | 0.550 | -2.3 | | | | | | |
| 斯里兰卡 | 0.585 | 0.572 | -2.3 | | | | | | |

注：各年份总体出口贸易成本取值为美国对各国（地区）出口成本加权之和。其中权重为美国对该伙伴出口额占美国对59个样本出口总额的比重。各地区出口贸易成本取值方法相同。本表根据两阶段均值变化率进行排序和分类。$t \leqslant -5\%$表示出口成本显著降低，$-5\% < t \leqslant -2\%$表示降低，$-2\% < t \leqslant -0.5\%$表示略有降低，$-0.5\% < t < 0.5\%$表示平稳，$0.5\% \leqslant t$表示升高。受篇幅限制，2007～2015年各年贸易成本数据未列于表5-5。

资料来源：根据（5-3）式计算结果整理。

对2007～2008年和2014～2015年美国出口贸易成本均值进行对比发现，奥巴马政府推行贸易便利化改革期间，美国总体贸易成本、对各地区贸易成本以及对主要出口市场贸易成本呈现普遍下降态势。

首先，美国总体贸易成本显著下降5.09%，对7个不同地区的贸易成本也呈现不同程度的降低。其中，美洲、东亚及太平洋地区、西欧分别占据2015年美国42.6%、15.3%和19.7%的货物出口市场份额，美国对上述三大地区贸易成本分别降低了6.22%、2.32%和4.27%。

其次，就美国对各出口市场的贸易成本变化分布而言，美国对64个市场中的16个出口市场贸易成本呈现不同程度上涨，但其仅占美国 2015 年货物出口总额的 9.8%。相反，美国对占其货物出口市场份额 72.8% 的 44 个出口市场贸易成本有所减少。其中，贸易成本显著降低和降低的国家和地区分别为 11 个和 22 个，占美国货物出口份额共计 43.6%。

同时，在 2015 年美国前 20 位货物出口市场中，美国对墨西哥、比利时、阿拉伯联合酋长国、巴西及哥伦比亚 5 国出口成本显著下降，降幅分别达到 17.6%、9.8%、8.2%、6.3% 及 5.9%；美国对韩国、瑞士、印度、荷兰、意大利、德国及智利出口贸易成本降幅为 2.7%～4.7%；而美国对加拿大、澳大利亚及中国出口成本也略有减少。在上述国家中，中国、印度、巴西 3 国被确定为后危机时期奥巴马政府协助美国贸易企业开展出口业务的重点市场，而澳大利亚、智利、新西兰、秘鲁、越南、印度尼西亚、韩国、马来西亚、泰国、哥伦比亚、南非、土耳其、越南也被设定为美国货物出口增长的"第二梯队"（Next Tier）国家[①]。

值得说明的是，与运输距离相关的运输成本、进口关税、与文化语言相关的成本、与国内和进口国（地区）贸易政策相关的非关税成本均是一国出口贸易成本的重要组成部分。本章考察的是 2007～2015 年美国货物出口成本的变化态势。在此期间，由运输距离直接决定的国际货运成本没有发生明显降低，语言文化等因素也通常不可能在短期内发生显著变化，而由于巴拿马、韩国及哥伦比亚 3 国在美国货物出口市场中所占份额极小，于 2007 年后生效的美国 - 巴拿马、美国 - 韩国及美国 - 哥伦比亚三项双边 FTA 协定通过降低关税壁垒以减少美国企业出口贸易成本的作用非常有限。尽管贸易伙伴推行贸易便利化改革也可能对降低美国企业面临的进口国（地区）边境及边境后成本具有一定影响，但奥巴马政府贸易便利化改革的积极成效仍然是不可否认的。

① TPCC. "National Export Initiative Report to The President".

### 三　促进美国货物出口贸易发展成效分析

奥巴马政府推行贸易便利化改革期间，美国货物出口贸易规模、出口相关就业量、出口企业数量及绩效、主要产品国际竞争力等发展状况良好。

#### （一）货物出口额及相关就业增长态势良好

随着贸易便利化改革的推行，2010 年美国货物出口贸易额以20.6％的增速迅速恢复到危机前水平后保持稳步增长（见图 5 - 2），2015 年较 2009 年增长了 41.1％，达 1.51 万亿美元①。

**图 5 - 2　2008～2015 年美国货物出口贸易额及其支持就业量**

注：2009～2014 年为修订值，2015 年为初步估算值。

资料来源：ITA。

与此同时，与出口贸易相关岗位总数中约 60％ 来自货物出口贸易。金融危机的爆发也导致了美国与货物出口贸易相关的就业岗位数量急剧下降。但随着货物出口规模稳步回升，其支持的就业岗位数量也逐年提高。ITA 最新数据显示（见图 5 - 2），2015 年货物出口支持的就业岗位数量已达到 672.3 万个，较 2009 年 583.1 万个岗位增长了15.3％。不仅如此，货物出口贸易相关岗位创造的效益也呈现递增态

① U. S. Census. "U. S. International Trade of Goods and Service（FT900）2016".

势。2009 年每创造 10 亿美元货物出口额所需岗位量为 6319 个，而 2015 年所需岗位量已稳步降至 5279 个①。

（二）美国对新兴国家及发展中市场出口规模及份额持续扩大

20 世纪 90 年代以来，欧共体国家、北美自由贸易区（NAFTA）以及日本始终是美国最主要的出口市场。2008 年，NAFTA、EU 和日本分别占美国出口市场份额的 21.3%、32.3%、5.1%②。

金融危机爆发后，上述传统市场经济增长陷入衰退与新兴市场的群体崛起形成鲜明对比。奥巴马政府提出"重返亚太战略"，并将协助美国企业挖掘新兴国家和发展中国家市场潜力作为贸易便利化改革的重点。随着改革的推行，美国出口贸易成本逐步降低，美国对新兴市场及主要发展中国家货物出口规模持续扩大。与 2008 年相比，货物出口额增长率排名前 10 位的国家均地处亚洲及环太平洋地区。其中美国对越南、中国香港及中国货物出口额的增长率更分别高达 154.1%、72.9% 和 66.5%（见表 5－6）。

表 5－6　2008 年及 2015 年美国对重点出口市场货物
出口份额和变化率

单位：%

| 出口市场 | 2008 年份额 | 2015 年份额 | 2008～2015 年美国对该市场出口总额变化率 |
|---|---|---|---|
| 越南 | 0.2 | 0.5 | 154.1 |
| 中国香港 | 1.7 | 2.5 | 72.9 |
| 中国 | 5.5 | 7.7 | 66.5 |
| 巴拿马 | 1.0 | 1.3 | 56.8 |

① ITA. "Job Supported by Export 2015". http://blog.trade.gov/2016/04/08/jobs-supported-by-export-2015-an update.
② U.S. Census. "U.S. International Trade of Goods and Service（FT900）2008".

| 出口市场 | 2008 年份额 | 2015 年份额 | 2008～2015 年美国对该市场<br>出口总额变化率 |
|---|---|---|---|
| 哥伦比亚 | 0.4 | 0.5 | 42.4 |
| 秘鲁 | 0.9 | 1.1 | 41.1 |
| 智利 | 0.5 | 0.6 | 30.3 |
| 印度尼西亚 | 0.9 | 1.0 | 26.2 |
| 印度 | 0.4 | 0.5 | 21.3 |
| 澳大利亚 | 1.4 | 1.4 | 12.7 |

资料来源：U. S. Census。

另外，随着对新兴市场及发展中市场货物出口潜力的挖掘，其在美国货物出口市场总额中的比重也持续扩大。2015 年，日本及欧盟占美国货物出口市场份额分别较 2008 年下降 1 个百分点和 3.3 个百分点，相反，金砖国家市场份额则由 2008 年的 10.6% 增长至12.1%，环太平洋地区份额也由 23.2% 增加至 24.5%[①]。

（三）美国出口企业数量与出口绩效同步提高

随着出口促进便利化水平的提高，美国企业对出口活动的参与度出现了较大提高。表 5 - 7 数据显示，2009～2014 年美国出口企业总数由 27.7 万家增长 10.1% 至 30.4 万家，其中大型企业增长 5.4%，而中小企业增长 10.2%。出口企业出口绩效也同步提升。2014 年企业出口总额增幅达 52.8%，其中大型企业出口创汇金额增长 52%，而中小企业出口创汇金额增长高于总体增幅达 55.6%，。另外，奥巴马政府将中小企业作为出口协助的重点对象，其便利化措施在提升中小企业出口深度和广度方面均产生了积极成效。2009～2014 年新增中小出口企业累计 8006 家，约 2.9 万家中小企业开拓了新的出口市场。

———————

① 环太平洋地区包括澳大利亚、新西兰、智利、巴拿马等国家。

表 5-7　2009～2014 年美国出口企业概况

| 年份 | 新增 SME 数量（家） | 进入新市场 SME 数量（家） | 出口企业总数（家） | 大型企业数量（家） | SME 数量（家） | 企业出口总额（万亿美元） | 大型企业出口额（10亿美元） | SME 出口额（10亿美元） |
|---|---|---|---|---|---|---|---|---|
| 2009 | — | — | 276643 | 6590 | 270053 | 1.06 | 631.5 | 424.6 |
| 2010 | 1726 | 4618 | 293988 | 6490 | 287498 | 1.28 | 754.2 | 524.0 |
| 2011 | 1245 | 4856 | 302260 | 6666 | 295594 | 1.48 | 879.8 | 600.6 |
| 2012 | 1355 | 6130 | 305669 | 6887 | 298782 | 1.55 | 931.1 | 614.6 |
| 2013 | 1102 | 6808 | 304223 | 6880 | 297343 | 1.58 | 929.9 | 649.7 |
| 2014 | 1340 | 5182 | 304466 | 6947 | 297519 | 1.62 | 959.9 | 660.7 |
| 2009～2014年增幅 | — | — | 10.0% | 5.4% | 10.2% | 52.8% | 52% | 55.6% |

注：大型企业指雇员数量至少达到 500 人的货物出口企业；SME 指雇员数量在 500 人以下的货物出口企业；新增 SME 数量是指从未开展过出口业务的中小企业数量；进入新市场 SME 数量是指向新的出口目的国出口的中小企业。

资料来源：TPCC。

在出口市场选择方面（见表 5-8），从出口企业数量来看，2014 年出口北美、欧盟及日本三大传统市场的企业数量较 2009 年分别增长 7.4%、5.4% 和 3.7%，同期出口环太平洋地区、中南美洲、非洲及南亚的贸易企业数量增幅均超过出口传统市场企业数量的增幅，分别高达 12.6%、14.3%、11.1% 及 10.0%，而出口中国、巴西、东盟、哥伦比亚、智利等新兴国家及发展中市场的企业数量增幅为 16.7%～25.0%。其中，中小企业数量增长幅度大部分高于企业总数增长幅度。

另外，从出口金额来看，2014 年美国企业出口北美、欧盟及日本金额较 2009 年分别增长 65.6%、25.0% 和 30.5%，而出口环太平洋、中南美洲、非洲等地区的出口金额则分别增长 54.8%、67.6% 和

**表5-8 2009年和2014年出口主要市场的美国企业数量比重及变化**

| 出口市场 | | 出口企业总数（万家） | | | SME总数（万家） | | | 出口总额（10亿美元） | | | SME出口额（10亿美元） | | |
|---|---|---|---|---|---|---|---|---|---|---|---|---|---|
| | | 2009年 | 2014年 | 变化（%） | 2009年 | 2014年 | 变化（%） | 2009年 | 2014年 | 变化（%） | 2009年 | 2014年 | 变化（%） |
| 传统 | 北美 | 12.2 | 13.1 | 7.4 | 11.7 | 12.6 | 7.7 | 333.7 | 552.7 | 65.6 | 140.4 | 235.0 | 67.4 |
| | 欧盟 | 9.3 | 9.8 | 5.4 | 8.9 | 9.4 | 5.6 | 220.8 | 276.1 | 25.0 | 73.3 | 99.8 | 36.2 |
| | 日本 | 2.7 | 2.8 | 3.7 | 2.4 | 2.5 | 4.2 | 51.2 | 66.8 | 30.5 | 18.9 | 23.5 | 24.3 |
| | 环太平洋 | 9.5 | 10.7 | 12.6 | 9.0 | 10.2 | 13.3 | 254.8 | 394.5 | 54.8 | 49.2 | 149.6 | 204.1 |
| | 中南美洲 | 7.7 | 8.8 | 14.3 | 7.3 | 8.4 | 15.1 | 109.8 | 184.0 | 67.6 | 10.9 | 84.1 | 671.6 |
| | 非洲 | 2.7 | 3.0 | 11.1 | 2.4 | 2.8 | 16.7 | 24.3 | 38.1 | 56.8 | 10.9 | 16.5 | 51.4 |
| | 南亚 | 2.0 | 2.2 | 10.0 | 1.8 | 1.9 | 5.6 | 20.3 | 25.4 | 25.1 | 10.4 | 10.4 | 0 |
| 新兴市场 | 中国 | 3.0 | 3.6 | 20.0 | 2.8 | 3.3 | 17.9 | 69.6 | 123.7 | 77.7 | 26.6 | 44.7 | 68.0 |
| | 巴西 | 1.6 | 1.9 | 18.8 | 1.4 | 1.7 | 21.4 | 26.2 | 42.4 | 61.8 | 8.2 | 15.1 | 84.1 |
| | 印度 | 1.7 | 1.8 | 5.9 | 1.5 | 1.6 | 6.7 | 16.5 | 21.6 | 30.9 | 7.7 | 8.5 | 10.4 |
| | 东盟 | 3.6 | 4.2 | 16.7 | 3.4 | 3.9 | 14.7 | 53.8 | 78.6 | 46.1 | 18.2 | 28.5 | 56.6 |
| | 新加坡 | 2.0 | 2.2 | 10.0 | 1.8 | 2.0 | 11.1 | 22.3 | 30.2 | 35.4 | 6.1 | 10.1 | 65.6 |
| | 马来西亚 | 1.1 | 1.3 | 18.2 | 0.9 | 1.2 | 33.3 | 10.4 | 13.1 | 26.0 | 2.7 | 3.7 | 37.0 |
| | 哥伦比亚 | 1.3 | 1.6 | 23.1 | 1.2 | 1.4 | 16.7 | 9.5 | 20.1 | 111.6 | 3.6 | 7.8 | 116.7 |
| | 智利 | 1.2 | 1.5 | 25.0 | 1.1 | 1.3 | 18.2 | 9.4 | 16.5 | 75.5 | 3.9 | 6.9 | 76.9 |

资料来源：根据 U. S. Census 2009~2010年及2013~2014年数据整理计算得到。

56.8%，其中中小企业对上述地区的出口额增幅更高达 204.1%、671.6% 及 51.4%。美国贸易企业对中国、巴西、东盟、哥伦比亚、智利等重点市场的出口金额增幅为 46%～112%，同期中小企业对上述市场出口额增幅也普遍高于总体水平。可以说，随着奥巴马政府贸易便利化改革措施的推行，美国出口企业开拓新兴市场及发展中市场的意愿和能力不断增强，中小企业的表现尤为突出。

（四）美国高端制造业及能源产品出口竞争力增强

金融危机后，美国政府重点协助企业出口清洁能源及高端制造业产品，获得积极成效。2009～2015 年美国货物出口总额增长 42.5%，其中制成品、燃料及矿产品出口额分别增长 40.7% 和 60.5%，均超过农产品出口增幅。其中，随着以发展清洁能源技术和产业为核心的创新增长战略的实施，美国页岩气技术取得突破，其原油产量大幅度提高。2015 年美国石油及相关产品出口额高达 88.2 亿美元，较 2009 年增长了 88.8%，成为美国出口增长最快的产品。制成品中机械及运输设备出口额增幅最大，达 45.4%。其中通信产品、自动化产品等高新技术产品出口增长分别达 46.9% 和 76.4%。

表 5-9　2009 年和 2015 年美国主要出口产品出口增长率及世界市场份额

| 产品类别 | | 2009～2015 年出口额增长率（%） | 2009 年份额（%） | 2015 年份额（%） | 市场份额变化（个百分点） |
|---|---|---|---|---|---|
| 美国货物出口总额 | | 42.5 | 8.4 | 9.1 | 0.7 |
| 一级 | 农产品 | 34.5 | 10.1 | 10.3 | 0.2 |
| | 燃料及矿产品 | 60.5 | 3.6 | 5.8 | 2.2 |
| | 制成品 | 40.7 | 9.2 | 9.9 | 0.7 |

续表

| 产品类别 | | 2009～2015 年出口额增长率（%） | 2009 年份额（%） | 2015 年份额（%） | 市场份额变化（个百分点） |
|---|---|---|---|---|---|
| 二级 | 燃料（主要为石油） | 88.8 | 2.7 | 5.6 | 2.9 |
| | 钢铁制品 | 20.2 | 3.4 | 4.2 | 0.8 |
| | 化学品 | 29.1 | 10.7 | 11.1 | 0.4 |
| | 机械及运输设备 | 45.4 | 10.2 | 11.0 | 0.8 |
| | 纺织品 | 38.6 | 5.0 | 4.7 | −0.3 |
| | 服装 | 45.0 | 1.2 | 1.3 | 0.1 |
| 三级 | 医药品 | 22.0 | 9.1 | 10.1 | 1.0 |
| | 办公及电信设备 | 24.2 | 8.8 | 8.0 | −0.8 |
| | 运输设备 | 66.3 | 11.8 | 13.9 | 2.1 |
| 四级 | 电子数据处理及办公设备 | 19.2 | 8.6 | 9.5 | 0.9 |
| | 通信产品 | 46.9 | 6.6 | 7.2 | 0.6 |
| | 电子零配件 | 8.2 | 12.1 | 7.7 | −4.4 |
| | 自动化产品 | 76.4 | 9.1 | 9.6 | 0.5 |

资料来源：根据 WTO 贸易数据库数据整理，并依据 WTO 产品分类级别进行归纳。

不仅如此，美国出口产品国际竞争力也有所增强。初级产品中，石油产品占世界出口市场份额由 2009 年的 2.7% 增长至 2015 年的 5.6%。同期，制成品总体份额提高 0.7 个百分点，其中钢铁制品、机械及运输设备出口市场份额均提高了 0.8 个百分点，医药品、电子数据处理及办公设备、运输设备出口市场份额则分别达到 1.0 个百分点、0.9 个百分点和 2.1 个百分点。

## 第二节　奥巴马政府贸易便利化改革的制约因素

虽然奥巴马政府贸易便利化改革在提升贸易便利化水平和降低出

口贸易成本方面取得了比较积极的成效，但在推动改革过程中也暴露出一些制约因素。这些因素来自国内和国外两个方面，不仅使美国政府推进贸易便利化政策的努力面临严峻挑战，也给未来美国经济与贸易的可持续发展带来了难以克服的困难。

## 一 美国政治制度牵绊改革推行

美国是一个总统制的国家，实行"三权分立"的政治制度，即立法权、司法权和行政权相互独立、互相制衡。根据联邦宪法，美国政府由总统领导，行使行政权，包括制定经济贸易政策、管理公共事务等，同时拥有对国会通过的法案批准和否决的权利，总统行政命令与法律具有同等效力；而立法权归属国会，任何重大政策必须通过国会审议和批准才能生效，同时国会也可以超过 2/3 的多数票通过任何已经遭到总统否决的提案。因此，一项改革政策的最终实施往往历经府院双方漫长的博弈过程。

同时，在美国实际的政治运行过程中，"多党并存、两党执政"的机制早已形成，且深刻地影响和制约着立法、司法、行政等各个部门的运作。共和党和民主党作为美国的两大政党交替执政，在国会的参议院和众议院中也因占有席位数量不同而轮流掌控立法机构。两党在执政理念和治国方略上有着很大差异。由于党派对国会的掌控与其是否为执政党并无直接关系，身为民主党人的总统可能不得不与共和党占优势的国会共处，反之亦然。在此情形下，总统若希望国会对其改革政策予以支持往往需要进行大量的说服工作或者在某些方面做出让步。近年来，最初为了防止总统专权暴政的制衡政治体制却在"两党分治"的局面下导致总统与国会的矛盾和摩擦与日俱增，对外经济与贸易政策的制定和实施过程也变得愈加艰难。例如，奥巴马政府总统第一任期内，出台了旨在协助中小企业发展的《中小企业援助法案》，却遭到共和党议员强烈反对。而其第二任期内，民主党于 2014

年中期选举后皆失了参众两院控制权，使奥巴马总统不得不面对一个极度不合作的国会，为推动一些必须经过国会审批的经济改革方案增加了很大难度。

另外，美国联邦制度的最大特点是分权，主权由中央与各州共享。各州政府、地方政府之间及其与联邦政府之间在法律制度、财政收支、经济政策等方面均具有较强的独立性。因此，贸易便利化改革在全美的有效推行高度依赖各州及地方政府的大力支持和密切配合。然而，各州经济发展水平存在较大差距，是否有意愿和有能力完全贯彻联邦政府的改革政策很大程度上取决于各州及地方政府的财政状况。

综合而言，三权分立的政治体制、两党分裂的政治现实以及联邦制度均限制了奥巴马推动贸易便利化改革的政策空间，降低了其改革可能取得的更多成果。不仅如此，2017年1月美国总统特朗普的就任为未来美国贸易政策走向带来了极大的不确定性。例如，奥巴马总统在位期间极力推动TPP生效，然而最终没有得到国会批准。特朗普总统就任后便于2017年1月24日签署行政命令宣布美国退出TPP。至此，近7年的谈判历程最终付之一炬。而奥巴马政府时期尚未完成的其他各项贸易便利化政策是否得以继续执行也不得而知。

## 二　巨额财政债务压力长期存在

贸易便利化改革的持续推行需要政府部门的正常运行与巨额资金支持。

小布什政府时期，美国实施减税政策的同时扩大军费开支，导致美国财政赤字与日俱增。2008年美国联邦财政赤字已高达4548亿美元，财政赤字率已达3.2%。为了应对金融危机不得不采取了扩张性财政政策，奥巴马政府不仅延期了小布什政府全民减税政策并给予企业投资税减免政策，总减税额达到8480亿美元，加之高达数万亿美元的《问题资产救助计划》《复兴与在投资法案》等经济刺激计划导致 2009 年美国财政赤字率飙升至 9.9%。奥巴马政府在缩减财政赤字方面取得一定成效，但联邦巨额债务的压力长期存在。根据美国预算办公室（CBO）的数据，2011 年底美国联邦债务规模已经达到 14.76 万亿美元，占 GDP 的比重为 98.7%，而州及地方政府债务规模约为 3 万亿美元，占 GDP 的比重为 20% 左右。伴随巨额债务而来的则是大规模国债利息支出。国债利息支出早已经是联邦政府继"社会保障"和"国防开支"之后的第三大财政支出项目。2010 年国债利息支出高达 4130 亿美元，占 GDP 比重为 2.8%。因此，财政赤字和巨额财政债务的压力对美国政府推行经济改革政策造成了诸多限制。

其一，财政悬崖屡屡出现，影响美国政府部门正常运行。美国联邦债务持续升高，2011 年国会不得不提高债务上限。这一短期举措并没有产生长期效果，2013 年美国负债总额再次逼近法定债务上限。然而，国会中共和党强硬派将医疗改革问题与政府预算案捆绑，导致政府 2014 财年预算案迟迟不能通过。无法获得国会拨款的政府不得不于 2013 年 10 月关闭包括商务部在内的联邦政府非核心部门。政府关门期间，不仅数十万政府雇员无薪休假或者延迟领薪，国家公园、纪念馆等被迫停止运营，商务部统计部门停止更新所有经济数据，连私营企业向 SBA 申请政府贷款等公共服务业也被迫延期。国际信用评级机构标准普尔发布的研究数据显示，本次事件至少造成美国经济损失 240 亿美元。

其二，两党政治博弈，财政支持力度受到限制。美国联邦预算的编制和生效施行需要经过总统预算编制和国会审批两个法定程序。根据正常审批流程，联邦政府每年 2～3 月向国会提交新的财政年度预算报告（当年 10 月开始执行）后，参议院和众议院举行听证会，提出国会预算版本并就两份预算的分歧进行磋商，最终于 4 月中旬之前定稿提交总统签署生效。2010 年 11 月，共和党以多数议席控制众议院，奥巴马总统所在的民主党只是勉强保持参议院多数党地位。而2014 年中期选举，共和党大获全胜，完全控制了参众两院。面临巨额财政压力，两党围绕财政支出问题的争论常常僵持不下，正常预算审批流程屡屡被打破。在民主党与共和党的政治博弈过程中，各种利益集团也试图参与其中，争取各自利益最大化的财政决策，导致奥巴马政府的经济政策实施受到限制。例如，总统与国会经过多轮磋商所达成的 2011 年财政预算比奥巴马总统提交的预算总额少 785 亿美元，比 2010 年的预算总额也少 399 亿美元。又如，2015 年奥巴马总统所提交的 2016 年财政预算案，希望在教育和基础设施等重点领域增加政府支出，而 2017 年的预算案总额较 2016 年进一步大幅增加，其中在研究开发领域的支出较 2016 年增长 4%。然而截至 2014 年 12 月，美国联邦债务已经高达 18 万亿美元，债务利息的成本预计在 2026 年会升到 7870 亿美元，占 GDP 的 2.8%，将是 2015 年利息支出的 3 倍。共和党认为这样的财政负担将威胁国家长期繁荣和经济安全，因此对于奥巴马政府增加财政支出的预算案予以强烈抨击。

巨额债务和财政赤字导致财政压力长期存在，加之国会两党在财政问题上交锋"白热化"，贸易便利化改革所需要的持续财政支持受到一定限制，改革方案的完全实施必然受到影响。

### 三　"逆全球化"增加贸易环境不确定性

在半个多世纪的全球化进程中，各国内部利益集团利益分配不均，贫富差距加剧，发达国家产业空心化导致制造业部门失业率增加。在这一进程中的受益颇少的社会底层或弱势群体以及利益受损的失业群体早已成为反对全球化的主要倡导者。

尽管 20 世纪 90 年代后，世界贸易组织的成立、欧盟的诞生、数以百计自由贸易协定的落定再次使得经济全球化占得上风，但 2008 年金融危机爆发，世界贸易保护主义再次抬头，"逆全球化"风潮四起。危机之后世界经济深度调整，复苏动力缺乏，新兴市场群体崛起令发达国家普遍感到不安，纷纷举起"保护本国经济"的保护主义大旗。根据 IMF 最新数据，2015 年世界进出口贸易总额占 GDP 比重约为 45%，较 2008 年 51.9% 降低了 6.9 个百分点，相当于倒退回 21 世纪初的水平。而 WTO 预计 2016 年全球贸易额增幅可能连续 5 年低于经济增长速度。2016 年 6 月英国脱欧全民公投成功，不仅将加剧欧盟经济增长缓慢、复苏乏力、就业低迷、难民危机等多重困境，也增加了意大利、法国等欧盟核心成员是否将继续留在欧盟的不确定性。欧盟的离心倾向逐渐使其失去了"以区域化推进全球化"的样板地位。作为全球唯一超级大国，美国新任总统特朗普也公然提出反对全球化、要求重新谈判 WTO 协定、退出 NAFTA 等保护主义言论，甚至于正式宣布退出 TPP。这些言论和事件都反映了全球范围内"逆全球化"力量的急剧上升。

"逆全球化"风潮四起的全球经济与贸易环境不仅为奥巴马政府推行贸易便利化改革造成阻力，也为现行贸易便利化改革政策的前景增加了很大的不确定性。

## 四　国际经济政策协调难度增加

国际贸易制度和手续的简化与协调一直是贸易便利化的核心内容，其必然要求贸易双方改革现行的国内贸易制度和政策，达成一致的标准与规则。当今世界，国际经济与贸易格局正在面临历史性变迁，美国对国际经济体系的主导地位逐渐下降，无法强行要求其他国家配合美国的经济政策，必须通过协调协商来取得支持。然而，国际经济政策的协调难度日益加大。

一方面，各国以本国利益为中心的立场增加协调难度。例如，TPP 和 TTIP 是奥巴马政府在国际层面推进贸易便利化进行的重要举措。两项"高标准、宽范围"的自由贸易协定不仅旨在降低多国关税壁垒，而且涵盖了劳工标准、知识产权保护、国内市场竞争等边境后贸易便利化议题，其程度和范围甚至比 WTO《贸易便利化协定》更深更广。若两项协定能够达成，更高标准的贸易便利化制度将得以确立，欧洲市场与亚太市场的贸易壁垒将大幅降低，美国出口企业面临的出口成本也将大幅降低。

然而，TTIP 谈判自 2013 年 7 月开启后，欧洲各国反对声音不断使得谈判进程缓慢。欧洲民众担心在 TTIP 框架下，美国会要求欧洲降低医疗、食品、劳动力市场和环境保护方面的监管标准，令国内消费者和工人权益受到损害。2014 年 2 月和 2016 年 9 月德国曾经 2 次爆发过大规模 TTIP 抗议活动。奥地利和法国等欧盟国家已经公开表示反对 TTIP，法国总理甚至要求停止这项谈判。截至最后一次谈判，欧美双方在政府采购、原产地标识、外国投资保护等难点问题上存在原则性意见分歧。尤其在政府采购方面，美国谈判代表拒绝对"购买国货"妥协构成了谈判的最大障碍，德国经济部的评估甚至认为两方在改善欧洲企业市场准入方面达成一致的机会微乎其微。而对于原产地标识及降低农产品关税问题的谈判也异常困难。美国新任总统特朗普对自贸协定始终持怀疑态度，TTIP 谈判在特朗普时代的前景也无法预计。即使 TTIP 协议达成，还必须经过美国国会和欧盟的议会进行表决。而奥巴马总统开启并谈判 7 年的 TPP 最终也未能在其卸任之前进入国会审议程序。

另一方面，便利化水平差异巨大的现实增加了协调难度。最新的文献研究结果显示，近年来新兴市场和发展中国家积极推行贸易便利化改革成效显著，但从绝对水平上看与发达国家平均水平还存在较大差距，依据现有水平而进行国际协调存在很大难度。最早开启于 1996 年新加坡会议的 WTO《贸易便利化协定》历经 20 余年才最终于 2017 年 2 月 22 日正式生效，这一协定还专门为顾及发展中国家的经济发展水平设定了"例外条款"，表明在国际贸易制度与程序协调方面存在困难的现实。

## 第三节　本章小结

作为一项复杂而系统的经济工程，科学评估改革成效不仅是改革进程中面临的重大理论问题，也是重要的现实问题，更是对其全面深刻认识的必然要求。基于"是否实现预定改革目标"的基本评判准则，本章对奥巴马政府推行贸易便利化改革时期，美国出口贸易便利化水平、货物出口贸易成本、货物贸易发展的变化情况进行评估与分析，并探讨了改革进程中面临的制约因素。

金融危机对美国货物贸易便利化水平、出口贸易成本及出口规模均产生了重大冲击。在此背景下，奥巴马政府开启新一轮贸易便利化改革是扭转贸易形势的明智之举。分析结果显示，改革措施的推行产生了积极成效。

其一，此轮改革拉动 2015 年美国综合贸易便利化水平基本恢复至危机前水平，总体处于"比较便利"程度。改革之后，出口促进便利性由于电子政务水平的提升以及公众参与度提高而有所提升；美国企业能够更为便利地获得贸易融资；出口通关和货运效率也得以改善；制度环境状况并没有明显变化；信息基础设施有所改善，但便利性远远低于其他方面。当前，美国总体便利化水平仍然保持国际领先地位，改革不仅普遍缩小了其各方面贸易便利性与"最佳表现国"之间的差距，也提升了其在贸易融资、货运效率和制度环境方面的国际竞争力。但通关便利、信息设施、出口促进三个方面便利性的优势呈现被赶超之势。

其二，改革期间，美国总体贸易成本、其对美国出口促进协助的重点地区（美洲、东亚及太平洋地区）以及对众多新兴国家及发展中市场（中国、印度、巴西、澳大利亚、智利、新西兰、哥伦比亚、南非等）的出口成本均出现不同程度的降低。

　　其三，随着改革措施的全面实施，美国货物出口贸易复苏态势良好。美国货物出口总额及相关就业稳步扩大，对新兴国家及发展中市场出口规模及份额持续增长、出口企业数量与出口绩效同步提升，中小企业开拓新兴市场意愿和能力增强，高端制造业及能源产品出口竞争力提高。

　　然而，奥巴马政府贸易便利化改革进程也暴露出一些制约因素。从国内因素来看，三权分立的政治体制、两党分裂的政治现实以及联邦制度均限制了改革的政策空间，巨额债务和财政赤字导致财政压力长期存在，加之国会两党在财政问题上交锋"白热化"，便利化改革所需要的持续财政支持受到一定限制；从国际因素来看，"逆全球化"风潮四起的全球经济与贸易环境以及国际经济政策协调的难度加大不仅为此轮改革的推行造成了阻力，也为改革的前景增加了很大不确定性。

# 第六章 奥巴马政府贸易便利化改革出口增长效应实证分析

理论认为，贸易便利化政策与措施的有效实施能够提升贸易便利化水平，贸易制度的优化能够减少贸易机制性障碍及与之相关的贸易成本，实现促进出口贸易增长的目标。前章分析表明，奥巴马政府贸易便利化改革在提升美国贸易便利化水平、降低贸易成本、促进美国货物出口贸易增长方面取得了比较积极的成效，但是六个方面的便利化改革措施是否都发挥了显著作用？改革措施对于不同类别产品出口额、不同规模企业出口绩效是否具有相同的出口增长效应？改革是否有助于美国实现出口潜力？哪些改革措施在挖掘出口潜力方面产生关键作用？美国货物贸易是否还存在出口潜力？未来货物出口走势如何？对上述问题的研究是进一步获得更加明确的政策含义与启示的基础。

因此，本章利用贸易引力模型实证分析了改革措施对美国货物出口流量、不同规模企业出口额、主要产品出口贸易额的影响以及出口贸易潜力的实现情况。基于分析结果，结合特朗普政府的贸易政策立场及已经采取的措施，本章对下一阶段美国货物出口走势进行了初步判断。

## 第一节 贸易引力模型设定

### 一 引力模型简介

有关国际贸易流量实证的研究具有很长的历史。现实中的贸易流量与模型描述往往相去甚远，这是运用贸易引力模型（Gravity Model）研究国际贸易流量的最初动因。而探求贸易增长影响因素及其作用作为其基本任务自 20 世纪 60 年代以来从未改变。当 Tinbergen（1962）和 Poyhonen（1963）首次将牛顿万有引力定律应用到引力模型后，Linnemann（1966）、Anderson（1979）、Helpman 和 Krugman（1985）、Bergstrand（1985）、Deardorff（1998）以及 Evenett 和 Keller（1998）为其理论基础做出了重大创新。基于坚实的理论基础，引力模型在国际贸易流量实证研究中的应用也日益广泛和重要。其中，出口引力模型的一般形式为：

$$EX_{ij} = A \cdot Y_i^{\alpha_1} \cdot Y_j^{\alpha_2} \cdot N_i^{\alpha_3} \cdot N_j^{\alpha_4} \cdot D_{ij}^{\alpha_5} \cdot X_{ij}^{\alpha_6} \cdot \mu_{ij} \qquad (6-1)$$

其中，$EX_{ij}$ 表示 $i$ 国对 $j$ 国出口贸易量；$Y_i$ 和 $Y_j$ 表示两国 GDP；$N_i$ 和 $N_j$ 表示两国人口总量；$D_{ij}$ 表示两国地理距离；$X_{ij}$ 表示潜在贸易影响因素；$A$ 为系数，$\alpha_i (i=1,\cdots,6)$ 为估计参数，$\mu_{ij}$ 为误差项，并且 $E(\mu_{ij}) = 0$，实证研究中方程双边取自然对数形式。

公式（6-1）被 Anderson（1979）称为传统引力模型。已有文献根据不同研究目的加入新变量（$X_{ij}$）进行扩展。除了经济总量、人均收入、地理距离、关税、非关税壁垒等传统影响因素以外，自由贸易安排、科技水平、制度环境、政治环境、贸易便利化政策措施等因素逐渐成为重要的"贸易阻力变量"，这一趋势在近 10 年的经验研究中尤为突出。

## 二　基础出口引力模型的设定

一国货物出口贸易流量的增长往往是两国经济发展水平（如 GDP、人均收入水平等）、自然文化因素（如共同语言、殖民关系、地理距离等）、贸易双方政策制度因素（如签署 FTA 协定、采取贸易便利化措施等）共同作用的结果。据此，本书取美国货物出口贸易额为被解释变量，构建基础出口贸易引力模型如下：

$$LnEX_{jt} = \alpha_0 + \sum_{i=1}^{i} \alpha_i ControlX_t + \sum_{i=1}^{i} \beta_i ControlX_{jt} + \sum_{i=1}^{i} \gamma_i ControlX_{ijt}$$
$$+ \sum_{i=1}^{i} \delta_i X_t + \sum_{i=1}^{i} \theta_i X_{ijt} + \varepsilon_t \tag{6-2}$$

其中，

$$\sum_{i=1}^{i} \alpha_i ControlX_t = \alpha_1 LnUSGDP_t \tag{6-3}$$

$$\sum_{i=1}^{i} \beta_i ControlX_{jt} = \beta_1 LnGDP_{jt} + \beta_2 LnPI_{jt} + \beta_3 LnTariff_{jt} + \beta_4 IMWTFI_{jt} \tag{6-4}$$

或者

$$\sum_{i=1}^{i} \beta_i ControlX_{jt} = \beta_1 LnGDP_{jt} + \beta_2 LnPI_{jt} + \beta_3 LnTariff_{jt} + \beta_4 IMEPR_{jt}$$
$$+ \beta_5 IMFIN_{jt} + \beta_6 IMCUS_{jt} + \beta_7 IMLOG_{jt}$$
$$+ \beta_8 IMINF_{jt} + \beta_9 IMINS_{jt} \tag{6-5}$$

$$\sum_{i=1}^{i} \gamma_i ControlX_{ijt} = \gamma_1 Langoff_{ijt} + \gamma_2 Langethno_{ijt}$$
$$+ \gamma_3 Colony_{ijt} + \gamma_4 LnD_{ijt} \tag{6-6}$$

$$\sum_{i=1}^{i} \delta_i X_t = \delta_1 USWTFI_t \tag{6-7}$$

或者

$$\sum_{i=1}^{i} \delta_i X_t = \delta_1 USEPR_t + \delta_2 USFIN_t + \delta_3 USCUS_t + \delta_4 USLDG_t$$
$$+ \delta_5 USINF_t + \delta_6 USINS_t \tag{6-8}$$

$$\sum_{i=1}^{i} \theta_i X_{ijt} = \theta_1 USIMWTFI_t \tag{6-9}$$

或者

$$\sum_{i=1}^{i} \theta_i X_{ijt} = \theta_1 USIMEPR_t + \theta_2 USIMFIN_t + \theta_3 USIMCUS_t$$
$$+ \theta_4 USIMLOG_t + \theta_5 USIMINF_t + \theta_6 USIMINS_t \tag{6-10}$$

其中，$t$ 为年份；$LnEX_{jt}$ 为被解释变量，表示美国对 $j$ 市场货物出口贸易额的自然对数；$\alpha_0$ 为截距项；$ControlX_t$、$ControlX_{jt}$ 和 $ControlX_{ijt}$ 为控制变量，分别表示美国、$j$ 市场和双方共同影响贸易流量的因素；$X_t$ 和 $X_{ijt}$ 为关键变量，$X_t$ 为美国贸易便利化改革措施的代理变量，$X_{ijt}$ 为美国与 $j$ 市场贸易便利化改革代理变量的交叉项；系数 $\alpha_i$、$\beta_i$、$\gamma_i$、$\delta_i$ 和 $\theta_i$ 的正负及数值分别代表各因素的影响性质和程度；$\varepsilon_t$ 为误差项。

根据研究目的，本章通过考察关键变量 $X_t$ 和 $X_{ijt}$ 与 $EX_{jt}$ 的关系，展示了奥巴马政府贸易便利化改革措施对美国货物出口增长的实际影响。具体而言，$X_t$ 代表奥巴马政府贸易便利化改革措施，以美国贸易便利化水平作为其代理变量。$USWTFI_t$ 代表美国（地区）贸易便利化改革措施，包括贸易促进、贸易融资、通关便利、货运效率、信息设施以及制度环境六个具体方面，以美国综合贸易便利化水平衡量，$USWTFI_t$ 指数越高，表明美国综合出口贸易便利化环境越便利，越有益于出口增长。$USEPR_t$ 为美国贸易促进便利化程度，代表奥巴马政府利用电子政务平台及传统贸易促进途径协助贸易企业的水平，水平越高意味着其利用网络开展数据共享、信息传递、政策咨询等活动的综合能力越强，越有益于降低其国内企业贸易信息成本，提高出口量。$USFIN_t$ 代表美国融资便利化水平，企业融资越便利，意味着更容易获得资金支持，越有利于扩大出口。$USCUS_t$ 代表美国出口通关便利化程度，边境程序越便利，越能够有效降低货物出境的时间成本及仓储费用，出口额则越大。$USLOG_t$ 代表美国境内货物运输效率，货运效率越高，货运成本越低，出口量越大。$USINF_t$ 代表美国信息基础设施水平，信息基础设施越完善，信息流通越充分，出口机会越多，贸易程序信息化水平越高，越有益于出口增长。$USINS_t$ 代表美国制度环境便利性，制度环境越公平和透明，美国企业面临的制度壁垒及相关成本越少，出口量越大。因此，$USWTFI_t$、$USEPR_t$、$USFIN_t$、

$USCUS_t$、$USLOG_t$、$USINF_t$ 和 $USINS_t$ 均与美国出口流量呈正相关关系，预期符号皆为正。

上述关键变量 $X_t$ 主要显示在其他变量条件不变的情况下，该变量的独立变化与美国出口流量增长的关系。然而，经济全球化时代各国贸易制度和政策变革的作用往往受制于其他国家贸易政策及制度的影响，仅估计 $X_t$ 独立变化的影响可能产生偏差。因此，本书在模型中加入贸易双方便利化改革代理变量的交叉项 ($X_{ijt}$) 予以调整。具体而言，$USIMWTFI_{ijt}$、$USIMEPR_{ijt}$、$USIMFIN_{ijt}$、$USIMCUS_{ijt}$、$USIMLOG_{ijt}$、$USIMINF_{ijt}$ 和 $USIMINS_t$ 分别为美国与出口市场综合贸易便利化水平、出口促进便利性、贸易融资便利性、通关便利性、货运效率、信息设施便利性以及制度环境便利性指标评分的交叉项，其系数能够衡量双方贸易便利化水平对美国出口增长的共同影响。双方贸易便利化水平同时提升将降低美国出口贸易成本，与其出口额呈正相关关系，因此交叉项预期符号为正。

为了准确测定关键变量及交叉项的影响，本书设定控制变量如下。

控制变量 ($ControlX_t$) 代表美国国内影响其出口流量的因素，本书主要指美国经济规模，以国民生产总值 ($USGDP_t$) 表示。通常而言，一国经济规模决定了该国出口产品的多样性以及供给能力，即经济规模越大，经济发展水平越高，该国出口产品供给能力越强，出口量越大。因此，$USGDP_t$ 与出口流量呈正相关关系，预期其系数为正。

控制变量 ($ControlX_{jt}$) 代表 $j$ 国（地区）影响美国出口流量的因素，包括进口国（地区）经济因素与政策制度因素。首先，经济因素主要指经济发展水平与人均收入水平，分别用 $GDP_{jt}$ 和 $PI_{jt}$ 表示。一般而言，进口国（地区）经济发展水平决定了其产品进口总体规模，人均收入水平则决定了其对高端产品的购买能力，因此均与美国出口流量呈正相关关系，两者系数均为正。其次，影响贸易流量的政策制度因素主要指进口市场关税壁垒与贸易便利化程度。贸易伙伴进口关税（$Tariff_{jt}$）是美国企业面临的出口贸易成本的重要组成部分，关税税率越高，出口成本越大，美国出口流量越小。因此，该项系数预期符号为负。进口国（地区）贸易便利化水平通常与出口国出口流量呈正相关关系，便利化水平越高，美国企业需要承担的进口市场边境后成本则越少。本书以进口国（地区）综合贸易便利化指数（$IMWTFI_{jt}$）代表进口国（地区）便利化综合水平，综合水平的提高有助于美国出口扩大；$IMEPR_{jt}$为进口国贸易促进便利化指数，代表进口国政府利用电子政务平台及传统贸易促进途径协助贸易企业的水平，水平越高越有利于降低其国内企业贸易信息成本，提高进口贸易量；$IMFIN_{jt}$代表融资便利化水平，企业融资越便利，越有利于扩大进口；$IMCUS_{jt}$代表进口通关便利化程度，进口通关越便利，越能够有效降低货物入境的时间成本及仓储费用，进口量则越大；$IMLOG_{jt}$代表进口市场货物运输效率，与货运成本成反比，与进口量成正比；$IMINF_{jt}$代表进口市场信息基础设施水平，信息基础设施越完善，信息流通越充分，进口机会越多，进口流程信息化水平越高，进口量越大；$IMINS_{jt}$代表进口国（地区）制度环境，制度环境越公平和透明，美国企业面临的制度壁垒及相关成本越少，出口量越大。因此，$IMWTFI_{jt}$、$IMEPR_{jt}$、$IMFIN_{jt}$、$IMCUS_{jt}$、$IMLOG_{jt}$、$IMINF_{jt}$和$IMINS_{jt}$均与美国出口流量呈正相关关系，预期符号均为正。

控制变量（$ControlX_{ijt}$）代表美国和进口市场 $j$ 双方共同影响贸易流量的因素，包括文化背景及地理距离。根据现有研究结果，贸易双方具有共同的文化背景有助于出口增长，而距离则是贸易增长的重要阻力。因此，使用同种官方语言（$Langoff_{ijt}$）及民族语言（$Langethno_{ijt}$）、存在历史殖民关系（$Colony_{ijt}$）等变量系数预期符号为正；地理距离（$\mathrm{Ln}D_{ijt}$）预期符号为负。

本章对奥巴马政府贸易便利化改革措施的定量分析模型均以出口引力模型为基础设定。

### 三 模型形式的确定

面板数据模型的误差项 $\varepsilon_i$ 通常由两部分组成，一部分是与横截面（即个体样本）相关的包含所有影响被解释变量但是不随时间变化的非观测因素，而另一部分则包括了同时随着个体样本和时间变化的非观测因素。若将上述非观测因素视为与个体相关（即存在个体效应），但不随时间变化，则该模型为固定效应模型（Fix Effect Model, FEM）；若将非观测因素视为符合特定分布的随机变量，则该模型为随机效应模型（Random Effect Model, REM）；若既不存在个体效应，也不存在随机效应，则该模型为混合模型。上述三种模型是面板数据模型的三种基本形式，通常通过最大似然比检验（Likelihood Ratio）确定选择混合模型或者固定效应模型，其后通过豪斯曼检验（Hausman Test）确定选择固定效应模型或者随机效应模型。本章对多个模型估计的形式遵循上述方法。

# 第二节 贸易便利化改革出口增长效应实证分析

## 一 贸易便利化改革对美国总体货物出口流量的影响

### （一）模型设定

为了分析美国贸易便利化改革措施对其货物出口总体流量的影响，本书根据基础引力模型公式（6－2）至公式（6－10），分别设定如下两个出口引力模型：

$$
\begin{aligned}
\mathrm{Ln}EX_{jt} &= \alpha_0 + \sum_{i=1}^{i} \alpha_i ControlX_{it} + \sum_{i=1}^{i} \beta_i ControlX_{jt} + \sum_{i=1}^{i} \gamma_i ControlX_{ijt} \\
&\quad + \sum_{i=1}^{i} \delta_i X_t + \sum_{i=1}^{i} \theta_i X_{ijt} + \varepsilon_t \\
&= \alpha_0 + \alpha_1 \mathrm{Ln}USGDP_t + \beta_1 \mathrm{Ln}GDP_{jt} + \beta_2 \mathrm{Ln}PI_{jt} + \beta_3 \mathrm{Ln}Tariff_{jt} \\
&\quad + \beta_4 IMWTFI_{jt} + \delta_1 USWTFI_t + \theta_1 USIMWTFI_t \\
&\quad + \gamma_1 Langoff_{ijt} + \gamma_2 Langethno_{ijt} + \gamma_3 Colony_{ijt} + \gamma_4 \mathrm{Ln}D_{ijt}
\end{aligned}
\tag{6-11}
$$

$$
\begin{aligned}
\mathrm{Ln}EX_{jt} &= \alpha_0 + \sum_{i=1}^{i} \alpha_i ControlX_t + \sum_{i=1}^{i} \beta_i ControlX_{jt} + \sum_{i=1}^{i} \gamma_i ControlX_{ijt} \\
&\quad + \sum_{i=1}^{i} \delta_i X_t + \sum_{i=1}^{i} \theta_i X_{ijt} + \varepsilon_t \\
&= \alpha_0 + \alpha_1 \mathrm{Ln}USGDP_t + \beta_1 \mathrm{Ln}GDP_{jt} + \beta_2 \mathrm{Ln}PI_{jt} + \beta_3 \mathrm{Ln}Tariff_{jt} \\
&\quad + \gamma_1 Langoff_{ijt} + \gamma_2 Langethno_{ijt} + \gamma_3 Colony_{ijt} + \gamma_4 \mathrm{Ln}D_{ijt} \\
&\quad + \beta_4 IMEPR_{jt} + \beta_5 IMFIN_{jt} + \beta_6 IMCUS_{jt} + \beta_7 IMLOG_{jt} \\
&\quad + \beta_8 IMINF_{jt} + \beta_9 IMINS_{jt} \\
&\quad + \delta_1 USEPR_t + \delta_2 USFIN_t + \delta_3 USCUS_t + \delta_4 USLOG_t \\
&\quad + \delta_5 USINF_t + \delta_6 USINS_t \\
&\quad + \theta_1 USIMEPR_t + \theta_2 USIMFIN_t + \theta_3 USIMCUS_t + \theta_4 USIMLOG_t \\
&\quad + \theta_5 USIMINF_t + \theta_6 USIMINS_t
\end{aligned}
\tag{6-12}
$$

公式（6-11）用以分析美国贸易便利化改革措施对其货物出口总体流量的综合影响，公式（6-12）则主要分析美国出口促进便利化、贸易融资便利化、通关便利化、货物运输效率、信息基础设施以及制度环境便利化六个方面改革措施的作用。

（二）数据来源及样本说明

引力公式（6-11）及公式（6-12）数据来源如下。

被解释变量美国对出口市场 $j$ 货物出口额（$EX_{jt}$）数据取自联合国 Comtrade 数据库；解释变量 $Langoff_{ijt}$、$Langethno_{ijt}$、$Colony_{ijt}$

及 $D_{ijt}$ 均源于 CEPII 数据库，其中 $D_{ijt}$ 取两国首都地理距离，取对数形式；$Tariff_{jt}$ 源于 WITS（World Integrated Trade Solution）数据库，以包含官方最惠国税率（MFN）的加权关税税率（Weighted Average Tariff）衡量，对于优惠税率协定的协定国在协定生效后采用包含优惠税率（PRF）的加权关税税率；为了剔除汇率和通货膨胀的影响，变量 $GDP_t$、$GDP_{jt}$ 和 $PI_{jt}$ 均用购买力平价（PPP）换算为国际元数据，取自 2016 年 10 月 IMF 世界经济展望数据库公布的数据。

贸易便利化指标数据中，$IMEPR_{jt}$、$IMFIN_{jt}$、$IMLOG_{jt}$、$IMINF_{jt}$、$IMINS_j$、$USWTFI_t$、$USEPR_t$、$USFIN_t$、$USCUS_t$、$USLOG_t$、$USINF_t$ 和 $USINS_t$ 均根据本书第五章"贸易便利化综合指标评估体系"计算获得；$USIMEPR_{ijt}$、$USIMFIN_{ijt}$、$USIMLOG_{ijt}$、$USIMINF_{ijt}$ 和 $USIMINS_t$ 为各年份美国与出口市场对应便利化指标评分的乘积。同时，由于第五章"便利化指标体系"中，通关便利化使用"出口成本"和"出口单证数量"两项出口便利化指标，而模型需要考察美国的贸易伙伴"进口通关便利化"的影响，因此将上述两项二级指标替换为"进口成本"和"进口单证数量"后重新计算 67 个市场"进口通关便利化指标评分"$IMCUS_{jt}$、"进口贸易便利化综合指标评分"$IMWTFI_{jt}$ 以及交叉项 $USIMCUS_{ijt}$ 和 $USIMWTFI_{ijt}$。"进口成本"和"进口单证数量"数据源于世界银行 WDI 数据库。

$$DUSGDP_t = D(USGDP_t) = LnUSGDP_t - LnUSGDP_{t-1}$$

$$= Ln\left(1 + \frac{USGDP_t - USGDP_{t-1}}{USGDP_{t-1}}\right) = Ln(1 + RUSGDP_t)$$

基于数据可获得性和完整性，本书使用表 5-2 所列的 67 个出口市场，其涵盖了经济发展水平、文化背景以及地理距离等方面存在较大差异的国家和地区，能够比较全面地反映奥巴马政府贸易便利化改革措施的实际影响。本书使用 Eviews 9.5 对 2009～2015 年 67 个样本面板数据进行了定量分析，观测总量 469 个。

### （三）单位根检验

为了避免出现伪回归，本书使用 LLC、ADF-Fisher 和 PP-Fisher 三种单位根检验方法测定除距离和贸易便利化指标以外的时间序列变量的平稳性，包括 $LnEX_{jt}$、$LnUSGDP_t$、$LnGDP_{jt}$、$LnPI_{jt}$、$LnTariff_{jt}$。结果显示，$LnUSGDP_t$ 和 $LnGDP_{jt}$ 为一阶平稳序列，而 $LnEX_{jt}$、$LnTariff_{jt}$、$LnPI_{jt}$ 三个变量均为 0 阶平稳序列。本书对 $LnUSGDP_t$ 和 $LnGDP_{jt}$ 进行一阶差分变换为：

$$DGDP_{jt} = D(GDP_{jt}) = LnGDP_{jt} - LnGDP_{j(t-1)} = Ln\left(1 + \frac{GDP_{jt} - GDP_{j(t-1)}}{GDP_{j(t-1)}}\right)$$

$$= Ln(1 + RGDP_{jt})$$

其中，$RUSGAP_t$ 和 $RGDP_{jt}$ 分别表示 $t$ 年美国及其贸易伙伴 GDP 的增长率。$DUSGDP_t$ 和 $DGDP_{jt}$ 均为平稳序列，且系数经济含义与 $LnUSGDP_t$、$LnGDP_{jt}$ 一致。因此，通过 $RUSGAP_t$ 和 $RGDP_{jt}$ 分别计算得出 $DUSGDP_t$ 和 $DGDP_{jt}$ 后直接代入模型回归。

### （四）模型估计结果及分析

#### 1. 贸易便利化综合水平影响估计结果及分析

为了确定公式（6-11）的具体形式，本书进行最大似然比检验和 Hausman 检验。最大似然比检验结果以 F 统计量（P = 0.000）拒绝原假设，表明固定效应模型优于混合模型；而 Hausman 检验结果则以 F 统计量（P = 0.511）接受原假设，表明随机效应模型优于固定效应模型。因此，本书将公式（6-11）确定为随机效应模型进行估计。逐步筛选变量后估计结果见表 6-1。

表 6 - 1　对公式（6 - 11）的估计结果

| 解释变量 | 仅含关键变量 | 含关键变量和交叉项 |
|---|---|---|
| 共同截距 | 23.9<br>(0.000) | 22.7<br>(0.000) |
| $DUSGDP$ | 2.18<br>(0.000) | 2.34<br>(0.000) |
| $DGDP$ | 1.36<br>(0.001) | 1.17<br>(0.002) |
| Ln$PI$ | 0.34<br>(0.007) | 0.45<br>(0.001) |
| Ln$D$ | -0.72<br>(0.012) | -0.71<br>(0.012) |
| $Langoff$ | — | — |
| $Langethno$ | — | — |
| $Colony$ | — | — |
| Ln$Tariff$ | | |
| $IMWTFI$ | 2.46<br>(0.000) | 5.64<br>(0.000) |
| $USWTFI$ | — | — |
| $USIMWTFI$ | *** | -3.52<br>(0.027) |
| Effect | RE | RE |
| Observations | 469 | 469 |
| $R^2$ | 0.68 | 0.68 |
| Prob. | 0.0000 | 0.0000 |

注："—"表示该变量估计结果不显著，显著性水平在 0.05 以上；" *** "表示估计过程没有包含该变量；RE 表示随机效应模型，括号内为变量 P 值。

资料来源：Eviews 9.5 计算结果。

基于表 6 - 1 的估计结果，公式（6 - 11）被最终确定为：

$$\text{Ln}EX = 23.9 + 2.18 DUSGDP + 1.36 DGDP + 0.34\text{Ln}PI \qquad (6-13)$$
$$- 0.72\text{Ln}D + 2.46 IMWTFI$$

公式（6-13）拟合度为68%，而且各变量符号与预期相符，说明该结果能在一定程度上解释美国出口流量变化的影响因素。结果显示，影响美国出口贸易流量的主要因素包括美国经济规模、进口国经济规模及人均收入、地理距离以及贸易伙伴总体贸易便利化水平，而美国总体贸易便利化水平的影响并不显著。具体分析如下。

（1）金融危机后，美国经济复苏显著推动了其货物出口增长。美国经济增长率（$DUSGDP$）增长1单位即GDP增长1%，将促进美国货物出口增长2.18%。事实上除2009年美国实际GDP增长率为-2.8%以外，2010~2015年均实现正增长，且年均增长率高达2.17%[①]，增长态势强于大多数发达经济体。尽管遭受金融危机的冲击而呈现衰退之势，但美国作为世界唯一超级大国所具备的货物供给能力不可忽视。加之危机之后，经济迅速稳步复苏，无疑也为奥巴马政府经济刺激计划框架下的贸易便利化改革提供了有利的宏观环境和坚实后盾。因此，努力实现美国国民经济可持续增长对于其货物出口增长仍然是至关重要的。

（2）贸易伙伴国民生产总值（$GDP$）和人均收入（$PI$）的增长有利于美国货物出口扩张。$GDP$ 和 $PI$ 增长1%，将分别促进美国出口增长1.36%和0.34%。与陷入经济衰退的发达经济体相比，金融危机后新兴市场与发展中经济体的崛起成为全球经济复苏的亮点。2011年新兴市场与发展中经济体整体经济增长率高达6.3%，其中，中国和印度分别实现了9.3%和7.9%的增长，居民实际收入水平出现大幅提高。此后，进入经济结构调整期的新兴经济体也保持4.5%左右的增长率。不仅如此，随着欧盟主要国家逐渐走出欧债危机的阴影，西欧发达经济体的经济增长也渐入佳境。经济增长与收入水平的提高为美国出口扩大创造了良好的外部需求。

---

① 根据IMF世界经济展望2016年4月更新数据计算。实际GDP=名义GDP（美元现价）/平减指数。

（3）地理距离（LnD）仍然是美国货物出口贸易增长的阻力因素，而历史文化因素影响不显著。地理距离直接影响货物贸易运输成本，美国与贸易伙伴国首都地理距离增加1%，将减少其0.72%的出口贸易额。若根据距离的相对远近将美国出口市场划分为近距离（5000公里以内）、中等距离（5000～8000公里）与远距离（8000公里以上）可发现：近距离市场包括13个美洲国家，中等距离市场由20个欧洲国家、4个美洲国家和非洲国家摩洛哥组成，远距离国家则主要包括亚洲、大洋洲、中东及非洲（摩洛哥除外）的全部国家①。从数量上看，中等距离和远距离出口市场占总数量的4/5。在"重返亚太战略"的背景下，亚太远距离出口市场是政府推动美国企业开拓世界市场的重点，因此意味着降低物流运输成本在扩大美国货物出口规模中发挥越来越关键的作用。另外，由于历史文化因素不可能在短期内发生显著变化，共同民族语言（*Langethno*）、官方语言（*Langoff*）以及历史殖民关系（*Colony*）等因素对金融危机后美国短期货物出口增长未产生明显影响。

（4）贸易伙伴进口关税（*Tariff*）所代表的关税壁垒因素影响不显著。2009～2015年，美国贸易伙伴国进口关税水平也并未发生显著变化。其一，金融危机前期世界平均实际关税水平已经降至10%以下，尤其是OECD成员平均关税水平已经低于3%，因而关税政策空间有限。其二，作为消除关税壁垒的重要手段，美国于2009年后仅与摩洛哥、巴拿马和韩国签订了双边FTA。尽管随着关税削减，美国对上述三国出口量有所增长，但由于其非常有限的市场份额而难以对货物出口总额增长产生显著作用。其三，至2015年奥巴马政府大力推进的TPP和TTIP谈判尚未结束，大范围消除亚太及欧盟成员关税壁垒还未实现。因此，关税的变化并非美国出口贸易增长的重要

---

① 两国首都地理距离取值数据源于CPII数据库。

因素。

（5）贸易伙伴贸易便利化水平（*IMWTFI*）的提升能够显著扩大美国出口贸易规模。*IMWTFI* 提升 1 个单位，将促进美国货物出口贸易额提高 2.46%。跨境交易的履行开始于出口国，但终结于进口国。进口市场便利化水平的提高有助于减少其边境及边境后贸易成本。因此，奥巴马政府注重通过国际合作分享改革经验、扩大对外援助与技术交流以帮助发展中国家提升便利化水平无疑是"双赢"之举。

（6）美国总体贸易便利化水平（*USWTFI*）及交叉项（*USIMWTFI*）的影响均不显著。作为一项长期系统的工程，由于改革具体措施制定、投放资源和改革执行效率的差异，近年来美国在出口促进、贸易融资、通关便利、货运效率及制度环境等不同方面的便利化水平不仅变化态势存在差异，而且便利化程度也非常不均衡，导致其综合便利化水平并未对总体出口流量产生显著影响。同时，交叉项（*USIMWTFI*）不显著表明贸易伙伴贸易便利化水平对美国出口增长的拉动作用并不受美国贸易便利化综合水平变化的影响，即具有较强独立性。当然，*USWTFI* 及 *USIMWTFI* 均不显著也表明了对具体贸易便利化改革措施的影响进行进一步分析是有必要的。

### 2. 贸易便利化措施影响的估计结果及分析

为了进一步测定奥巴马政府贸易便利化措施的影响，本书使用公式（6-12）对美国货物出口总额进行回归。模型最大似然比检验结果以 F 统计量（P = 0.000）拒绝原假设，表明固定效应模型优于混合模型；而 Hausman 检验结果则以 F 统计量（P = 0.000）拒绝原假设，表明固定效应模型优于随机效应模型。此外，由于模型截面数量远超过时序数量，因此取固定效应回归时考虑截面权重（Cross-section Weight），即允许存在截面异方差。表 6-2 显示了逐步筛选变量后的估计结果。

表6-2　对公式（6-12）的估计结果

| 解释变量 | 不含交叉项 | 含交叉项 |
|---|---|---|
| 共同截距 | 13.51<br>(0.000) | 14.5<br>(0.000) |
| DUSGDP | — | — |
| DGDP | 1.72<br>(0.000) | 1.42<br>(0.000) |
| LnPI | — | — |
| LnTariff | — | — |
| IMEPR | — | — |
| IMFIN | — | — |
| IMCUS | 0.43<br>(0.013) | 0.44<br>(0.010) |
| IMLOG | 1.17<br>(0.000) | — |
| IMINF | 0.77<br>(0.000) | 0.82<br>(0.000) |
| IMINS | 0.73<br>(0.002) | 0.76<br>(0.000) |
| USEPR | 1.87<br>(0.004) | 2.32<br>(0.004) |
| USFIN | — | — |
| USCUS | — | — |
| USLOG | 4.79<br>(0.010) | 4.46<br>(0.000) |
| USINF | — | — |
| USINS | — | — |
| USIMEPR | *** | — |
| USIMFIN |  | — |
| USIMCUS |  | — |
| USIMLOG |  | 1.38<br>(0.000) |

续表

| 解释变量 | 不含交叉项 | 含交叉项 |
|---|---|---|
| *USIMINF* | | — |
| *USIMINS* | *** | — |
| Effect | FE | FE |
| Observations | 469 | 469 |
| R² | 0.989 | 0.989 |
| Prob. | 0.0000 | 0.0000 |

注："—"表示该变量估计结果不显著，显著性水平在 0.05 以上；"***"表示估计过程没有包含该变量；FE 表示固定效应模型；篇幅有限，表 6 - 2 省略变量筛选过程及个体截距数据，仅显示最终结果；括号内为变量 P 值。

资料来源：Eviews 9.5 计算结果。Ln*D*、*Langoff*、*Langethno*、*Colony* 的影响被归于个体效应，未列于表 6 - 2。

基于表 6 - 2 估计结果，得到：

$$\text{Ln}EX = 14.5 + 1.42DGDP + 0.44IMCUS + 0.82IMINF + 0.76IMINS$$
$$+ 2.32USEPR + 4.46USLOG + 1.38USIMLOG \qquad (6-14)$$

公式（6 - 12）中 *DUSGDP*、Ln*PI* 等变量影响不显著，可能是由于与贸易双方的具体贸易便利化指标产生了共线性，予以剔除；采用固定效应模型进行估计时，距离、民族语言、官方语言、殖民关系等控制变量由于不随时间变化而被归于个体效应。事实上，根据 Anderson 的研究，采用个体固定效应能够更好地捕捉影响贸易流量的多边阻力因素。模型加入交叉项后，影响因素没有发生实质性变化；最终公式（6 - 14）各变量符号与预期相符，且 R² 高达 98.9% 表明估计结果具有很高的拟合优度。结果显示：贸易伙伴 GDP 增长是美国货物出口扩张的有利因素；贸易伙伴进口通关便利化水平、信息基础设施质量以及制度环境影响显著；奥巴马政府贸易便利化改革措施中，提升贸易促进便利化水平和货运效率的改革措施具有积极作用。具体分析如下。

（1）贸易伙伴进口通关便利化水平（*IMCUS*）、信息基础设施水平（*IMINF*）以及制度环境（*IMINS*）的改善均促进了美国货物出口增长。上述三方面便利化水平指数提升 1 个单位，将分别拉动美国货物出口额提高 0.44%、0.82% 和 0.76%，表明全球范围内所兴起的贸易便利化改革不仅改善了美国企业面临的出口环境，而且美国也直接受益于各国在边境程序、硬件基础设施及市场环境方面的改革成果。

（2）奥巴马政府贸易便利化改革措施中，显著促进其货物出口增长的改革措施是出口促进便利化（*USEPR*）和货运基础设施便利化（*USLOG*）改革。首先，在其他条件不变的情况下，*USEPR* 提升 1 个单位，将拉动美国出口额增长 2.32%。*USEPR* 由电子政务发展度和参与度两项指标构成，其显著性一方面肯定了电子政务作为出口协助现代化途径在推广政府出口协助项目、降低信息成本方面的重要作用，另一方面表明奥巴马政府在原有"电子政务"网络基础上"打造以前沿网络技术为基础，任何时间、任何地点、任何设备都能使用和参与政府出口协助的共享信息平台"的创新性改革理念和目标。另外，加强贸易部门协调、精简出口服务、创建信息共享平台、推进数据开放、提高企业参与度等一系列改革举措再次将其电子政务水平推向了新的高度。

其次，美国货运基础设施便利化改革促进作用显著。在其他条件不变时，货运效率指数（*USLOG*）提高 1 单位，将促进美国出口贸易增长 4.46%。作为经济振兴计划的重要内容，经过奥巴马政府持续几年的货运基础设施投资与建设，美国在提高货运效率方面已实现一定提升，直接降低了美国出口货物的运输成本、时间成本以及仓储成本。*USLOG* 系数高达 4.46，远远超过其他变量系数，表明货运基础设施便利化改革是促进美国货物出口的最重要的影响因素。

值得注意的是，模型在拟合过程中，加入交叉项后虽然进口国货运效率（*IMLOG*）的显著性消失，但 *USIMLOG* 显著为正且 *USLOG* 系数略有减小。这一结果表明，贸易伙伴货运效率的提升是影响美国出口增长的积极因素，而且进口国境内货运基础设施水平的提升将强化美国改进货运效率对其出口的促进作用。

## 二　贸易便利化改革对美国主要货物出口流量的影响

作为货物出口大国，美国出口产品种类繁多。不同类别产品在体积、重量、单位价值、储存时间等方面的要求存在很大差异。因此，贸易便利化改革措施对出口流量的影响可能因产品种类的不同而有所区别。

为了进行国际贸易统计和对比，世界各国普遍采用国际贸易标准分类（SITC）体系将贸易商品分为 10 大类（SITC0 ~ SITC9）、63 章及 223 组。据统计，2009 ~ 2015 年初级产品（SITC0 ~ SITC4）出口额在美国货物出口贸易总额中占比始终在 20% 以下，食品和活畜（SITC0）、非食用原料（燃料除外）（SITC2）以及矿物燃料、润滑剂和原料（SITC3）是其中主要的出口产品。而占货物出口额 80% 以上的制成品则以机械和运输设备（SITC7）、化学成品及有关产品（SITC5）和按原料分类的制成品（SITC6）出口为主。因此，本书取美国对 67 个出口市场的上述 6 大类出口贸易额为被解释变量分别构建出口引力模型，考察贸易便利化改革措施对不同类别货物出口增长的影响。

### （一）模型设定及数据说明

为了分析美国贸易便利化改革措施对各类货物出口流量的影响，本书根据公式（6 - 2）至公式（6 - 10），分别设定如下出口引力模型：

$$
\begin{aligned}
\mathrm{Ln}SITC_{jt} = {} & \alpha_0 + \sum_{i=1}^{i} \alpha_i ControlX_{it} + \sum_{i=1}^{i} \beta_i ControlX_{jt} + \sum_{i=1}^{i} \gamma_i ControlX_{ijt} \\
& + \sum_{i=1}^{i} \delta_i X_t + \sum_{i=1}^{i} \theta_i X_{ijt} + \varepsilon_t \\
= {} & \alpha_0 + \alpha_1 \mathrm{Ln}USGDP_t + \beta_1 \mathrm{Ln}GDP_{jt} + \beta_2 \mathrm{Ln}PI_{jt} + \beta_3 \mathrm{Ln}Tariff_{jt} \\
& + \gamma_1 Langoff_{ijt} + \gamma_2 Langethno_{ijt} + \gamma_3 Colony_{ijt} + \gamma_4 \mathrm{Ln}D_{ijt} \\
& + \beta_4 IMEPR_{jt} + \beta_5 IMFIN_{jt} + \beta_6 IMCUS_{jt} + \beta_7 IMLOG_{jt} \qquad (6-15) \\
& + \beta_8 IMINF_{jt} + \beta_9 IMINS_{jt} \\
& + \delta_1 USEPR_t + \delta_2 USFIN_t + \delta_3 USCUS_t + \delta_4 USLOG_t \\
& + \delta_5 USINF_t + \delta_6 USINS_t \\
& + \theta_1 USIMEPR_t + \theta_2 USIMFIN_t + \theta_3 USIMCUS_t \\
& + \theta_4 USIMLOG_t + \theta_5 USIMINF_t + \theta_6 USIMINS_t
\end{aligned}
$$

其中，$\mathrm{Ln}SITC_{jt}$ 为 $t$ 年美国对 $j$ 国 SITC0、SITC2、SITC3、SITC5、SITC6 和 SITC7 六大类产品出口贸易额的自然对数。数据源于 UN-Comtrade 数据库 SITC 第三次修订版。同时，$Tariff_{jt}$ 为 $t$ 年 $j$ 国对来自美国的不同 SITC 分类产品的进口关税，以包含 MFN 的加权关税税率衡量，对于优惠税率协定的协定国在协定生效后采用包含优惠税率（PRF）的加权关税税率，数据取自 WITS 关税数据库；其他变量含义与数据来源和公式（6-12）相同。

（二）模型估计结果及分析

1. 模型估计结果

为了保证时间序列平稳性，本书对 $\mathrm{Ln}SITC0$、$\mathrm{Ln}SITC2$、$\mathrm{Ln}SITC3$、$\mathrm{Ln}SITC5$、$\mathrm{Ln}SITC6$、$\mathrm{Ln}SITC7$ 以及对应 $Tariff_{jt}$ 进行单位根检验。结果显示上述时间序列均为平稳序列，可直接进行回归分析。最大似然比和 Hausman 检验结果将公式（6-15）确定为固定效应模型，逐步筛选变量后估计结果见表 6-3。

表 6 - 3　对公式（6 - 15）的估计结果

| 解释变量 | LnSITC0 | LnSITC2 | LnSITC3 | LnSITC5 | LnSITC6 | LnSITC7 |
|---|---|---|---|---|---|---|
| 共同截距 | 5.86 (0.000) | 14.7 (0.000) | -3.11 (0.112) | 24.7 (0.000) | 20.8 (0.000) | 14.3 (0.000) |
| DUSGDP | — | — | 7.52 (0.000) | — | — | 0.999 (0.009) |
| DGDP | — | 2.33 (0.000) | | 1.49 (0.000) | 1.51 (0.000) | 1.67 (0.000) |
| LnPI | 0.73 (0.000) | — | — | — | — | — |
| LnTariff | — | — | — | -2.11 (0.008) | -2.27 (0.005) | — |
| IMEPR | — | — | — | — | — | — |
| IMFIN | — | — | — | — | 0.72 (0.000) | 0.4 (0.000) |
| IMCUS | 0.42 (0.041) | — | — | — | — | — |
| IMLOG | — | 1.32 (0.000) | — | — | — | — |
| IMINF | — | 3.03 (0.000) | — | 1.4 (0.000) | 0.88 (0.000) | 0.79 (0.007) |
| IMINS | — | — | 2.77 (0.000) | — | 1.41 (0.000) | — |
| USEPR | 2.88 (0.000) | — | — | 2.32 (0.000) | 2.82 (0.000) | 1.14 (0.000) |
| USFIN | — | — | — | — | — | — |
| USCUS | — | 1.70 (0.001) | — | — | — | — |
| USLOG | 4.21 (0.001) | — | 21.74 (0.000) | 2.62 (0.002) | 5.61 (0.000) | 6.34 (0.000) |
| USINF | — | — | — | — | — | — |
| USINS | — | — | — | — | — | — |
| USIMEPR | — | — | — | — | — | — |

| 解释变量 | LnSITC0 | LnSITC2 | LnSITC3 | LnSITC5 | LnSITC6 | LnSITC7 |
|---|---|---|---|---|---|---|
| *USIMFIN* | — | — | — | — | — | — |
| *USIMCUS* | — | 0.92<br>（0.006） | — | — | — | — |
| *USIMLOG* | — | — | 1.57<br>（0.049） | 0.49<br>（0.022） | 0.45<br>（0.023） | 1.23<br>（0.000） |
| *USIMINF* | — | — | — | — | — | — |
| *USIMINS* | — | — | — | — | — | — |
| Effect | FE | FE | FE | FE | FE | FE |
| Observations | 469 | 469 | 469 | 469 | 469 | 469 |
| $R^2$ | 0.995 | 0.976 | 0.978 | 0.978 | 0.998 | 0.998 |
| Prob. | 0.0000 | 0.0000 | 0.0000 | 0.0000 | 0.0000 | 0.0000 |

注：FE 表示固定效应模型；篇幅有限，表 6-3 省略变量筛选过程，仅显示最终估计结果；括号内为变量 P 值。

资料来源：Eviews 9.5 处理结果；Ln*D*、*Langoff*、*Langethno*、*Colony* 的影响被归于个体效应，因此未列于表 6-3。

基于表 6-3 的估计结果，各类出口货物出口引力模型被最终确定为：

$$\text{Ln}SITC0 = 5.86 + 0.73\text{Ln}PI + 0.42IMCUS + 2.88USEPR \\ + 4.21USLOG \tag{6-16}$$

$$\text{Ln}SITC2 = 14.7 + 2.33DGDP + 1.32IMLOG + 3.03IMINF \\ + 1.70USCUS + 0.92USIMCUS \tag{6-17}$$

$$\text{Ln}SITC3 = -3.11 + 7.52DUSGDP + 2.77IMINS + 21.74USLOG \\ + 1.57USIMLOG \tag{6-18}$$

$$\text{Ln}SITC5 = 24.7 + 1.49DGDP - 2.11\text{Ln}Tariff_5 + 1.4IMINF \\ + 2.32USEPR + 2.62USLOG + 0.49USIMLOG \tag{6-19}$$

$$\text{Ln}SITC6 = 20.8 + 1.51DGDP - 2.27\text{Ln}Tariff_6 + 0.72IMFIN \\ + 0.88IMINF + 1.41IMINS + 2.82USEPR \\ + 5.61USLOG + 0.45USIMLOG \tag{6-20}$$

$$\text{Ln}SITC7 = 14.3 + 0.999DUSGDP + 1.67DGDP + 0.4IMFIN$$
$$+ 0.79IMINF + 1.14USEPR + 6.34USLOG \qquad (6-21)$$
$$+ 1.23USIMLOG$$

公式（6-12）至公式（6-21）变量符号与预期相符，拟合度均超过为96%，表明估计结果能够很好地拟合现实。同时估计结果表明：贸易便利化改革措施对不同类别产品出口增长的影响确实存在差异。

**2. 贸易便利化改革措施对美国初级产品出口增长的影响分析**

根据公式（6-16）至公式（6-18），贸易伙伴经济增长率（*DGDP*）及人均收入（Ln*PI*）等因素对0类和2类产品出口增长具有积极影响，而美国经济增长率（*DUSGDP*）对3类产品影响非常显著，GDP增长率提高1单位将拉动其出口增长7.52%，即金融危机之后美国农产品和非食用原料出口扩张得益于外部需求增长，而石油及相关产品出口增长则与美国石油供给能力的提高密切相关。同时，关税（Ln*Tariff*）的影响均不显著，表明降低非关税壁垒对提高出口量更为重要。

奥巴马政府贸易便利化改革对三类初级产品出口的影响存在一定差异，具体而言，表现在以下方面。

其一，SITC0类产品出口额与贸易伙伴进口通关便利化水平（*IMCUS*）、美国出口促进便利性（*USEPR*）以及美国货运效率指数（*USLOG*）存在显著正相关关系。数据显示，肉及肉制品（SITC01）、谷物及谷物制品（SITC04）和蔬菜水果（SITC05）等农产品是美国主要的0类出口产品。该类产品保存时间短，对运输时间具有很高要求；同时进口市场复杂的动植物检验检疫标准、生产和出口规模过小而无法实现规模经济等是美国出口商面临的主要障碍。模型估计结果表明，奥巴马政府通过贸易促进便利化改革提升贸易信息流通、加强专业咨询服务、提供各类出口促进项目等做法对扩大主要农产品出口发挥了积极作用。而货运效率的提高也更好地满足了上述产品在运输时间方面的要求。

其二，SITC2 类产品以石油种子及含油果实（SITC22）和金属矿砂以及金属废料（SITC28）出口为主，进口国（地区）物流效率（*IMLOG*）和信息基础设施水平（*IMINF*）提高 1 单位能够分别提高其出口额 1.32% 和 3.03%。美国出口通关便利化指数（*USCUS*）与对应交叉项 *USIMCUS* 系数显著为正，表明奥巴马政府通关便利化改革有效提高了该类产品出口额，而且贸易伙伴进口通关便利化改革强化了这一促进作用。

其三，SITC3 类产品以石油及石油相关产品（SITC33）为主。估计结果显示，进口市场制度环境（*IMINS*）对美国石油产品出口具有显著正向关系。而美国政府改善货运基础设施质量的改革措施发挥了更为有效的作用，*USLOG* 指数增加 1 单位，其可提升美国石油出口 21.7%。不仅如此，当贸易伙伴同时改善其境内货运基础设施质量（*USIMLOG*）时，这一促进作用将更加显著。

**3. 贸易便利化改革措施对美国制成品出口增长的影响分析**

美国制成品占其货物出口贸易额的约 80%，以化学成品及有关产品（SITC5）、以材料分类的制成品（SITC6）、机械和运输设备（SITC7）三类产品出口为主。其中，机械和运输设备（SITC7）出口比重最高，最主要的出口产品包括发电机械设备（SITC71），个别工业专用设备（SITC72），一般工业机械设备和零件（SITC74），办公机器和自动化处理设备及零件（SITC75），电信、录音设备和仪器（SITC76），电气机械（SITC77）以及陆运车辆（SITC78）；化学成品及有关产品（SITC5）出口比重位居其次，主要包括有机化工产品（SITC51）、涂料（SITC54）和初级形状塑料（SITC57）；以材料分类的制成品（SITC6）则主要包括纸及纸浆产品（SITC64）、非金属矿产制品（SITC66）、钢铁（SITC67）、有色金属（SITC68）和金属制品（SITC69）。

　　根据公式（6-19）至公式（6-21），贸易伙伴经济增长率（DGDP）的提高能够显著促进美国三类制成品的出口，表明了外部需求的重要性。美国经济增长率（USGDP）对于扩大机械和运输设备产品（SITC7）的出口具有显著积极影响，表明金融危机后美国经济强劲复苏有助于其发挥在资本技术密集型产品生产和出口方面的竞争优势。5 类和 6 类产品的出口额与进口关税密切相关，意味着降低关税壁垒对于美国提升这两类产品的出口额具有重要意义。

　　进口市场贸易便利化因素对美国三类产品出口额的影响存在一定差异。由于产品属性，美国 6 类和 7 类产品贸易对进口企业资金周转能力的要求很高，其与进口国（地区）贸易融资便利化水平（IM-FIN）显著正相关。同时，互联网时代信息基础设施的改善对于降低信息成本、创造贸易机会具有广泛和重要影响。进口市场信息基础设施水平（IMINF）的提高对美国扩大制成品出口额产生了显著拉动作用。另外，进口国制度环境（IMINS）的改善尤其利于美国钢铁、有色金属、金属制品等产品的出口。

　　与初级产品不同，奥巴马政府便利化改革措施对三类制成品出口的影响高度相似。贸易促进便利化与货运基础设施便利化是推动其制成品出口的两项重要改革。其一，贸易出口促进便利化（USEPR）提高 1 单位将分别带动 SITC5、SITC6 和 SITC7 出口额增长 2.32%、2.82% 和 1.14%。金融危机后，奥巴马政府将提升高端制造业产品国际竞争力作为"再工业化战略"的战略目标之一，同时在推行贸易促进便利化改革措施时以降低高新技术产品出口贸易成本为重点。估计结果表明，奥巴马政府的贸易促进便利化改革措施产生了积极的影响。其二，货运效率指数（USLOG）提高 1 单位将分别带动 SITC5、SITC6 和 SITC7 出口额增长 2.62%、5.61% 和 6.34%，但 6 类与 7 类产品对货运基础设施的便利化改革更加敏感。同时，交叉项 USIMLOG

系数均显著为正，表明提高美国货运效率对于促进三类制成品出口的影响都将由于进口市场货运基础设施的改善而得以增强。

### 三 贸易便利化改革对不同规模企业出口绩效的影响

由于经营规模、资金约束、管理方式、组织资源等方面存在很大差异，贸易壁垒对中小贸易企业与大型贸易企业的影响往往不同，因此一国推行贸易便利化改革对于不同规模企业出口绩效的影响也可能有所差异。因此，本书将金融危机后美国大型企业与中小企业出口额作为被解释变量分别构建出口引力模型，以考察改革对不同规模企业出口绩效的影响。

#### （一）模型设定及数据说明

本书根据公式（6-2）至公式（6-10），设定如下出口引力模型：

$$
\begin{aligned}
LnSMEX_{jt} &= \alpha_0 + \sum_{i=1}^{i}\alpha_i ControlX_{it} + \sum_{i=1}^{i}\beta_i ControlX_{jt} + \sum_{i=1}^{i}\gamma_i ControlX_{ijt} \\
&\quad + \sum_{i=1}^{i}\delta_i X_t + \sum_{i=1}^{i}\theta_i X_{ijt} + \varepsilon_t \\
&= \alpha_0 + \alpha_1 LnUSGDP_t + \beta_1 LnGDP_{jt} + \beta_2 LnPI_{jt} + \beta_3 LnTariff_{jt} \\
&\quad + \beta_4 IMWTFI_{jt} + \delta_1 USWTFI_t + \theta_1 USIMWTFI_t \\
&\quad + \gamma_1 Langoff_{ijt} + \gamma_2 Langethno_{ijt} + \gamma_3 Colony_{ijt} + \gamma_4 LnD_{ijt}
\end{aligned} \tag{6-22}
$$

$$
\begin{aligned}
LnBEX_{jt} &= \alpha_0 + \sum_{i=1}^{i}\alpha_i ControlX_{it} + \sum_{i=1}^{i}\beta_i ControlX_{jt} + \sum_{i=1}^{i}\gamma_i ControlX_{ijt} \\
&\quad + \sum_{i=1}^{i}\delta_i X_t + \sum_{i=1}^{i}\theta_i X_{ijt} + \varepsilon_t \\
&= \alpha_0 + \alpha_1 LnUSGDP_t + \beta_1 LnGDP_{jt} + \beta_2 LnPI_{jt} + \beta_3 LnTariff_{jt} \\
&\quad + \beta_4 IMWTFI_{jt} + \delta_1 USWTFI_t + \theta_1 USIMWTFI_t \\
&\quad + \gamma_1 Langoff_{ijt} + \gamma_2 Langethno_{ijt} + \gamma_3 Colony_{ijt} + \gamma_4 LnD_{ijt}
\end{aligned} \tag{6-23}
$$

$$
\begin{aligned}
LnSMEX_{jt} = {} & \alpha_0 + \sum_{i=1}^{i} \alpha_i ControlX_{it} + \sum_{i=1}^{i} \beta_i ControlX_{jt} + \sum_{i=1}^{i} \gamma_i ControlX_{ijt} \\
& + \sum_{i=1}^{i} \delta_i X_t + \sum_{i=1}^{i} \theta_i X_{ijt} + \varepsilon_t \\
= {} & \alpha_0 + \alpha_1 LnUSGDP_t + \beta_1 LnGDP_{jt} + \beta_2 LnPI_{jt} + \beta_3 LnTariff_{jt} \\
& + \gamma_1 Langoff_{ijt} + \gamma_2 Langethno_{ijt} + \gamma_3 Colony_{ijt} + \gamma_4 LnD_{ijt} \\
& + \beta_4 IMEPR_{jt} + \beta_5 IMFIN_{jt} + \beta_6 IMCUS_{jt} + \beta_7 IMLOG_{jt} \quad (6-24) \\
& + \beta_8 IMINF_{jt} + \beta_9 IMINS_{jt} \\
& + \delta_1 USEPR_t + \delta_2 USFIN_t + \delta_3 USCUS_t + \delta_4 USLOG_t \\
& + \delta_5 USINF_t + \delta_6 USINS_t \\
& + \theta_1 USIMEPR_t + \theta_2 USIMFIN_t + \theta_3 USIMCUS_t \\
& + \theta_4 USIMLOG_t + \theta_5 USIMINF_t + \theta_6 USIMINS_t
\end{aligned}
$$

$$
\begin{aligned}
LnBEX_{jt} = {} & \alpha_0 + \sum_{i=1}^{i} \alpha_i ControlX_{it} + \sum_{i=1}^{i} \beta_i ControlX_{jt} + \sum_{i=1}^{i} \gamma_i ControlX_{ijt} \\
& + \sum_{i=1}^{i} \delta_i X_t + \sum_{i=1}^{i} \theta_i X_{ijt} + \varepsilon_t \\
= {} & \alpha_0 + \alpha_1 LnUSGDP_t + \beta_1 LnGDP_{jt} + \beta_2 LnPI_{jt} + \beta_3 LnTariff_{jt} \\
& + \gamma_1 Langoff_{ijt} + \gamma_2 Langethno_{ijt} + \gamma_3 Colony_{ijt} + \gamma_4 LnD_{ijt} \\
& + \beta_4 IMEPR_{jt} + \beta_5 IMFIN_{jt} + \beta_6 IMCUS_{jt} + \beta_7 IMLOG_{jt} \quad (6-25) \\
& + \beta_8 IMINF_{jt} + \beta_9 IMINS_{jt} \\
& + \delta_1 USEPR_t + \delta_2 USFIN_t + \delta_3 USCUS_t + \delta_4 USLOG_t \\
& + \delta_5 USINF_t + \delta_6 USINS_t \\
& + \theta_1 USIMEPR_t + \theta_2 USIMFIN_t + \theta_3 USIMCUS_t \\
& + \theta_4 USIMLOG_t + \theta_5 USIMINF_t + \theta_6 USIMINS_t
\end{aligned}
$$

其中，$LnSMEX_{jt}$ 为 $t$ 年美国中小企业对 $j$ 国货物出口贸易额的自然对数，$LnBEX_{jt}$ 为 $t$ 年美国大型出口企业对 $j$ 国货物出口贸易额的自然对数。公式（6-22）和公式（6-23）主要用以分析美国综合贸易便利化水平对不同规模企业货物出口总额的综合影响，公式（6-24）和公式（6-25）则主要分析出口促进便利化、贸易融资便利化、通关便利化、货物运输效率、信息基础设施以及制度环境便利化改革措施的作用。

美国两类企业出口市场较为集中，且基于数据的完整性和连续性，本书取 2009～2014 年出口市场份额居前 24 位的国家（地区），包括加拿大、墨西哥、日本、中国、英国、德国、韩国、荷兰、新加坡、法国、比利时、巴西、澳大利亚、中国香港、瑞士、意大利、马来西亚、阿拉伯联合酋长国、以色列、印度、委内瑞拉、沙特阿拉伯、哥伦比亚、智利。其他数据来源同公式（6-11）和公式（6-12）。

（二）模型估计结果及分析

经过最大似然比检验和 Hausman 检验，本书可将公式（6-22）至公式（6-25）确定为固定效应模型，并考虑截面权重进行回归。表 6-4 显示了逐步筛选变量后的估计结果。

表 6-4　对公式（6-22）至公式（6-25）的估计结果

| 解释变量 | 公式（6-22） | 公式（6-23） | 公式（6-24） | 公式（6-25） |
|---|---|---|---|---|
| 共同截距 | -5.88<br>(0.000) | -0.02<br>(0.09) | -1.34<br>(0.033) | -0.23<br>(0.087) |
| $DUSGDP$ | 1.62<br>(0.001) | — | — | — |
| $DGDP$ | 1.59<br>(0.01) | — | 1.43<br>(0.001) | — |
| $LnPI$ | 1.4<br>(0.000) | 0.66<br>(0.000) | 0.58<br>(0.001) | 0.66<br>(0.001) |
| $LnTariff$ | — | — | | |
| $IMWTFI$ | 1.01<br>(0.006) | 0.79<br>(0.031) | *** | *** |
| $USWTFI$ | — | 3.05<br>(0.000) | | |
| $USIMWTFI$ | — | — | | |

续表

| 解释变量 | 公式（6-22） | 公式（6-23） | 公式（6-24） | 公式（6-25） |
|---|---|---|---|---|
| *IMEPR* | | | — | — |
| *IMFIN* | | | — | — |
| *IMCUS* | | | — | — |
| *IMLOG* | *** | *** | — | — |
| *IMINF* | | | 0.78<br>(0.007) | 0.98<br>(0.001) |
| *IMINS* | | | — | — |
| *USEPR* | | | 3.44<br>(0.001) | — |
| *USFIN* | | | 1.26<br>(0.003) | 1.88<br>(0.000) |
| *USCUS* | *** | *** | — | 1.44<br>(0.000) |
| *USLOG* | | | — | — |
| *USINF* | | | — | — |
| *USINS* | | | — | — |
| *USIMEPR* | | | — | — |
| *USIMFIN* | | | — | — |
| *USIMCUS* | | | — | — |
| *USIMLOG* | *** | *** | — | — |
| *USIMINF* | | | — | — |
| *USIMINS* | | | — | — |
| Effect | FE | FE | FE | FE |
| Observations | 144 | 144 | 144 | 144 |
| $R^2$ | 0.987 | 0.985 | 0.995 | 0.997 |
| Prob. | 0.0000 | 0.0000 | 0.0000 | 0.0000 |

注：“—”表示该变量估计结果不显著，显著性水平在 0.05 以上；“***”表示估计过程没有包含该变量；FE 表示固定效应模型；篇幅有限，表 6-4 省略变量筛选过程及个体截距数据，仅显示最终结果；括号内为变量 P 值。

资料来源：Eviews 9.5 计算结果；Ln*D*、*Langoff*、*Langethno*、*Colony* 的影响被归于个体效应，因此未列于表 6-4。

基于表 6 - 4 的估计结果，公式（6 - 22）至公式（6 - 25）被最终确定为：

$$\text{Ln}SMEX = -5.88 + 1.62DUSGDP + 1.59DGDP + 1.4\text{Ln}PI \\ + 1.01IMWTFI \tag{6-26}$$

$$\text{Ln}BEX = -0.02 + 0.66\text{Ln}PI + 0.79IMWTFI + 3.05USWTFI \tag{6-27}$$

$$\text{Ln}SMEX = -1.34 + 1.43DGDP + 0.58\text{Ln}PI + 0.78IMINF \\ + 3.44USEPR + 1.26USFIN \tag{6-28}$$

$$\text{Ln}BEX = -0.23 + 0.66\text{Ln}PI + 0.98IMINF + 1.88USFIN \\ + 1.44USCUS \tag{6-29}$$

上述模型拟合度均高于 98%，而且各变量符号与预期相符，说明估计结果能很好地解释奥巴马政府贸易便利化改革对不同规模企业出口总额的影响。结果具体如下所示。

（1）贸易伙伴人均收入（LnPI）对美国大型企业和中小企业出口增长均呈正相关关系，表明买方实际购买力的提高能够有效拉动市场需求。除此之外，中小出口企业的出口绩效还与美国经济增长率（DUSGDP）和贸易伙伴经济增长率（DGDP）显著正相关，表明相比大型企业而言，中小企业出口绩效更容易受到贸易双方经济增长速度的影响。而公式（6 - 22）和公式（6 - 24）中 DGDP 系数均高于 LnPI，进一步表明相比买方购买力，进口国（地区）宏观经济环境的波动对美国中小企业的出口绩效影响更大，因此贸易伙伴经济稳定增长对于中小出口企业非常重要。而贸易伙伴进口关税（Tariff）所代表的关税壁垒因素影响均不显著。

（2）贸易伙伴贸易便利化水平（IMWTFI）的提高有利于增加美国企业出口额。IMWTFI 提升 1 个单位，将分别促进美国大型企业和中小企业货物出口贸易额增长 0.79% 和 1.01%。同时，IMWTFI 对大型企业出口额的回归系数小于中小企业，表明美国中小企业出口绩效对于进口国市场整体便利化水平更为敏感。另外，就具体便利化改革措施而言，*IMINF* 提升 1 个单位，将分别促进美国大型企业和中小企业货物出口贸易额增长 0.98% 和 0.78%，意味着进口国（市场）信息基础设施的改善对两类企业出口均具有显著积极影响，但对大型企业出口增长的拉动作用更强。

（3）美国总体贸易便利化水平（*USWTFI*）是大型企业出口增长的促进因素，对中小企业影响并不显著。就具体改革措施而言，奥巴马政府贸易融资便利化改革有效促进了两类企业出口，*USFIN* 提高 1 个单位能带动大型企业和中小企业出口分别增长 1.88% 和 1.26%，表明贸易融资仍然是美国出口企业面临的重要壁垒，降低融资成本将有效提升出口规模。

同时，在开拓国际市场时，由于资源、知识、资金约束，中小企业往往面临和承担比大型企业更高的信息成本及由信息不对称产生的贸易风险。因此，政府加强贸易促进服务、提供出口协助项目、加速信息流通对于中小企业而言意义重大。为中小企业提供更加便利的贸易促进服务也是奥巴马政府贸易便利化改革的重要内容。公式（6-28）显示，*USEPR* 提升 1 单位能提高其出口额 3.44%，且系数远高于其他因素系数，表明奥巴马政府贸易促进便利化改革是促进美国中小企业出口增长有效的措施。

与中小企业不同的是，大型企业更受益于美国出口通关便利化水平的提高，*USCUS* 提升 1 单位能提高其出口额 1.44%。大型企业单笔订单产品数量较多，且多为跨国公司，而且美国大型企业中农产品出口企业比重较大，对于出口通关时间和效率的敏感性更高。

## 第三节　美国货物出口潜力的实现及未来出口贸易走势

货物出口潜力所描述的是在没有任何贸易阻力条件下一国所能实现的货物出口额的最优状态。现实中的出口流量与模型测算的最优状态往往相去甚远,其主要源自贸易阻力的存在,跨境贸易中程序性和机制性障碍便是其中的重要阻力因素。而一国政府推行贸易便利化改革正是消除这类障碍的阻力影响,降低与之相关的贸易成本,实现出口贸易潜力的过程。奥巴马政府推行的贸易便利化改革措施是否促进了美国货物出口潜力的实现?美国货物出口贸易潜力是否还存在进一步挖掘的空间?未来美国货物出口贸易增长走势如何?本书基于贸易引力模型做进一步分析。

## 一 货物出口潜力模型设定

公式(6-4)表明,奥巴马政府在出口促进便利化(USEPR)及货运基础设施便利化(USLOG)两方面的改革对推动金融危机后美国货物出口增长发挥了显著积极的作用。不仅如此,该方程也提供了测算其出口潜力值基本方程:

$$LnEX = 14.5 + 1.42DGDP + 0.44IMCUS + 0.82IMINF + 0.76IMINS$$
$$+ 2.32USEPR + 4.46USLOG + 1.38USIMLOG \quad (6-30)$$

在实证研究中,将变量实际数值代入公式(6-22)所测算出的出口额即为"出口潜力值",而"实际出口额与出口潜力值的比值"则可以表示一国对贸易伙伴货物出口潜力的实现程度,成为"出口潜力指数"。一般表达式为:

$$T_t = EX/EX_P \quad (6-31)$$

其中,$EX$为美国对贸易伙伴实际货物出口额,$EX_P$为货物出口潜力值,$T_t$为$t$年出口潜力指数。本书取2009年和2015年美国对表5-2中67个出口市场的货物出口潜力进行测算。

## 二 贸易便利化改革时期美国货物出口潜力的实现

本书将美国对67个出口市场的货物出口潜力指数$T$测算后,将其由低到高可分为五类(见表6-5):潜力巨大型市场($T<0.90$)、

表6-5 2009年和2015年美国对主要贸易伙伴货物出口潜力值的变化

| T值 | T<0.90 潜力巨大型市场 | | 0.90≤T<0.98 潜力开拓型市场 | | 0.98≤T≤1.02 潜力实现型市场 | | 1.02<T≤1.10 潜力挖掘型市场 | | T>1.10 潜力再造型市场 | |
| --- | --- | --- | --- | --- | --- | --- | --- | --- | --- | --- |
| 年份 | 2009 | 2015 | 2009 | 2015 | 2009 | 2015 | 2009 | 2015 | 2009 | 2015 |
| 出口份额（%） | 44.6 | 21.5 | 11.8 | 41.7 | 32.8 | 8.3 | 3.9 | 21.6 | 6.9 | 9.2 |
| 数量（个） | 38 | 25 | 9 | 12 | 6 | 10 | 4 | 7 | 10 | 13 |
| 美洲（$T$） | | 0.78 | | | 0.65 | | | | | |
| 东欧及中亚（$T$） | 0.89 | 0.89 | | | | | | | | |
| 西欧（$T$） | | 0.87 | 0.96 | | | | | | | |
| 东亚及太平（$T$） | 0.84 | 0.87 | | | | | | | | |
| 南亚（$T$） | | | 0.95 | 0.98 | | | | | | |
| 撒哈拉以南非洲（$T$） | 0.84 | | | | | | | 1.03 | | |
| 中东及北非（$T$） | 0.86 | | | | | | | 1.01 | | |
| 综合$T$值 | | | 0.93 | 0.97 | | | | | | |

注：出口份额为美国对该类型市场出口额占美国对所有样本出口总额的比重；总体$T$值＝国家$T$值·权重；权重为当年该国（地区）占美国对所有样本出口总额的比重。

资料来源：根据公式（6-30）及公式（6-31）计算结果整理。

潜力开拓型市场（$0.90 \leqslant T < 0.98$）、潜力实现型市场（$0.98 \leqslant T \leqslant 1.02$）、潜力挖掘型市场（$1.02 < T \leqslant 1.10$）、潜力再造型市场（$T > 1.10$）。其中，美国对"潜力挖掘型市场"和"潜力再造型市场"的货物出口额已经充分实现潜力值，未来出口额提升空间有限；美国对"潜力实现型市场"出口的实际值与潜力值基本吻合，若要进一步提升出口额，除了保持当前对出口增长发挥积极作用的便利化因素以外，还需要在其他贸易便利化因素方面予以加强；"潜力巨大型市场"和"潜力开拓型市场"则意味着美国对其货物出口额与潜力值存在差距，不仅现有的便利化因素尚未发挥全部作用，若同时促进其他便利化因素发挥作用，其出口额将出现较大幅度增长。

对 2009 年和 2015 年美国货物贸易出口潜力测算结果显示以下问题。

2009 年，占美国货物出口份额 56.4% 的 47 个出口市场尚未实现贸易潜力，其中占美国出口份额 44.6% 的 38 个市场潜力巨大。同时，美国总体货物出口潜力指数为 0.93，仍为出口潜力开拓型市场。这意味着金融危机爆发时，美国现行贸易制度中不仅存在积极因素尚未充分发挥作用，而且若同时促进其他便利化因素发挥作用，则其出口额将出现较大幅度增长。因此，奥巴马政府推行贸易便利化改革对挖掘美国货物出口潜力非常有益。

改革实施后，美国潜力巨大型市场的数量由 2009 年的 38 个减少 13 个到 25 个，其出口份额降低了 20 多个百分点。潜力实现型市场的数量虽然有所增加，但出口份额由 32.8% 大幅降至 8.3%。减少的份额中，英国、丹麦、西班牙等国转向潜力挖掘型市场，而美国对厄瓜多尔、阿根廷、巴拿马、阿联酋等美洲及中东国家则完全实现了出口潜力。

从市场类型的地区分布变化来看，除了西欧市场潜力保持不变外，美国对其他市场的出口潜力都出现了不同程度的实现。其中美国对撒哈拉以南非洲、中东及北非两个地区出口潜力指数大幅上升，且从潜力巨大型市场转向了潜力挖掘型市场。在上述因素的共同作用下，美国整体出口潜力指数从 0.93 上升到了 0.97。

尽管随着改革推行，美国货物出口总体潜力得到挖掘，但潜力值仍尚未完全实现。目前其出口市场整体属于"潜力开拓型市场"，出口促进便利化（USEPR）和货运效率指数（USLOG）的提高是促进美国货物出口潜力实现的关键政策因素。当前便利化因素的作用尚存发挥空间，未来美国货物出口贸易潜力是否能够得到进一步实现将取决于新一届美国政府是否能够继续深化改革，消除制约因素，促使便利化因素产生全面积极效应。

### 三　"特朗普时代"美国货物出口贸易走势

2017 年 1 月 20 日，美国第 45 任总统唐纳德·特朗普正式就任，美国贸易战略与政策也进入了新的阶段。基于前文实证研究结果，本书认为下一阶段进一步实现美国货物出口贸易持续增长的有利因素与不利因素同时存在。

从有利因素来看，特朗普总统上任至今已发布的多项行政命令及倡议中包含几方面重要内容。其一，行政机构及规制改革[①]。特朗普政府将通过重组行政机构以及修订规制以降低行政成本、减少企业面临的规制负担。其二，完善基础设施。新政府不仅极力争取国会通过 1 万亿美元基础设施项目投资议案，而且要求环境部门加速对智能电网、电信系统、关键港口设施、机场、管道、桥梁以及高速公路等优先基建项目的环境审查与许可，其将使全美交通更为通畅。其三，保

---

① 行政命令内容可见：The White House. "Presidential Executive Order on a Comprehensive Plan for Reorganizing the Executive Branch". https://www.whitehouse.gov/the-press-office/2017/03/13/presidential-executive-order-comprehensive-plan-reorganizing-executive；The White House. "Presidential Executive Order on Enforcing the Regulatory Reform Agenda". https://www.whitehouse.gov/the-press-office/2017/02/24/presidential-executive-order-enforcing-regulatory-reform-agenda。

护贸易与投资利益。特朗普总统于 2017 年 3 月 17 日发布《美国优先预算蓝图》（America First Budget Blueprint）明确要求 ITA 加强贸易合规执法，如反倾销、反补贴之类的调查，政府将重新规划 ITA 出口促进和贸易分析活动，增加 Census 的基金，并使私营企业更容易获得政府资本协助项目①。这些政策将有利于降低企业出口贸易成本，促进出口增长。

从不利因素来看，其一，特朗普总统自选战时期提出反全球化言论，到正式宣布退出 TPP 以及要求重新谈判 NAFTA 等贸易协定，甚至强烈要求 2017 年首次 G20 财长和央行行长会议公报删除"反对贸易保护主义"字样的做法都深刻体现了特朗普总统对贸易自由化所持的强硬态度。继英国脱欧公投之后，民粹主义抬头，美国政府的一系列表现无疑将助长"逆全球化"从社会风潮向政治思潮转变，甚至可能对 2017 年举行的法国及德国大选产生不良影响，恶化全球贸易环境，不仅将使得已经处于低迷增长态势的世界贸易复苏面临更大难度，也将为美国出口企业开拓国际市场造成更多贸易壁垒。其二，特朗普政府反对多边及区域自由贸易安排，倾向于开展双边自由贸易谈判。作为全球第一大货物贸易国，新政府立场不仅将使得 WTO 多边贸易体制面临走向碎片化的风险，而且美国对于 WTO《贸易便利化协定》的执行也存在变数。其三，特朗普政府秉承"美国优先"执政理念，希望通过"边境征税"的方式强逼美国制造业企业回归本土，但美国高昂的劳动力成本势必推高产品生产成本，降低出口竞争力，阻碍出口增长。其四，新政府团队普遍缺乏从政经验，对政治规则尚不熟悉，与政府现有精英磨合还需时间，而且政府与国会、媒体、公众的关系极度不和谐，特朗普政策主张是否能够得以实现不得

---

① DOC. "Statement from the Department of Commerce on the President's America First Budget Blueprint". https://www. commerce. gov/news/press-releases/2017/03/statement-department-commerce-presidents-america-first-budget-blueprint.

而知。

因此，特朗普时代美国货物出口贸易增长充满了不确定性。

## 第四节　本章小结

首先，本书基于贸易引力模型对新一轮贸易便利化改革对金融危机后美国货物出口增长的影响进行了分析。结果表明：美国贸易便利化总体水平的影响并不显著，但具体改革措施的影响存在一定差异。①对于美国货物出口总额增长而言，奥巴马政府出口促进和货运基础设施便利化改革是具有显著影响的政策因素。②对于不同种类的出口产品而言：加强出口促进和提升货运效率有效扩大了主要农产品出口；石油种子、含油果实、金属矿砂以及金属废料等初级产品的出口则对出口通关效率的提高更为敏感；货运基础设施便利化改革有利于石油及石油相关产品的出口增长。实施出口促进和货运设施便利化改革措施对三类制成品均产生积极影响。③对于不同规模企业出口绩效而言，贸易促进便利化水平的提高是促进中小企业出口扩张的有效措施，大型企业则更多受益于美国出口通关便利化改革。

其次，贸易伙伴贸易便利化水平对美国货物出口增长具有显著影响，贸易融资、进口通关、与贸易有关基础设施、制度环境便利性的提高均具有不同程度的积极效应，其中进口国信息基础设施和货运基础设施的作用尤为重要。尤其值得注意的是，在进口国货运效率提升的条件下，美国提高货运效率的便利化措施的出口增长效应往往会得到增强。

再次，就非政策因素的影响而言，美国与贸易伙伴的宏观经济环境是影响金融危机之后美国货物出口增长的显著积极因素。其中，美国 GDP 增长速度、进口国 GDP 增长速度及人均收入水平的提高能够有力拉动美国货物出口贸易扩张；对于不同规模企业而言，中小企业出口绩效更容易受到贸易双方 GDP 增长的速度和进口国经济波动的影响。因此保持美国与贸易伙伴宏观经济稳定快速增长非常重要。

最后，奥巴马政府贸易便利化改革普遍提升了美国总体货物出口贸易潜力、对地区出口潜力以及对重点市场的出口潜力，贸易促进和货运效率便利化改革发挥了关键作用。目前，美国出口市场整体属于"潜力开拓型市场"，表明其出口潜力尚存进一步挖掘空间。特朗普时代，实现美国货物出口贸易持续增长的有利因素与不利因素同时存在，其走势充满了不确定性。

# 第七章  研究结论及启示

本书沿着改革背景、框架、内容、成效及影响的分析主线，对奥巴马政府贸易便利化改革进行了全面系统研究。本书首先梳理了贸易便利化问题的相关理论，为后文分析提供理论基础。其次，本书阐述了奥巴马政府开启新一轮贸易便利化改革的国际背景和国内动因，归纳了美国现行贸易便利化制度存在的主要问题以及以此为依据所制定的本轮改革基本框架，并在此框架下梳理和总结了改革主要内容和代表性措施及主要特点。再次，本书评估了此轮改革在提升美国货物出口贸易便利化水平、降低贸易成本以及促进出口增长方面的成效，并探讨了改革成效的制约因素。最后，本书基于引力模型对改革措施的出口增长效应及美国货物出口潜力进行了实证分析。本章基于前文研究得出了主要结论以及对中国货物贸易发展的若干启示。

## 第一节  主要研究结论

基于前文系统研究，本书得出如下主要结论。

### 一  此轮改革是对便利化理论的现实验证

尽管专门针对贸易便利化的系统理论尚未形成，但自由贸易理论、贸易成本理论和制度变迁理论可以解释贸易制度便利化改革的本质、动因、机制以及现状。上述理论不仅为奥巴马政府贸易便利化改革提供了理论依据，此轮改革实践的过程也是对便利化相关理论的现实验证。

自由贸易理论向世人描述了一个毫无摩擦的世界，各国根据比较优势参与国际分工和贸易就可以实现贸易潜力。因此，自由贸易论者主张通过自由贸易政策消除各种形式贸易障碍，推行贸易自由化。金融危机之后，奥巴马政府在国内个人消费低迷、私人投资动力不足、政府支出受限的形势下推行贸易便利化，根本目的是希望降低贸易过程中的机制性障碍，利用全球市场输出危机。本次改革框架、内容及具体措施紧紧围绕降低出口企业面临的非关税壁垒而制定和实施，充分体现出其与自由贸易理论观点及政策主张一脉相承的本质。

贸易成本理论指出，无论是运输费用、信息搜寻成本、机会成本、时间成本等都是无法忽视的现实存在。建立有效的贸易便利化制度能够降低贸易成本、提升企业国际竞争力、增强企业拓展海外市场意愿，并最终扩大市场规模。金融危机时期，奥巴马政府对美国出口企业发展现状的调查表明贸易壁垒及与之相关的贸易成本普遍存在，且成为制约美国货物出口贸易增长的关键因素。此轮改革正是以降低贸易成本为核心展开，最终目的是期望通过制度创新消除贸易障碍，加速货物自由流通。

制度变迁理论解释了制度的动态比较和选择。制度变迁的根本原因源于经济主体对利益最大化的追求。相比较组织和企业家而言，国家在制度变迁中具有更显著的优势。同时，"路径依赖"在新旧制度动态更替的过程中发挥着"自我强化"的作用。在现行贸易便利化制度下，美国企业无法实现贸易利益的最大化，从而出现了本次改革的客观必然性和根本动力。企业反映着对制度变革的强烈需求，而奥巴马政府通过制定规则和强制执行实现着新制度的供给。然而，在这一制度变革过程中，历史确实是起作用的。其一，奥巴马政府此轮改革并非对往届政府建立的制度成果根本否定，相反是建立在其"精华"

基础上逐渐拓宽改革广度、逐步深化改革层次的渐进过程。其二，自19世纪联邦国家成立之初建立并演变至今的美国国内政治制度持续产生着美国经济制度改革中难以克服的障碍。其三，无论是WTO《贸易便利化协定》，还是美国主导的TPP以及TTIP区域协定，谈判历程的艰辛充分表明了国际规制协调的困难，而其深层次的原因则可以理解为新的贸易制度与各国经济、文化、政治等历史长期形成的旧制度之间的矛盾，因此新便利化制度的创立注定不会是马上"便利"的。

总而言之，贸易便利化相关理论为此轮改革的本质、动因、机制以及现状提供了理论依据和解释，而改革实践的过程和结果对理论进行了现实验证：改革通过建立新的制度安排确实能够有效降低美国出口贸易成本；改革的出口增长效应则充分证明在非关税壁垒存在的世界中，推行贸易自由化仍然是实现贸易利益的明智选择；当前美国贸易潜力尚未实现，即使是在"逆全球化"风潮四起的不利环境下，企业对贸易利益最大化的追求作为改革的根本动因终将推动美国便利化制度变革继续前行；但在这一进程中，理解、尊重和包容历史因素的作用是至关重要的。

## 二　推进世界共同繁荣与进步乃共赢之举

在经济全球化过程中，世界各国的相互依赖性空前加强。在这个"你中有我、我中有你"的地球村落中，各经济主体早已成为利益共同体。一国货物出口贸易增长是国内外政策及非政策因素综合作用的结果。

本书基于引力模型的实证研究结果显示，金融危机后，美国经济复苏显著推动了其货物出口贸易增长。从外部需求来看，进口国GDP增长速度及人均收入水平的提高是拉动美国货物出口扩张的积极影响因素。同时，对于不同规模企业出口绩效而言，中小企业比大型企业更容易受到贸易双方经济增长速度和稳定性的影响。因此，宏观经济环境在美国货物出口贸易增长中发挥着重要作用。

在影响美国货物出口贸易增长的贸易伙伴国国内政策因素中，关税政策已经不再是关键影响因素，相反非关税政策的影响更为显著。这恰好反映了当前世界贸易便利化改革兴起的主要原因。实证结果显示，贸易伙伴贸易便利化水平对美国货物出口增长具有显著影响，贸易融资、出口通关、与贸易有关基础设施、制度环境等方面便利性的提高对促进美国出口增长均具有不同程度的积极效应，其中进口国信息基础设施和货运基础设施的作用尤为重要。尤其值得注意的是，在进口国货运效率提升的条件下，美国提高货运效率的便利化措施的出口增长效应往往会得到增强。然而，新兴市场及广大发展中经济体便利化水平普遍比较落后，尤其与发达经济体差距较大，这是当前世界贸易便利化现状的主要特征，但也表明其贸易便利化水平的提升潜力。未来，贸易伙伴便利化水平的提高将对美国扩大货物贸易产生积极影响。

上述结果表明，在经济全球化的时代背景下，全球价值链的形成显示出不同国家之间的竞争关系，但协作关系更为重要。任何一个节点效率的提高都会带动整个价值链的效率和价值的提高。价值链上的各经济体的产业互补和价值创造过程紧密联系——和则各方得利，分则各方受损。中国国际经济交流中心与新华社国家高端智库 2016 年 12 月 17 日在北京联合发布的《2016 年世界经济金融形势与 2017 年展望》报告指出，这次危机复苏是历史上最缓慢的一次，全球经济进入深刻的调整和变革时期，各经济体的经济发展正面临分化，民粹主义涌动、逆全球化思潮兴起、地缘政治风险均是威胁全球经济均衡和稳定增长的外部环境。任何一个置身于"地球村落"中的经济体都无法独善其身。而从内部环境来看，众多发展中国家贸易便利化改革资源不足，仅凭一己之力不足以有效改善便利化状况。因此，美国唯有承担起大国责任，与世界各国携手共进，共同推进稳定、均衡、可持续经济增长才能够最终有利于其货物贸易稳定发展。而未来美国政府在推进自身贸易便利化进程的同时，继续鼓励贸易伙伴开展贸易便利化改革，尤其加大在改善全球基础设施方面的投资与协助将是共赢之举。

### 三　制度优化与创新已逐渐释放改革红利

奥巴马政府贸易便利化改革既是一个渐进式改革的过程，也是一个充满制度创新的过程；既体现着对现有制度中积极因素的继承与发扬，也体现着基于时代特征的大胆创新。无论是制度优化，或者是制度创新，贸易便利化制度改革的最终目标都是创造"改革红利"，即通过对现有制度的扬弃而使经济行为主体在新的制度下产生更高的行为效率，进而实现经济增长潜力。

本轮改革方案的设计与实施过程中，扩大PPP在基础设施投资以及贸易融资等方面的广泛应用、深化以风险管理为核心的通关便利化制度、改善国内及贸易伙伴市场环境等均是优化已有便利化制度积极因素的重要举措；而以网络信息为基础打造政府信息共享平台、以物联网基础设施的建设增强美国与全球市场的互联互通、以多边贸易协定为载体重塑全球经济治理规则是此轮改革最重要的制度创新。

本书定性与定量分析的结果表明，贸易便利化改革措施的全面实施促使美国总体出口货物便利化水平基本恢复至金融危机前的水平，企业能够更便利地获得政府出口协助以及贸易融资，出口通关、货运效率、信息基础设施等方面的便利性也得到不同程度的改善；在新制度下，美国总体出口贸易便利化水平保持国际领先，且与"最佳表现国"之间的差距缩小，贸易融资、货运效率和制度环境三方面的国际竞争力有所增强。与此同时，美国总体出口贸易成本、其对重点出口地区和重点市场的出口贸易成本均呈现不同程度的降低。随着贸易便利性的提高和贸易成本的降低，金融危机后美国货物出口贸易复苏态势良好，货物出口总额及相关就业稳步扩大，其对新兴国家及发展中市场出口规模及份额持续增长、出口企业数量与出口绩效同步提升，中小企业开拓新兴市场意愿和能力有所增强，高端制造业及能源产品出口竞争力提高，且美国出口贸易潜力得以进一步实现。因此，若以"改革红利是否得以释放"为评判改革成效的最终准则，本书可得出这样的结论：奥巴马政府贸易便利化改革中制度优化与创新举措成效积极，改革红利已逐渐释放。

基于贸易引力模型的定量分析结果表明，不同改革措施的出口增长效应存在显著差异。美国政府在出口促进和货运基础设施两方面的便利化改革是促进后危机时期美国货物出口增长的关键政策因素。实证结果既肯定了"以共享经济理念推进出口促进便利化改革"以及"增加投资与贸易有关的基础设施以增强全球互联互通"对拉动一国货物出口增长的显著影响，也表明打破束缚、不畏成败、把握时代发展潮流积极开展对新制度的探索与实践是实现便利化改革红利的关键。

## 四 内部障碍与外部制约滞缓改革进程

改革虽然源于生产力发展的客观规律，但终究是人类理性作为的结果，是基于改革主体对各种影响因素和现实关系的综合判断。此轮贸易便利化改革框架、整体方案及政策措施正是奥巴马政府对世界经济与贸易潮流、美国国内经济发展形势以及现行贸易便利化制度主要问题的审视。然而，有限理性作为人类行为的重要特征必然使得任何改革的顶层设计都不可能完美无缺，更不可能兼顾和涵盖所有的现实因素，制约因素的存在必然滞缓改革进程的推进。

本轮历时8年的美国贸易便利化改革虽然提升了金融危机后美国货物出口贸易便利化水平，普遍降低了企业出口贸易成本，发挥了比较积极的出口贸易增长效应，但改革最终目标与改革执行结果之间仍然存在一定差距："出口倍增"的出口战略目标尚未实现；各改革主要方面的贸易便利化水平发展不均衡，一些具有世界领先优势的便利化领域正呈现被其他国家超越的态势；贸易融资、制度环境、信息基础设施等方面的便利化改革措施在出口增长中并没有发挥显著作用；美国出口贸易潜力尚未完全得以挖掘。

改革方案执行结果与改革目标存在差距的因素有很多，可能是改革资源分配不均导致的发展不平衡，可能是因为改革方案不适合各地方具体情况而难以落实，也可能是改革的实施环节中发生了执行不力或者推进滞缓的现象，但美国国内体制性障碍以及外部制约因素的影响是显著的。三权分立的政治体制、两党分裂的政治现实、中央与地方分权治理的管理体制、赤字财政的长期压力等国内体制因素制约了本轮改革的政策空间，而"逆全球化"风潮的兴起以及国际经济政策协调难度的不断加大也使改革面临严峻考验。新一届的美国政府唯有继续深化改革，积极消除制约改革的因素，才有可能最大限度地获得改革红利。

## 第二节　对中国对外贸易发展的启示

2008 年开始的全球金融危机重创世界经济与贸易增长，中国在 2009 年取代德国成为世界第一大货物出口国后步入中速增长阶段。"十二五"时期，中国基本实现由对外贸易大国向开放型经济大国转变。然而，当前全球经济复苏缓慢，中国与主要经济体之间贸易摩擦不断加剧，低成本劳动力优势逐渐消逝。"出口贸易中低速增长、贸易摩擦不断"的外贸新常态特征将在"十三五"时期更加凸显。在全面建成小康社会的决胜时期，2016 年 12 月，商务部印发了《对外贸易发展"十三五"规划》，明确了下一阶段中国外贸发展的总体思路、目标任务和保障措施，"推进贸易便利化"是其中重要的战略内容。

对未来中国如何实现由贸易大国向贸易强国转变，如何推进贸易便利化进程，本书从对奥巴马政府贸易便利化改革研究中获得若干启示。

## 一 推动开放、均衡与包容的新经济全球化

金融危机之后，经济全球化进入了调整时期，但其作为世界经济发展的趋势并未改变。新兴及发展中国家更多地融入全球价值链体系中，其生产规模化、层出不穷的技术创新等将始终是推动全球化继续前进的不竭动力，而世界贸易缓慢增长、跨国直接投资有所回温、人员跨境流动逐年增加等也反映了产品及生产要素继续在全球范围内优化配置的现实。另外，当前由发达国家主导的经济全球化也暴露出了诸多弊端。其一，新兴国家群体崛起，G20 代替 G8 成为全球经济治理的重要平台、IMF 和 WB 份额和投票权向发展中国家转移等现象都显示出新兴大国在全球贸易增长中日益重要的作用，凸显出其国际规则话语权和利益分配与发达经济体主导地位之间的矛盾。其二，国家间经济关系的失衡已成为世界经济发展的常态，而单靠发达国家主导全球经济治理机制根本无力在再平衡上取得实质性成果。其三，源于在当前全球贸易体制中未获得实质性利益甚至受损的"受损集团"的"逆全球化"思潮再次证明与经济基础不相适应的上层建筑必定阻碍经济发展。因此，若要再次激活全球经济增长潜力就必须努力推动实现开放、均衡、包容与普惠的新经济全球化，实现世界各国共同繁荣。而在此进程中，作为新兴经济体中最耀眼的成员，中国应担当大任。

首先，深化供给侧结构性改革，坚实经济稳定增长基础。作为全球第二大经济体，中国经济与贸易的健康发展将会对促进全球经济稳

定增长做出重大贡献。只有先保持中国国内经济稳定健康增长才能够为各国提供更广阔的市场、更充足的资本、更丰富的产品以及更宝贵的合作契机。金融危机对中国经济增长带来冲击，也创造了经济深度调整与改革的历史性机遇。过度依赖外部需求的经济与贸易发展模式不可持续，只有从供给端发力改革，建立创新体制，消除劳动力、土地、资本等生产要素配置障碍，优化经济结构才能稳固经济可持续增长的根基。具体到对外贸易领域，也应该贯彻供给侧结构改革的精神，统筹国内和国际两个市场，把握当前第四次工业革命兴起的机遇，将关注促进短期贸易增长转变为长期贸易增长的动力源，鼓励高端科技领域技术创新，加速传统劳动力成本比较优势向产品及企业竞争优势转化，打响"中国制造"品牌，提升中国在全球产业链中的地位。

其次，坚持扩大市场开放，减少全球贸易壁垒。改革与开放是中国政府一贯坚持的发展理念。没有 WTO 多边贸易体制对贸易自由化的持续推进，没有中国政府市场开放的坚定信念，中国就不可能取得今天的成就。"二战"之后，自由贸易体制作为一种公共产品一直由发达经济体建立和提供，但其发展至今早已成为全球性的公共产品，在世界贸易体系中的任何一个成员都有责任予以维护。面对当前西方发达经济体普遍泛起的贸易保护主义和逆全球化思潮，中国理当更加坚定推进贸易自由化进程，打击贸易保护主义。具体来说，中国政府除了坚持市场开放之外，应该将推进双边及多边自由贸易安排作为WTO 多边贸易体制的有益补充。同时，积极实施贸易便利化改革减少外部市场非关税壁垒。2015 年 9 月 4 日，中国政府向 WTO 递交了《贸易便利化协定》的接受书，成为第 16 个接受议定书的成员，可谓在推进中国贸易便利化的进程中迈出了重要一步，也为 WTO 其他成员做出了表率。

再次，参与制定贸易规则，推动全球贸易治理变革。面对世界经济格局的深刻变化，全球治理体系变革已呼之欲出，其在贸易领域也必然要求全球贸易治理体系的变革。当前，发达经济体在世界贸易体制中仍然占有绝对优势，而崛起的新兴国家也是在旧的体系与规则中成长起来的。因此，由新兴大国推动的全球贸易治理体系变革不可能颠覆现有体系而建立新的治理机制。相反，现实的改革路径则是在现有体制中争取治理能力，即实现话语权的平衡。中国一方面应积极利用包括 G20、IMF、WTO 等重要国际平台参与国际贸易规则的制定；另一方面加强与新兴与发展中经济体的合作，在治理机制中更多代表发展中国家表达利益诉求，还应该与发达经济体构建合作共赢的新型大国关系。

最后，尊重各国发展差异，促进世界经济包容性增长。在经济全球化进程中，非洲、拉美、中亚许多发展中国家由于经济发展水平比较落后，基础设施质量、制度环境等因素导致贸易成本高昂，其无法融入全球价值链并分享贸易自由化的利益。与此同时，主导世界经济体制的发达经济体正在尝试建立如 TPP、TTIP 之类高标准的国际贸易规则，这将大多发展中国家排除在新的体制之外。全球化进程中"得益者"与"失利者"结构性对立的现实不仅与"和谐共赢"的全球化理念背道而驰，而且成为影响世界经济稳定增长的风险来源。目前，中国已经是许多发展中国家的最大贸易伙伴，中国的出口市场份额分布也逐渐向新兴国家和发展中国家倾斜。因此，未来中国应尊重各国发展水平的差异，建立符合广大发展中国家经济发展水平的合作机制，促进更多国家分享经济全球化和贸易自由化的成果，实现全球经济包容性增长。

## 二　加快便利化顶层设计，鼓励便利化制度创新

2016 年 12 月，对外经济贸易大学公共管理学院和北京睿库贸易安全及便利化研究中心联合发布首个《中国贸易便利化年度报告》

（2016）。该报告指出："中国自入世以来在推进整体贸易便利化进程方面取得显著成果，中国海关和质检部门在行政救济、信息公开、通关制度等方面便利化水平获得很大进步。但不难发现，中国便利化改革内容仍然主要集中在边境议题上。"事实上，互联互通、网络强国、电子政务、知识产权等边境后壁垒问题不仅是近年来国家经贸发展战略的重要内容，而且改革实践和探索也早已开始。进入"十三五"时期，在现有成就基础上全面深化贸易便利化改革对于应对严峻的国内外形势、实现贸易可持续发展具有重要意义。但作为一项复杂的经济工程，改革的顶层设计缺失将导致各领域改革政策关联性、协调性、系统性的断裂，更可能导致各领域便利化进程的失衡发展。

因此，中国政府应尽快完成贸易便利化改革顶层设计。首先，中央政府应结合对国内外发展形势的精准分析，对贸易便利化改革进行全局谋划，建立改革的总体目标和基本框架，厘清改革重点，深入研究各领域改革的关联性和系统性，使得各具体部门、各地方政府在制定具体政策措施时"有纲可循"。其次，中央政府应简政放权，充分发挥各个地方政府的改革积极性，根据不同地区的具体情况制定改革方案的具体政策。最后，"顶层设计"必须具有自下而上的动力，详细调研了解各利益群体的真实需求，使得改革最终惠及大众。总之，通过自上而下的总体规划，促进各改革领域和改革措施在政策取向上相互配合、在实施过程中相互促进、在实际成效上相得益彰。

与此同时，中国政府及各部门应切实贯彻"创新驱动"理念，在贸易便利化改革中积极鼓励研究创新、制度创新、科技创新等以形成创新体系。在这一体系中，制度创新是最重要的创新，因为有效的制度能够激励其他形式创新的形成。当然，改革从本质上是一个不断"试错"的过程，制度创新也存在着风险和成本。因此，在改革中既应有承担"风险"的合理预期，又应尽量减少改革成本。发达国家贸易便利化进程始于20世纪90年代，"试错"结果既包含经受贸易实践检验的制度和做法，也包括改革中的经验教训。同时，工业4.0时代给中国实现跨越式发展带来了机遇。中国应加强对贸易便利化问题的研究，包括对发达国家便利化改革的系统研究、对中国贸易便利化改革的理论探索、对贸易便利化改革执行情况评估方法和改革成效评估体系的研究等；建立科技创新激励机制，鼓励技术创新，并加速创新成果向市场转化；建立政企互动机制，鼓励各改革主体及利益相关者广泛参与。

### 三 加速贸易促进体系现代化，打造服务型政府

与美国出口企业现状类似，中国贸易企业数量众多，且同样以中小企业为主体。提升贸易促进便利化程度对扩大中国对外贸易主体规模、降低企业信息成本和商业风险、提升出口绩效具有重要意义。目前，中国传统贸易促进体系覆盖面有限，贸易企业对于政府促进协助服务认知不足，政府部门角色尚未实现由"管理者"向"服务者"转变；而电子政务作为新型贸易促进平台的发展比较缓慢，政府治理理念相对落后，前沿信息技术尚未得以广泛应用，出口促进便利化水平与发达经济体存在较大差距。可以说，中国现有的贸易促进便利化水平既与贸易大国的地位不相符合，也不能适应新形势的要求。因此下一阶段，中国应该把握信息革命所创造的机遇，借鉴奥巴马政府出口促进便利化改革的经验和做法，推动贸易促进体系实现"质"的飞跃。

首先，建立以公众为中心的服务型政府。长期以来，政府部门在与企业的关系中扮演着"父母官"的角色。政策从制定、解释直到贯彻落实均由行政部门完成，企业往往只能听命于"父母官"的指令，有需求时通常不得不低头求"父母官"办事。显然，政府部门"父母官"的自我定位必然约束企业释放市场活力。贸易管理部门必须树立"公仆意识"，充分了解贸易企业困难，为企业提供更加具有针对

性、可执行、切实满足企业需求的出口协助服务。同时，政府还要以"服务效率"为核心精简行政流程，减少文书负担，降低企业行政成本。

其次，完善传统贸易促进渠道。针对企业对政府出口协助服务认知不足的现状，中央及各地方贸易部门应借鉴美国经验，加强与进出口银行、国家开发银行、中国农业银行等主要政策性银行合作，并联合行业协会、各地国际贸易商会等组织扩大政府出口促进项目的宣传力度；继续深化广州交易会在贸易促进中的重要作用，并以此为典范鼓励贸易展会的发展，而对于企业参加海外展会应给予适当资金支持。

再次，加速政府治理理念的转型。目前，以美国政府为代表的全球政府治理理念总体呈现向"一体化政府"和"开放政府"方向发展的趋势。"一体化政府"注重不同领域的多个部门通过资源共享实现高效运作和业务协同，而"开放政府"则是政府与企业之间通过数据开放和共享实现信息价值最大化（或企业信息成本最小化）。中国政府应加速政府治理理念向"共享"转型。在具体改革中，中国政府应当在国家层面制定统领改革的电子政府战略，结合中国国情完成顶层设计。在建设"一体化政府"方面，中国政府可借鉴美国政府的做法，建立由多个部门代表组成的跨部门机构，专门提高部门合作协同性，同时确定技术标准以加速各部门网络互通。在打造"开放政府"方面，中国政府应积极创建和优化重要部门的门户网站，打造"一站式"服务平台；通过公私合作机制促进第三方参与电子数据公开软件的开发，使企业和公众在任何地方、任何时间都能够获得贸易信息；建立重要贸易数据集，将经济指标、贸易数据转变为可机读数据形式，逐步向企业免费开放；利用社交媒体加强与企业互动。

最后，推进电子政务基础设施现代化。以"共享型"电子政府为平台为贸易企业提供贸易便利有赖于基础设施质量，包括政府部门互联网络设施的普及、互联网技术及移动通信技术的应用、信息化标准的统一、网络安全与稳定。目前，中国主要城市贸易部门基本实现网络设施的普及，但云计算、大数据、移动互联网等前沿科技的应用极为有限，关键技术知识产权受制于人；而信息化标准规范工作相对滞后；关键信息系统仍面临很大的设备技术被控、数据盗窃以及业务瘫痪的风险。因此，未来中国政府应该在电子政务的软件方面重点采取措施。

## 四　改善基础设施质量，增进中国与世界互联互通

空间是跨国货物贸易的天然屏障，由此产生的运输成本与信息通信成本是货物贸易成本中的重要部分，而基础设施是缩短货物空间距离的关键途径。改善基础设施质量，加大一国生产者和消费者与海外市场的联系，已经成为所有国家贸易便利化改革的关键内容。而基础设施投资与建设也是当前中国"一带一路"（即"丝绸之路经济带"和"21世纪海上丝绸之路"的简称）国家战略的重要基础。本书认为，从联通层面上看，未来增进中国与世界的互联互通包括国内联通与国际联通两个层面；而从具体内容上看，则应包括地理联通、网络联通、人文联通和制度联通四个方面。

从联通层面上，跨境贸易中货物流通通常涵盖出口国境内运输、出口港与目的港之间国际段运输、进口国境内运输三个部分。因此，提升中国与世界的联通性，首先需考虑改善国内物流运输效率。中国应将货运基础设施建设投资向内陆地区倾斜，大力发展大型物流园区、保税仓库、航空货运中心等物流综合体系；推动货运设施标准化；提高多式联运的比重和对接效率；推动物流工具和设备现代化，加强对云计算、大数据、移动互联等信息技术的应用，促进中国境内货运便利化水平均衡发展，加速提升实现内陆地区对外开放的程度。

在国际层面上，增强中国与世界各国的联通性应以"一带一路"

沿线国家为重点，兼顾北美及拉美地区贸易伙伴，从地理联通、网络联通、人文联通和制度联通四个方面加强合作，共同提升便利化水平。

首先，地理联通。"一带一路"是世界上跨度最长的经济大走廊，发端于中国，贯通中亚、东南亚、南亚、西亚乃至欧洲部分区域，东牵亚太经济圈，西系欧洲经济圈，约 44 亿人，经济总量约 21 万亿美元，分别约占全球的 63% 和 29%，可谓是世界上最具发展潜力的经济带。但沿线国家大多是新兴经济体和发展中国家，基础设施水平普遍比较落后，亚洲作为全球资本较为紧缺的地区，基础设施投资资金存在很大缺口。中国应继续加强与 IMF、世界银行、亚洲投资开发银行、金砖国家银行等金融机构合作；鼓励融资创新，大力吸引跨国企业直接投资基建项目，研究和应用 PPP 基建融资模式，使私人资本进入公共产品领域，提升投资效率；同时加强公路、铁路等陆运设施的建设标准协调和一致性，提升跨境货物转运效率。对于拉美及北美贸易伙伴，鼓励中国企业对外直接投资，改善贸易伙伴的基础设施，降低边境后运输成本。

其次，网络联通。网络空间能够有效降低由于地理空间产生的联通阻隔。增强中国与世界网络连通，必须加大对网络硬件设施的投资，提高互联网普及率；同时与贸易伙伴加强电信技术标准协调；将"互联网＋"战略理念与贸易便利化改革深度融合，利用信息通信技术与互联网平台提升传统基础设施的智能化水平，如智能运输、智能报关等；大力发展电子商务，以电子商务发展带动物流及互联网设施的改进。

再次，人文联通。1955 年万隆会议上，周恩来总理就以"求同存异"为核心阐明了中国对待国家之间制度、文化、宗教等差异的开放态度。今日，即使是同处于亚洲地区的经济体仍然存在不同的文化差异。中国与世界的互联互通必须以人文联通为坚实的社会根基。因此，中国应加强与世界各国多种形式的文化交流和民间往来，大力发展国际旅游、跨国教育、与贸易伙伴建立姊妹城市等，增进不同文化和文明之间的相互理解和联系。

最后，制度联通。国际规制协调与标准化是贸易便利化的重要内容。路径依赖理论表明，各国规则制度的形成和变迁受到历史因素的影响，跨国协调和统一标准的过程必然是双方博弈的结果。经济发展水平差异越大，经济体之间协调难度也更加困难。因此，中国应该采取更具有包容性的制度协调方式。针对"一带一路"沿线国家的发展中国家，制度联通的重点应该仍然集中于边境程序的协调方面，例如单一窗口建设、减少通关单证、过境及跨境程序简化等；而与发达经济体的制度联通则应该更多考虑边境后问题，如产品标准、知识产权等。另外，根据《亚太经合组合互联互通蓝图（2015～2025）》、WTO《贸易便利化协定》等要求履行改革义务，积极利用 G20、WTO 等国际平台加强沟通与协商。

## 第三节　本章小结

这是一个充满挑战与机遇的时代。

"十三五"时期，除了面临人口、资源、环境、社会发展等挑战外，中国还将面临更为严峻的贸易环境。鉴于美国经济与贸易的霸主地位，特朗普政府"逆全球化"与"贸易保护主义"的立场和做法产生的示范效应无疑阻碍世界经济一体化与贸易自由化进程；其强调美国"贸易差额再平衡"的重要性以及"贸易公平与均衡"的政策走势意味着反倾销、反补贴、保障措施等贸易救济措施的使用将更加频繁；而美国政治体制所赋予的总统实施贸易政策的灵活性增加了征收报复性关税、加入或退出贸易谈判等贸易措施的可能性；美国国家贸易委员会主任彼得·纳瓦罗、商务部部长威尔伯·罗斯、国际贸易首席谈判代表罗伯特·莱特西等"对华强硬派"的组阁提名也预示着新一届美国政府领导下中美贸易摩擦将有所升级。

　　与此同时，发展机遇与挑战并存。世界经济尽管复苏缓慢曲折，但仍然呈现总体向上的趋势；经济全球化的大势并没有发生根本改变，全球价值链继续形成与发展；以信息技术、新能源和智能制造为主要内容的新科技革命已经到来；多边协作、区域集团化、新兴国家和发展中国家合作发展趋势明显……这些均为中国进一步融入世界经济、参与全球经济治理、进行新技术研发和创新、实现外贸结构转型升级创造了无限机遇。与此同时，特朗普政府经贸政策中也存在有利于中国经贸发展的积极因素。其一，亚太地区内生产网络深度交织，经贸往来密切加强，产业链条日渐完整，区域经济一体化势不可当，而美国政府退出 TPP 谈判，更有利于中国参与亚太贸易规则的制定，在引领贸易自由贸易化进程中扮演更加重要的角色。其二，据美国商会评估，未来 10 年美国基础设施投资需要 8 万亿美元资金，其与美国国会授权额度可能存在较大资金缺口。特朗普政府基建政策的出台无疑将为中国对外直接投资提供无限商机。其三，2017 年 4 月初习近平主席与特朗普总统海湖庄园会晤成果丰硕，不仅新建立了全面经济、外交安全、执法及网络安全、社会和人文四个高级别对话合作机制，就中美贸易问题制定了"百日工作计划"，创造了建设性管控分歧的机制，而且美国还明确表示不会将中国确定为"汇率操纵国"，为未来中美两国全面合作定下了良好基调。

　　"十三五"时期，中国已经进入贸易大国向贸易强国转变的关键时期。中国政府应坚持在 WTO 多边贸易体制下维护中国企业出口合法利益，坚决回击以美国政府为代表的"公平、均衡"贸易保护主义措施，同时加强预警机制以及出口企业应诉能力；严格依据 WTO《贸易便利化协定》深化国内规制改革，加速中国与国际规则及标准接轨；积极发展中美各地方层面的经贸合作和文化交流，营造公平透明的贸易投资环境，保障双方企业实现经济利益；加强政府沟通，促使美国扩大对华出口商品范围，提高在新能源、智能制造等领域的产品进口比重，在满足中国制造业升级的同时平衡中美贸易逆差；积极利用现有的"战略与经济对话"和"人文交流高层磋商"机制，加强沟通与互信，与美国政府构建"相互尊重、合作共赢"[①] 的新型大国经贸关系。

在这个充满挑战与机遇的时代中，唯有进一步解放思想，坚持开放，在借鉴发达国家改革经验和教训的基础上实事求是、大胆创新，才能把握好历史机遇，以对外贸易可持续发展助力实现中华民族伟大复兴的中国梦。

---

① 2015 年 9 月 24 日中国国家主席习近平同美国前总统奥巴马会晤时提出"新型大国关系"：不冲突、不对抗，互相尊重、合作共赢。

# 参考文献

［1］程中海、罗超，2015，《丝绸之路经济带贸易便利化：理论、实践与推进》，《石河子大学学报》（哲学社会科学版）第4期。

［2］方少林，2011，《APEC跨境无纸贸易发展模式研究》，《亚太经济》第4期。

［3］郭俊芳、武拉平，2015，《东北亚地区贸易便利化对中国农产品出口的影响》，《世界农业》第5期。

［4］何力，2014，《多哈回合早期收获与〈贸易便利化协定〉》，《上海对外经贸大学学报》第3期。

［5］胡涵景，2013，《国际上各贸易便利化机构所从事的贸易便利化工作概述》，《中国标准导报》第3期。

［6］黄少安，2013，《罗纳德科斯与新古典制度经济学》，《经济学动态》第11期。

［7］黄昕，2014，《多哈回合谈判现状及我国的策略》，《江苏经贸职业技术学院学报》第4期。

［8］康强，1996，《世界海关组织对〈京都公约〉修改的背景及进展情况》，《中国海关》第2期。

［9］孔庆峰、董虹蔚，2015，《拉美贸易便利化对中国出口影响的实证分析》，《拉丁美洲研究》第8期。

［10］匡增杰，2013，《基于发达国家海关实践经验视角下的促进我国海关贸易便利化水平研究》，《世界贸易组织动态与研究》第

8 期。

[11] 李斌、段娅妮、彭星，2014，《贸易便利化的测评及其对我国服务贸易出口的影响——基于跨国面板数据的实证研究》，《国际商务》第 1 期。

[12] 李金，2009，《多哈回合贸易便利化议题：回顾、成员立场分析与谈判前景》，《世界贸易组织动态与研究》第 8 期。

[13] 刘洪铎，2011，《中国对外双边贸易成本的测度研究》，《亚太经济》第 4 期。

[14] 刘军梅、张磊、王中美等，2014，《贸易便利化：金砖国家合作的共识》，上海人民出版社。

[15] 刘重力、杨宏，2014，《APEC 贸易投资便利化最新进展及中国的策略选择》，《亚太经济》第 2 期。

[16] 娄万锁，2010，《贸易便利化的理论根源探析》，《上海海关学院学报》第 1 期。

[17] 鲁品越，2016，《流通费用、交易成本与经济空间的创造——〈资本论〉围观流通理论的当代构建》，《财经研究》第 1 期。

[18] 诺斯，2008，《制度、制度变迁与经济绩效》，杭行译，格致出版社。

[19] 冉辉，2015，《论全球化视野下海关治理能力的现代化》，《海关与经贸研究》第 9 期。

[20] 茹玉骢、李燕，2014，《电子商务与中国企业出口行为：基于世界银行微观数据的分析》，《国际贸易问题》第 12 期。

[21] 桑百川，2015，《中国推动亚太区域合作前瞻——亚太经济互联互通的现状、障碍与对策》，《人民论坛》第 7 期。

[22] 上海海关学院课题组，2010，《有关贸易便利化的海关监管制度国际国别研究综述》，《上海海关学院学报》第 2 期。

[23] 沈满红、张兵，2013，《交易费用理论综述》，《浙江大学学报》

（人文社会科学版）第 3 期。

[24] 沈铭辉，2008，《中国参与亚太地区合作及其对次区域合作的借鉴》，《首届东北亚区域合作发展国际论坛文集（下）》2008 年 6 月首届东北亚区域合作发展国际论坛。

[25] 沈玉昊，2015，《TPP 透视："海关管理和贸易便利化"议题及其影响》，《国际经济合作》第 12 期。

[26] 史长宽、梁会君，2013，《中国内陆各地区与主要贸易伙伴贸易成本的测度与分析》，《当代财经》第 5 期。

[27] 苏铁，2011，《"9·11"事件后美国海关现代化演进新观察》，《上海海关学院学报》第 4 期。

[28] 佟家栋、李连庆，2014，《贸易政策透明度与贸易便利化影响——基于可计算一般均衡模型的分析》，《南开经济研究》第 4 期。

[29] 汪戎、李波，2015，《贸易便利化与出口多样化》，《国际贸易问题》第 3 期。

[30] 王洪涛，2015，《中国文化产品出口贸易成本的测度与影响因素分析——基于中国文化贸易出口面板数据的实证检验》，《当代财经》第 10 期。

[31] 王徽，2015，《论 WTO 规则在调整国际经贸关系中的作用与不足——以〈巴厘岛一揽子协议〉为切入视角》，《海关与经贸研究》第 3 期。

[32] 王希春等，1996，《世界海关组织 1996 年版〈协调制度〉简介（连载）》，《中国海关》。

[33] 王中美，2014，《全球贸易便利化的评估研究与趋势分析》，《国际贸易》第 3 期。

[34] 韦森，2009，《再评诺斯的制度变迁理论》，《经济学》（季刊）第 1 期。

[35] 魏浩、李翀，2014，《中国制造业劳动力成本上升的基本态势与应对策略》，《国际贸易》第 3 期。

[36] 吴巧巧，2014，《我国贸易成本的世界格局分析——基于双边成本测度方法》，《经济与管理》。

[37] 夏春玉，1997，《马克思的流通理论及其评价》，《当代经济科学》第 3 期。

[38] 夏先良，2011，《论国际贸易成本》，《财贸经济》第 9 期。

[39] 许统生、陈文婷，2013，《贸易成本构件及其变化对我国出口的影响——随机前沿分析》，《经济研究》第 1 期。

[40] 杨莉，2011，《中国贸易便利化成本与利益分析》，经济管理出版社。

[41] 杨青龙，2010，《国际贸易的全成本论：一个概念性理论框架》，《财贸经济》第 8 期。

[42] 姚学颖，2015，《中国与周边主要大国贸易便利化水平的实证研究》，《物流科技》第 4 期。

[43] 于红霞、龚六堂、陈玉宇，2011，《出口固定成本融资约束与企业出口行为》，《经济研究》第 4 期。

[44] 于晓燕，2015，《从供应链合作到全方位互联互通——APEC 领导人北京会议互联互通合作成果评价》，《南开学报》（哲学社会科学版）第 2 期。

[45] 余波，2004，《中国海关通关管理模式研究》，博士学位论文，西南交通大学。

[46] 张蕙、关利欣、黄薇、洪俊杰，2013，《打开贸易成本的"黑箱"——一个贸易成本的分析框架》，《财贸经济》第 8 期。

[47] 张明洲，2014，《国际贸易单一窗口模式演进及关键要素》，《对外经贸》第 7 期。

[48] 张书杰、马永飞、李明洋，2013，《世界海关组织反腐标准及

借鉴意义》，《中国市场》 第 19 期。

[49] 张书杰、马永飞、李明洋，2013，《世界海关组织反腐标准及借鉴意义》，《中国市场》 第 5 期。

[50] 张五常，2008，《新制度经济学的现状及其发展趋势》，《当代财经》 第 7 期。

[51] 张晓静、李梁，2015，《"一带一路" 与中国出口贸易及与贸易便利化视角》，《亚太经济》 第 3 期。

[52] 张晓倩、龚新蜀，2015，《上合组织贸易便利化对中国农产品出口影响研究——基于面板数据的实证分析》，《国际经贸探索》 第 1 期。

[53] 张燕、张先锋，2013，《国际成本的测度方法：一个文献综述》，《云南财经大学学报》 第 3 期。

[54] 赵素萍、葛明，2014，《中国对美国的贸易成本变动及影响因素研究》，《南京审计学院学报》 第 3 期。

[55] 赵伟、郑雯雯，2010，《贸易成本论：NEG 视野的综合与分解》，《审计与经济研究》 第 3 期。

[56] 周丹，2013，《金砖国家间双边贸易成本弹性的测度与分析——基于超越对数引力模型》，《数量经济技术经济研究》 第 3 期。

[57] 周丹、何君，2015，《中国与其他金砖国家农产品贸易的成本弹性测度分析与政策建议——基于超越对数引力模型》，《世界农业》 第 2 期。

[58] 周岩、陈淑梅，2016，《21 世纪海上丝绸之路贸易自由化和便利化的经济效应分析》，《亚太经济》 第 1 期。

[59] 周阳，2010，《试论美国海关贸易便利化制度的特点——以美国海关 C－TPAT 制度为视角》，《上海海关学院学报》 第 2 期。

[60] 周阳，2014，《论美国海关发展战略的特点及其对我国的启示》，《海关与经贸研究》 第 1 期。

[61] A. Korinek, 2011. "Hot Money and Serial Financial Crises", *IMF Economic Review*, 59 (2): 306-339.

[62] Abe, K., and Wilson, J.. 2008. "Governance, Corruption, and Trade in the Asia Pacific Region", World Bank Policy Research Working Paper No. 4731.

[63] Abe, K., and Wilson, J.. 2008. "Governance, Corruption, and Trade in the Asia Pacific Region", World Bank Policy Research Working Paper No. 4731.

[64] Abe, K., and Wilson, J.. 2011. "Investing in Port Infrastructure to Lower Trade Cost in East Asia", *Journal of East Asian Economic Integration*, Vol. 15, No. 2.

[65] ADB, ESCAP, 2013. Designing and Implementing Trade Facilitation in Asia and the Pacific, Asian Development Bank, Mandaluyong City Philippines.

[66] ADB. 2014. "ADB Trade Finance Gap, Growth, and Jobs Survey", ADB Briefs No. 25.

[67] Addis Ababa, Ethiopia. 2015. "Trade Finance for Sustainable Development in Asia and the Pacific", ESCAP Discussion Paper. Third International Conference on Financing for Development.

[68] Ahn, Jae Bin, Khandelwal, Amit K. Wei, Shang-Jin. 2010. "The Role of Internediaries in Facilitating Trade", NBER Working Paper 15706.

[69] Alberto Portugal-Perez, John S. Wilson. 2012. "Why Trade Facilitation Matters to Africa 2012", The World Bank Development Research Group, Policy Research Working Paper 4719.

[70] Anderson, James E., 1979. "A Theoretical Foundation for the Gravity Equation", *American Economic Review*, 69: 106-16.

[71] Anderson, J. E., and Van Wincoop, E.. 2004. "Trade Costs", *Journal of Economic Literature*, 42.

[72] APEC, 2002. "Implementing the APEC Trade Facilitation Principles", Room Documents. Bangkok. Assessing APEC Trade Liberalization and Facilitation: 1999 Update, Economic Committee. Singapore.

[73] Arvis, J. F., Duval, Y., Shepherd, B., and Utoktham, C.. 2013. "Trade Costs in the Developing World: 1995 ~ 2010", World Bank Policy Research Working Paper No. 6309.

[74] Auboin, M. and Engemann, M.. 2013. "Trade Finance in Periods of Crisis: What Have We Learnt in Recent Years?" World Trade Organisation, Staff Working Paper ERSD.

[75] A. Estache, M. Fray, 2010. "Current Debates on Infrastructure Policy". *Social Science Electronic Pubilshing*, 1 – 43 (43).

[76] Bayley, Anthony. 2014. "Policies to Enhance Trade Facilitation in South Asia and Southeast Asia", ADBI Working Paper Series, No. 489.

[77] Behar, Alberto. 2010. "Doing Managers and Experts Agree? A Comparison of Alternative Sources of Trade Facilitation Fata", University of Oxford Department of Economics Discussion Paper Series No. 503.

[78] Bems, R., R. C. Johnson, and K. -M. Yi. 2010. "Demand Spillovers and the Collapse of Trade in the Global Recession", *IMF Economic Review*, 58 (2).

[79] Bergstrand, Jeffrey H., 1985. "The Gravity Equation in International Trade: Some Microeconomic Foundations and Empirical Evidence", *Review of Economics and Statistics*, August, 67 (3): 474 – 481.

[80] Bricongne, J. -C., L. Fontagne, G. Gaulier, D. Taglioni, and

V. Vicard. 2012. "Firms and the Global Crisis: French Exports in the Turmoil", *Journal of International Economics*, 87 (1).

[81] Busse, Matthias, Hoekstra, Ruth and Königer, Jens. 2010. "The Impact of Aid for Trade Facilitation on the Costs of Trading", Ruhr-University of Bochum.

[82] Chor, D., and K., Manova. 2012. "Off the Cliff and Back? Credit Conditions and International Trade During the Global Financial Crisis", *Journal of International Economics*, 87 (1).

[83] Clark, X., Dollar, D. and Micco, A.. 2004.. "Port Efficiency, Maritime Transport Costs and Bilateral Trade", NBER Working Paper Series, 10353.

[84] Deardorff, Alan V.. 1998. "Determinants of Bilateral Trade: Does Gravity Work in a Neoclassical World?" in J. A. Frankel, ed., *The Regionalization of the World Economy*. Chicago: University of Chicago Press, pp. 7 – 22.

[85] Decreux, Yvan and Lionel Fontagne. 2011. "Economic Impact of Potential Outcome of DDA," CEPII Working Paper No. 2011 – 2023.

[86] Djankov, S., Freund, C., and Pham, C. S.. 2006. *Trading on Time*. Washington: The World Bank.

[87] Duval, Y., and Utoktham, C.. 2010. "Intraregional Trade Costs in Asia: A Primer", *Asia-Pacific Development*, 17 (1).

[88] D. Njinkeu. 2008. "African Countries in the New Trade Negotiations". Research Working Paper, 1 – 31 (31).

[89] Engman, M.. 2005. "The Economic Impact of Trade Facilitation", *OECD Trade Policy Papers*, No. 21.

[90] ESCAP. 2012. Statistical Yearbook for Asia and the Pacific. http://

www. unescap. org/stat/data/syb2012/.

[91] Evenett, Simon J. , and Wolfgang Keller. 1998. "On Theories Explaining the Success of the Gravity Equation", NBER Working Paper 6529. National Bureau of Economic Research, Cambridge, Mass.

[92] Freund, Caroline L. and Weinhold, Diana. 2004. "The Effect of the Internet on International Trade", *Journal of International Econominics*, Vol, 62.

[93] Freund, Caroline, and Nadia Rocha. 2011. "What Constrains Africa's Exports?" *World Bank Economic Review*, 25 (3).

[94] Hausman, J. William. 2005. "Federal Taxation in America: A Short History", Second Edition. By W. Elliot Brownlee, *Journal of Economic History*, 65 (2): 588 – 589.

[95] Helble, Matthias, Mann, Catherine, Wilson, John, S. . 2009. "Aid for Trade Facilitation", The World Bank, Policy Research Working Paper 506.

[96] Helpman, and Krugman. 1985, *Market Structure and Foreign Trade*. MIT Press, 2 (3).

[97] Hillberry, R. , and D. Hummels. 2008. "Trade Responses to Geographic Frictions: A Decomposition Using Micro-Data", *European Economic Review*, Vol. 52 (3).

[98] Hummels, David. 2007. "Calculating Tariff Equivalents for Time in Trade", Working Paper. Arlington, VA: Nathan Associates for US Agency for International Development.

[99] Hyo-young Lee, and Chong-sup Kim. 2012. "The Impact of Trade Facilitation on the Extensive and Intensive Margins of Trade an Application for Developing Countries", *Journal of East Asian Economic*

*Integration*, Vol. 16.

[100] James E. Anderson, 2008. "Gravity, Productivity and the Pattern of Production and Trade", Boston College Working Papers in Economics 700, Boston College Department of Economics.

[101] JMCS Silva, S. Tenreyro. 2009. Further Simulation Evidence on the Performance of the Poisson Pseudo-Maximum Likelihood Estimator, Cep Discussion Paers, 112 (2): 220 – 222.

[102] J. Anderson, D. Marcouiller. 2002. "Insecurity and the Pattern of Trade: An Empirical Investigation", *Review of Economics & Statistics*, 84 (2): 342 – 352.

[103] Kotschwar, Barbara. 2012. "Transportation and Communication Infrastructure in Latin America-Lessons from Asia", *Peterson Institute for International Economics*.

[104] Krugman, P.. 1991. "Increasing Returns and Economic Geography", *Journal of Political Economy*, (99): 483 – 499.

[105] K. Lee, H. Enriquez, HC Santos, R. Mcdonald, R. O'Connor. 2012. "Carriers file with FMC for single TransPacific Agreement", *American Journal of Tranportation*, 110 (5): 134 – 145.

[106] Linnermann, H.. 1966. *An Econometric Study of International Trade Flows*, Amsterdam: North-Holland.

[107] Manova, K.. 2008. "Credit Constraints, Heterogeneous Firms and International Trade", NBER Working Paper No. 14531.

[108] Maur, Jean-Christophe. 2008. "Regionalism and Trade Facilitation". The World Bank Development Research Group, Policy Research Working Paper 4464, January 2008.

[109] Melitz, M.. 2003. "The Impact of Trade on Intra-Industry Reallocations and Aggregate Industry Productivity", *Econometrica*, 71.

[110] Muuls, M. . 2008. "Exporters and Credit Constraints: A Firm-level Approach", National Bank of Belgium Working Paper No. 139.

[111] NK. Gupta. 2015. "Frequency-Shaped Cost Functionals-Extension of Linear-quadratic-Gaussian Design Methods", *Jounal of Guidance Control & Dynamics*, 3 (6): 529 – 535.

[112] Nordas, Hildegunn. 2011. "Business Services, Trade and Costs", *Journal of Economic Integration*, 26 (2): 306 – 328.

[113] Novy, D. . 2013. "Gravity Redux: Measuring International Trade Costs with Panel Data", *Economic Inquiry*, 51 (1).

[114] Obstfeld, M. Rogoff, K. . 2000. "The Six Major Puzzles in International Macroeconomics: Is There a Common Cause?", in Ben S. Bern-anke and Kenneth Rogoff, eds. , *NBER Macroeconomics Annual*, Cambridge: MIT Press.

[115] OECD. 2003. "Quantitative Assessment of the Benefits of Trade Facilitation" .

[116] Pagés, Carmen. 2010. *The Age of Productivity: Transforming Economies from the Bottom up*. Washington: Inter-American Development Bank.

[117] Panennungi, Maddaremmeng A. . 2013. "Connectivity and Trade Performance: Concept and Its Evidence from APEC Economies", APEC Study Centre University of Indonesia (ASC UI), Working Paper in Economics and Business.

[118] Poyhonen, P. . 1963. "A Tentative Model for the Volume of Trade between Countries", *Welt Wirtschaftliches Archive*, 90, 93 – 100.

[119] Rahman, Mustafizur, Moazzem, Khondaker Golam, Chowdhury, Mehruna Islam, Sehrin Farzana. 2014. "Connecting South Asia

and Southeast Asia： A Bangladesh Country Study", ADBI Work-ing Paper Series No. 500.

[120] R. Fisman, S. Wei. 2004. "Tax Rates and Tax Evasion： Evidence from 'Missing Imports' in China", *Journal of Political Economy*, 112 (2)： 471 –496.

[121] Samuelson. 1995. "The Pure Theory of Public Expenditure", *The Review of Economics and Statistics*, (36)： 387 – 389.

[122] Santos Silva, J. , and S. Tenreyro. 2006. "The Log of Gravity", *The Review of Economics and Statistics*, 88.

[123] Sequeira, Sandra, and Simeon, Djankov. 2008, "On the Water-front： An Empirical Study of Corruption in Ports", Accessed in www. cgdev. org/doc/events/2. 10. 09/Sequeira_corruption. pdf.

[124] S. Sequeira, S. Djankov. 2014. "Corruption and Firm Behavior： Evidence from African Ports", *Journal of International Economics*, 94 (2)： 277 –294.

[125] Tinbergen, J. . 1962. *Shaping the World Economy： Suggestions for an International Economic Policy*, New York： The Twentieth Cen-tury Fund, pp. xviii, 330.

[126] Trefler. 1995. "The Case of the Missing Trade and Other Myster-ies", *The American Economic Review*, Vol. 85, No. 5, 1029 – 1046.

[127] WCO. Framework of Standards to Secure and Facilitation Global Trade. 2005, June.

[128] Wei, S. . 1996. "Intra-National Versus International Trade： How Stubborn are Nations in Global Integration?" NBER Working Paper 5531.

[129] Wilson, John S. , Catherine L. Mann and Tsunehiro Otsuki. 2003.

"Trade Facilitation and Economic Development: A New Approach to Quantifying the Impact", *World Bank Economic Review*, 17 (3).

[130] Wilson, J., Mann, C., and Otsuki, T.. 2003. "Trade Facilitation and Economic Development: Measuring the Impact", World Bank Policy Research Working Paper 2988.

[131] Wilson, J. S., C. L. Mann and T. Otsuki. 2005. "Assessing the Benefits of Trade Facilitation: A Global Perspective", *World Economy*, 28 (6).

[132] World Bank. 2013a. *World Development Indicator Database.* http://data. worldbank. org/data-catalog/world-development-indicators.

[133] www. wto. org/english/tratop _ e/tradfa _ e/tradfa _ e. htm. See also WTO (1998) G/L/244.

[134] Yue, L. and Wilson, J., 2009. Time as a Determinant of Comparative Advantage, World Bank Policy Research Working Paper, No. WPS 5128.

# 后　记

本书是在我的博士论文基础上修改而成的。

2013 年秋，我有幸在武汉大学经济与管理学院世界专业系攻读博士学位。作为一名世界经济专业的经济学人，美国贸易政策走向始终是我关注的焦点。我的研究方向逐渐从美国贸易成本问题转向贸易便利化问题，希望为正值贸易便利化进程起点的中国制定相关政策与措施提供借鉴与参考。

4 年的博士生生活如白驹过隙，转瞬即逝。回首走过的岁月，心中倍感充实，在本书即将完成之日，感慨良多。4 年来，我有过辛苦的工作，有过成功的喜悦，也有过失败的沮丧，有过猛然顿悟的喜悦，或有太多的人和事值得珍藏。而在这 4 年的学习、生活，以及写作中，更要感谢诸多良师益友的深切鼓励与关怀。他们是我生命中的贵人，催我奋进，助我成长，伴随我经历这人生中重要的一段旅程。

衷心感谢我的恩师张彬教授对我的谆谆教诲和悉心关怀。4 年来，导师以系统的专业知识倾囊相授，并在本书的选题、设计、实施和写作等方面给予全过程具体指导。在学术上，导师的学术造诣、为人风范、敬业精神和治学态度都给我留下了深刻印象。师者，传道授业解惑也。在生活上，张彬老师也时常给予我关怀和帮助。在此书完成之际，谨向张老师致以最衷心的感谢和诚挚的祝福！

衷心感谢丈夫程司宇在我攻读博士期间的理解和支持。我攻读博士期间，他努力工作，维持家庭开销。孩子成长到入学年龄，他又为让孩子进入重点小学奔走劳累。孩子从幼儿园顺利升入小学，丈夫功不可没。同时，感谢双方的父母和其他亲属的关心和帮助，使我感到亲情难得。

衷心感谢本人曾经出访的美国犹他州迪克西州立大学教授 Verl Anderson 博士和 Riki Ichiho 老师。二人在我读博期间多次提供相关资料，为本书的完成提供了直接帮助。

衷心感谢武汉大学经济与管理学院的领导及工作人员的帮助与支持。

衷心感谢所有审阅过本书的编审，每一次的审稿意见都会使本书增色不少，从中受益匪浅。

最后，衷心感谢在百忙之中抽出宝贵时间为我审阅本书的专家和老师！

**图书在版编目（CIP）数据**

美国贸易便利化改革研究：2008－2016 / 曹子瑛著
. -- 北京：社会科学文献出版社，2017.11
ISBN 978－7－5201－1612－1

Ⅰ.①美…　Ⅱ.①曹…　Ⅲ.①对外贸易－体制改革－
研究－美国－2008－2016　Ⅳ.①F757.121.2

中国版本图书馆 CIP 数据核字（2017）第 256265 号

---

**美国贸易便利化改革研究（2008～2016）**

著　　者 / 曹子瑛

出 版 人 / 谢寿光
项目统筹 / 高　雁
责任编辑 / 高　雁　梁　雁

出　　版 / 社会科学文献出版社·经济与管理分社　（010）59367226
　　　　　　地址：北京市北三环中路甲 29 号院华龙大厦　邮编：100029
　　　　　　网址：www. ssap. com. cn
发　　行 / 市场营销中心（010）59367081　59367018
印　　装 / 三河市尚艺印装有限公司

规　　格 / 开　本：787mm × 1092mm　1/16
　　　　　　印　张：14.75　字　数：200 千字
版　　次 / 2017 年 11 月第 1 版　2017 年 11 月第 1 次印刷
书　　号 / ISBN 978－7－5201－1612－1
定　　价 / 75.00 元

---